Helen und Scott Nearing

Ein gutes Leben leben

Gedruckt auf
100% Recyclingpapier

Helen and Scott Nearing
Living the Good Life

This translation published by arrangement with Schocken Books,
an imprint of The Knopf Doubleday Group, a division of Penguin Random House, LLC.

Helen und Scott Nearing

Ein gutes Leben leben

Inspiration für Menschen auf der Suche

pala verlag

»Wir bauen ein Steinhaus«
Forest Farm, Vermont

Inhalt

Helen im Bann der von ihr geliebten Musik. Viele Sonntage waren dem gemeinsamen Gesang auf der Terrasse der Forest Farm gewidmet.

Vorbemerkung zur deutschen Neuauflage von 2018

Vor über 35 Jahren erschien dieses Buch zum ersten Mal auf Deutsch.

»Ein gutes Leben leben« von Helen und Scott Nearing wurde zum ersten Buch des pala-verlags, nachdem die Texte zunächst als Serie in der damals im pala-verlag herausgegebenen Zeitschrift »Nachbarschaft – Wege zur Ökologie im Alltag« abgedruckt gewesen waren. Es folgten weitere Bücher der Nearings und auch andere für die Ökologie-Bewegung in Deutschland wegweisende Bücher wie die Permakultur-Titel von Bill Mollison und David Holmgren oder »Der Große Weg hat kein Tor« des Japaners Masanobu Fukuoka.

Das Buch der Nearings wurde schnell zu einem Erfolg: Nach einem Artikel in einer großen Frauenzeitschrift über Helen und Scott war die Nachfrage riesig. Anfang der Achtzigerjahre waren viele der von Helen und Scott angesprochenen Themen Neuland. Die Ökologie-Bewegung steckte noch in den Kinderschuhen, die Rückbesinnung auf ein einfaches, naturnahes Leben schien eine außergewöhnliche Idee zu sein. Auf dem Buchmarkt gab es damals kaum etwas zu diesen Themen.

Die Suche nach dem »guten Leben« blieb auch in den folgenden Jahren der Leitgedanke der Bücher aus dem pala-verlag: Bis heute sind die Themen von Helen und Scott – wie gesunde Ernährung, Garten und Landwirtschaft im Einklang mit der Natur und ein schonender Umgang mit den Ressourcen dieser Welt – die Themen unserer Bücher geblieben.

Auch wenn die Zeit, über die Helen und Scott in diesem Buch schreiben, inzwischen mehr als 65 Jahre zurückliegt und sich die Welt in diesen Jahren in vielen Bereichen grundlegend verändert hat, ist vieles, was die beiden schreiben, auch heute noch aktuell und zeitlos wichtig.

Deshalb freuen wir uns, dieses wichtige Buch, mit dem der pala-verlag zum Buchverlag wurde und das viele Jahre nicht auf Deutsch erhältlich war, jetzt wieder zu veröffentlichen.

Wolfgang Hertling, pala-verlag, Januar 2018

Vorwort zur amerikanischen Neuauflage von 1989

Ein gutes Leben zu leben, ist seit Jahrhunderten das Ziel von Millionen von Menschen. Wir (Helen und Scott) nahmen an diesem gemeinsamen Bemühen in der letzten Hälfte dieses zwanzigsten Jahrhunderts teil. Unser Beitrag war lediglich ein Punkt innerhalb des Gesamten, aber er war ernsthaft gemeint und wurde von uns mit Konsequenz, Freude und gegenseitigem Einverständnis mehr als fünfzig Jahre lang durchgeführt.

Inzwischen ist Scott – im ehrenwerten Alter von einhundert Jahren – weitergegangen, und ich bin zurückgeblieben, um mein eigenes Leben abzurunden und dann selbst zu gehen. Noch immer steht unser Haus auf der Forest Farm an der Küste von Maine für alle offen, die sehen wollen, dass auch von einer alleinlebenden Frau in ihren Achtzigern noch ein gutes Leben gelebt werden kann.

Am besten ist es, wenn das Projekt des guten Lebens von einem Paar angegangen wird oder von einer Gruppe von Leuten mit ähnlichen Vorstellungen, gemeinsamen Zielen und genügend Fähigkeiten und Ausdauer, um mit der erforderlichen Arbeit fertig zu werden. Denn Arbeit ist es in der Tat, insbesondere für einen alten Menschen wie mich. Aber eine Frau kann alleine produktiv leben, sie kann für sich selbst sorgen, sie kann gärtnern, Holz schleppen und sich um den Haushalt kümmern, sie kann einen Sinn darin sehen und Erfüllung darin finden, in der Natur zu leben, und sie kann ein Leben abrunden, zu dem einst ein außergewöhnlicher Partner gehörte. Lesen Sie seine Autobiografie »Ein Leben gegen den Strom« und stimmen Sie mit mir überein, dass Scott von jungen Jahren an bis ins hohe Alter mit seinem Wissen, seiner Tatkraft, seinem Idealismus, seiner Rechtschaffenheit und nicht zuletzt seinem Humor für uns alle ein Vorbild war.

Möge die Suche nach dem guten Leben in den Leben unserer Landsleute weitergehen, wenn wir längst gegangen sind, und mögen unsere Bemühungen, die wir in Gebäude und Bücher gesteckt haben, noch eine Weile Bestand haben und anderen auf ihrem Weg weiterhelfen.

Helen K. Nearing, Harborside, Maine, 2. Juli 1989

Vorwort des Übersetzers

Wie immer ich es betrachte – auf mein Leben hatten Helen und Scott Nearing einen erheblichen Einfluss. 1978 kam ich zum ersten Mal mit ihnen in Kontakt, allerdings nicht persönlich. Wir bereiteten unser erstes verlegerisches Projekt, die Zeitschrift »Nachbarschaft«, vor. Es sollte um Ökologie im Alltag gehen, um Nachdenkenswertes und Wiederverwertbares. Im Rahmen einer größeren Buchbestellung in den USA stießen wir auf das Standardwerk *Living the Good Life*. Aufmerksam wurden wir auf diesen Titel unter anderem durch eine Kolumne in dem damaligen Leib- und Magenblatt der amerikanischen »Zurück-aufs-Land-Bewegung«, der *Mother Earth News*. Die Kolumne hieß *The Wisdom of Helen and Scott* und behandelte von philosophischen Fragen über politische Themen bis hin zur Aussaat von Gurken im sonnenbeheizten Gewächshaus alles, was Herz und Verstand der neuen amerikanischen Landbewegung beschäftigte.

Das Buch begeisterte mich. Da gab es also Menschen, deren Leben aus einem Guss war: von der Philosophie bis zum Alltag, vom vegetarischen Ernährungskonzept bis zum selbst angebauten Mangold, von der Naturliebe bis zum Holzofen, von der Idee der Gemeinschaft bis zum täglichen Umgang mit Geld. Die Nearings lebten auf dem Land, von dem Land und mit dem Land (ein Traum, den damals auch hier in Deutschland viele hatten) – und das seit über fünfzig Jahren. Und was mir besonders gut gefiel: Im Gegensatz zu vielen anderen Menschen, die ich kannte, war es bei ihnen nicht so, dass sie planten *oder* handelten, träumten *oder* mit der Hacke in der Hand im Garten standen, sondern *beides* taten.

Meine nächste Erfahrung mit den Nearings war, als wir die ersten Nummern der »Nachbarschaft« herausgaben. Sehr früh entschieden wir uns, dass wir *Living the Good Life,* das damals noch nicht auf Deutsch erschienen war, als Serie abdrucken wollten. Wir hatten keine Ahnung, was für Nachdruckrechte zu bezahlen war, und wir hatten kein Geld. Ich erkundigte mich, wer den Verlag in Europa vertrat, und rief dort an. Wir durften das Buch übersetzen und abdrucken – kostenlos – und traten dafür die Rechte an unserer Übersetzung an den amerikanischen Verlag ab.

Zwei Jahre später, kurz nachdem das Buch dann in unserem Verlag zum ersten Mal auf Deutsch erschienen war, traf ich auf der Frankfurter Buchmesse mit dem Herrn zusammen, mit dem ich damals telefoniert hatte. Ich wusste, dass seine Literaturagentur eine der renommiertesten in Europa war und dass der Handel mit Buchrechten für ihn zum Alltag gehörte. In dem Gespräch erfuhr ich allerdings, dass auch er in der Vereinbarung mit uns Neuland betreten hatte. Er hatte damals zwar geduldig meinen Vorschlag angehört, diesem aber keinerlei Chance eingeräumt. Er sagte mir: »Schocken Books ist in Bezug auf seine Geschäftspolitik einer der konservativsten Verlage der USA, und ich kämpfte wirklich mit mir, ob ich Ihnen nicht von meiner Seite her schon absagen sollte, ohne Schocken zu fragen. Dann aber siegte doch mein Pflichtbewusstsein als Agent, und ich teilte Schocken den Vorschlag mit. Nach kurzer Zeit war ich um eine Erfahrung reicher: Schocken nahm den Vorschlag an.«

Ein Jahr, nachdem ich angefangen hatte, dieses Buch zu übersetzen, lernte ich Helen Nearing kennen. Sie wollte zum damals in Neu-Ulm stattfindenden Internationalen Vegetarierkongress, und wir verabredeten, dass ich sie vom Frankfurter Flughafen abholen würde. Sie war damals 78 Jahre alt, in einem Alter, in dem für viele andere noch nicht einmal die Busfahrt zur nächstgrößeren Stadt selbstverständlich ist, geschweige denn ein neunstündiger Interkontinentalflug. Ich stand also bei Ankunft auf dem Flughafen und erwartete eine zwar sicherlich rüstige, aber eben auch deutlich alte Frau. Als die Tür dann das dritte oder vierte Mal aufging, schoss – mir fällt kein besseres Bild ein – Helen aus dem Ausgang wie ein Sektkorken aus der Flasche. Den Koffer in der einen Hand, die große Handtasche in der anderen, flitzte sie, ohne sich groß umzusehen, durch die Schranke, und ich hatte Mühe, mich schnell genug durch die anderen Wartenden hindurchzuwinden, um sie einzuholen. Im gleichen Tempo verliefen auch die nächsten Tage, sodass ich fast froh war, als ich sie nach einer Woche wieder in den Zug setzen konnte. Sie wollte von Neu-Ulm noch in die Schweiz und von dort in die Niederlande, um Bekannte hier und Bekannte dort zu besuchen.

Ende 1982, rund zehn Monate vor Scotts Tod, besuchte ich die beiden dann auf der zweiten Forest Farm in Maine. Es waren wunderschöne Novembertage an einer der schönsten Stellen des »Urlaubslandes« Maine. Scott war leider weder körperlich noch geistig voll auf der Höhe, aber wenn ich mit 99 Jahren noch in der Lage bin, zwei bis drei Stunden täglich Holz zu spalten, werde ich mich über meinen Zustand sicher nicht beklagen. Obwohl die Nearings damals schon seit einigen Jahren nicht mehr im Licht der Öffentlichkeit standen, waren doch in der einen Woche meines Aufenthaltes bestimmt zehn Besucherinnen und Besucher da, die »nur mal kurz hereinschauen und sehen wollten, wie denn die Nearings so leben«. Helen erzählte mir immer wieder, wie schade sie es fand, dass ich Scott nicht einige Jahre früher kennengelernt hatte. Denn, so sagte sie, »bis vor zwei Jahren war er eigentlich der treibende und aktive Teil, den ich immer versucht habe zurückzuhalten«. Ich erinnerte mich an meine Erfahrungen mit ihr in Deutschland und fragte mich, welche Energie der 95-Jährige gehabt haben musste, wenn sie sich gezwungen sah, ihn zurückzuhalten.

1983 starb Scott. Obwohl ich nicht dabei war, fand ich das, was ich über seinen Tod las und von Helen hörte, genauso beeindruckend wie sein Leben. Genauso wie er nach seinen Vorstellungen gelebt hatte, starb er auch: Vier Wochen vor seinem hundertsten Geburtstag hörte er auf zu essen. Den hundertsten Geburtstag erlebte er bei einigermaßen klarem Bewusstsein. Kurz darauf wollte er auch nichts mehr trinken, und einige Tage später starb er – in dem von ihm gebauten Haus, in den Armen der Frau, die er am Tiefpunkt seines Leben kennengelernt und mit der er im Alter von 49 Jahren ein völlig neues Leben begonnen hatte. Er hatte erlebt, dass seine Ideen ab Mitte der 1960er-Jahre nicht nur von der neuen Jugendbewegung und der neuen Umweltbewegung begeistert aufgenommen wurden, sondern dass auch die Institutionen, die sein erstes Leben in den Jahren 1914 bis 1933 zerstört hatten – Staat und Universitäten –, seinen Kampf gegen Jugendarbeit und Krieg, Massenarmut und Ausbeutung der Tiere zu würdigen begannen. (So erhielt Scott den Titel »Professor emeritus ehrenhalber« von der renommierten Wharton School of Economics, jener Universität, die sich seiner 1915 mit einem international beachteten Rauswurf entledigt hatte.)

Helen blieb es überlassen, nach Scotts Weggang in eine andere Welt (so sah sie es) seine und ihre »diesseitigen« Angelegenheiten in Ordnung und zum Abschluss zu bringen. Zum Aufräumen gehörten für sie noch zwei neue Bücher: *Loving and Leaving the Good Life* (auf Deutsch: »Ein gutes Leben – ein würdiger Abschied«) und *Light on Aging and Dying*. Mit dem ersten Buch beschrieb sie auch die Teile ihrer eigenen Vergangenheit, als sie Scott noch nicht kannte – ihre Zeit als angehende Violinistin, ihren Aufenthalt in der Schweiz und ihre Beziehung zu Krishnamurti. In beiden Büchern setzte sie sich mit dem auch für sie immer näher kommenden Lebensabschluss auseinander – so alt wie Scott, das sagte sie mir einmal, wollte sie nicht werden. Wir waren gerade dabei, uns für ein letztes Wiedersehen zu verabreden – da starb sie im September 1995, 91 Jahre alt, bei einem Autounfall am Steuer ihres Lieferwagens.

Loving, Living and Leaving the Good Life ...

Ronald Steinmeyer

»Die Nahrung, die wir anbauten, erhielt uns bei guter Gesundheit.«

Einleitung

Dies ist ein Buch über ein Pionier-Abenteuer in einer Gemeinde Neuenglands im zwanzigsten Jahrhundert. Der größte Teil des Berichtes ergibt sich aus der Erfahrung, die zwanzig Jahre Leben in den einsamen Bergen von Vermont mit sich brachten. Das Ziel dieses Buches ist es, einen technischen, ökonomischen, soziologischen und psychologischen Bericht zu geben über das, was wir zu tun versuchten, wie wir es taten und wie gut oder schlecht es uns gelang, unsere Ziele zu erreichen.

1932 – auf dem Höhepunkt der Wirtschaftskrise der Dreißigerjahre – zogen wir von New York City auf eine Farm in den Grünen Bergen (Teil der Appalachen / Anmerkung des Verlags). Am Anfang sahen wir in diesem Unterfangen die ganz persönliche Suche nach einem einfachen, befriedigenden Leben auf dem Lande, das der gegenseitigen Hilfe und Gewaltlosigkeit gewidmet war und genügend Zeit zur Muße, in der wir konstruktiv und kreativ arbeiten konnten, mit sich bringen sollte. Im Laufe der Zeit und durch die Erfahrungen, die wir sammelten, betrachteten wir unser Tal in Vermont aber immer stärker als ein Versuchslabor, in dem wir bestimmte Prinzipien und Verfahrensweisen testeten, die allgemeiner anwendbar und für viele Menschen wichtig sind.

Natürlich sind dies ganz persönliche Erfahrungen, die in einer ganz bestimmten Zeit ganz bestimmte Bedürfnisse befriedigten. Als wir nach Vermont zogen, verließen wir eine Gesellschaft, die von der Great Depression und von Arbeitslosigkeit geplagt war, die im Begriff war, dem Faschismus anheimzufallen, und die sich gerade am Rande eines neuen, weltweiten Krieges befand, und zogen in eine vorindustrielle, ländliche Gemeinde. Die Gesellschaft, aus der wir kamen, hatte in Theorie und Praxis unseren Pazifismus, unseren Vegetarismus und unseren Kollektivismus zurückgewiesen. Diese Zurückweisung war so vollständig, dass wir wegen dieser Ansichten nicht an den Schulen lehren, in der Presse schreiben oder im Radio reden durften. Wir wurden praktisch daran gehindert, unseren Teil zur allgemeinen Erziehung und Bildung beizutragen.

Wo konnten unter diesen Umständen von einer sterbenden Gesellschaft Ausgestoßene wie wir sinnvoll und tätig leben, aber gleichzeitig genügend Muße und Energie haben, die Auflösung der Gesellschaft zu unterstützen und zu helfen, sie durch ein lebensfähigeres System zu ersetzen? Wir hätten dem Beispiel vieler Amerikaner folgen und nach Paris, Mexiko oder Paraguay auswandern können. Damit hätten wir die USA darin unterstützt, ihren selbst gewählten Weg der Zerstörung weiterzugehen. Diese Alternative konnten wir aber nicht akzeptieren, da unser Verantwortungsgefühl als Lehrer und als Mitglieder der menschlichen Rasse uns drängte, alles zu tun, was wir konnten, um 1) unseren Mitbürgern zu helfen, die komplexe und schnell eskalierende Situation zu verstehen, 2) psychischen und politischen Widerstand aufzubauen gegen die plutokratisch-militaristische Oligarchie, die in Nordamerika zur Macht drängte, 3) uns daran zu beteiligen, die brauchbaren Dinge zu retten, die beim Verfall der sozialen Ordnung in Nordamerika und Westeuropa übrig bleiben würden, 4) an der Formulierung der Prinzipien und Praktiken eines alternativen, sozialen Systems teilzunehmen, während wir 5) eine Möglichkeit aufzeigten, wie man in einer unruhigen Welt gesund und vernünftig leben kann.

Die beste Antwort auf diese Fragen schien uns eine unabhängige Ökonomie zu sein, die nur eines geringen Grundkapitals bedurfte, mit geringen unproduktiven Kosten arbeiten konnte, einen bescheidenen Lebensunterhalt im Austausch für eine Halbtagsarbeit bot und uns daher die Hälfte unserer Zeit zum Forschen, Lesen, Schreiben und Reden lassen würde. Wir waren der Ansicht, dass diese Ansprüche besser in einem Vermonter Tal als in einer größeren Stadt oder außerhalb der USA verwirklicht werden konnten. Wie es sich herausstellte, waren wir in der Lage, neben dem Broterwerb, den unser Vermonter Experiment mit sich brachte, genug Zeit und Energie zu erübrigen, um einen aktiven – wenn auch kleinen – Teil in der Erwachsenenbildung der USA zu spielen und die öffentliche Meinung ein wenig zu beeinflussen. Gleichzeitig konnten wir ein Leben führen, das wir als vernünftig, einfach und achtenswert empfanden.

Wir hatten sowohl innerhalb als auch außerhalb der Vereinigten Staaten versucht, in einigen Städten zu leben. In unterschiedlichem Ausmaß stießen wir immer auf die gleichen Hindernisse, die einem einfachen, ruhigen Leben im Weg standen: Unübersichtlichkeit, Stress, Anspannung, Künstlichkeit und hohe Kosten. Die Ausgaben mussten bar bezahlt werden, deshalb hätten wir unter den Bedingungen arbeiten müssen, die die Stadt erzwang – zu ihrem eigenen Vorteil und Nutzen. Selbst wenn Bargeld für uns kein Problem gewesen wäre, waren wir davon überzeugt, dass es praktisch unmöglich war, längere Zeit dem Druck der Großstadt standzuhalten und gleichzeitig Gesundheit, geistiges und emotionales Gleichgewicht und ein ehrliches und gutes Sozialverhalten aufrechtzuerhalten. Nach sorgfältigen Abwägungen entschieden wir, dass wir auf dem Lande gesünder, ruhiger und lebenswerter leben konnten als in irgendeiner

Stadt oder Vorstadt. Die Stadt verließen wir mit drei Zielen. *Das erste Ziel war ein ökonomisches.* Wir suchten nach einem von Wirtschaftskrisen unbeeinflussten Leben, das von den verschiedensten Güter- und Arbeitsmärkten so unabhängig wie möglich sein sollte und in das Arbeitgeber und Verwaltungen, seien es nun private oder öffentliche, nicht eingreifen konnten. *Das zweite Ziel war ein gesundheitliches.* Wir wollten unsere Gesundheit erhalten und verbessern. Wir wussten, dass der Stress des Stadtlebens groß war, und wollten für unser Wohlbefinden ein solides Fundament schaffen, wobei Bodenverbundenheit und selbst gezogene, ökologische Lebensmittel eine große Rolle spielen würden. *Das dritte Ziel war ein soziales und ethisches.* Wir wollten uns so weit wie möglich von den härteren Formen der Ausbeutung befreien und distanzieren: der Plünderung dieses Planeten, der Versklavung der Menschen und Tiere sowie dem Abschlachten von Menschen im Krieg und von Tieren zur Nahrungsgewinnung.

Wir waren gegen die Anhäufung von Profit und unverdientem Einkommen durch Nicht-Produzenten und wollten unseren Lebensunterhalt mit unseren eigenen Händen erarbeiten, aber dabei noch genug Zeit und Muße für unsere Neigungen haben. Wir wollten Regeln und Strafen durch Respekt vor dem Leben ersetzen. Anstelle der Ausbeutung wollten wir eine Nutz-Wirtschaft setzen. Wir wollten Einfachheit statt Komplexität, Vielfalt und Verwirrung. Statt der verrückten, hektischen Eile wollten wir ein ruhiges Fortkommen, mit Zeit zum Betrachten, zum Staunen und zum Nachdenken. Wir hofften, dass wir Sorgen, Angst und Hass zurücklassen könnten und dafür Ernsthaftigkeit, Sinn und Einssein gewinnen würden.

Nach zwanzigjähriger Erfahrung – die in Teilen befriedigend war, in anderen nicht – können wir heute sagen:

1) Ein Stück erodierter, erschöpfter Bergboden wurde wieder fruchtbar gemacht und bringt nun gute Ernten von qualitativ hochwertigen Gemüsen, Obst und Blumen. 2) Es wurde eine Landwirtschaft aufgebaut, ohne Tiere auszunutzen und ohne Kunstdünger zu verwenden. 3) Ein Heim wurde errichtet, das sich selbst trägt und einen bescheidenen, aber ausreichenden Überschuss abwirft. Etwa Dreiviertel der Güter und Dienstleistungen, die wir verbrauchten, waren das direkte Ergebnis unserer eigenen Bemühungen. So wurden wir vom Arbeitsmarkt unabhängig und vom Produktmarkt fast unabhängig. Kurz, wir hatten eine Ökonomie, die durch eine Krise nur wenig beeinflusst wurde und die langsame Abwärtsbewegung der US-Ökonomie überleben konnte. 4) Es entstand ein erfolgreiches Kleinunternehmen, in dem Lohnarbeit buchstäblich

Helen und Scott im Jahre 1931

verschwunden war. 5) Unsere Gesundheit wurde auf einem solchen Stand gehalten, dass wir in zwei Jahrzehnten weder einen Arzt aufgesucht haben noch einen gebraucht hätten. 6) Die Kompliziertheit des städtischen Lebens ersetzten wir durch recht einfache Lebensrhythmen. 7) Wir konnten unsere Arbeit so organisieren, dass es ausreichte, sechs Monate für unseren Lebensunterhalt zu arbeiten, sodass wir die restlichen sechs Monate des Jahres mit Forschen, Reisen, Schreiben, Reden, Lehren und Muße verbringen konnten. 8) Zusätzlich hatten wir ein offenes Haus, hatten Hunderte von Menschen zu Gast, die wir beherbergten und verköstigten und die für einige Tage, Monate oder länger bei uns blieben.

Natürlich haben wir das Problem des »Lebens« bei Weitem noch nicht gelöst. Aber aufgrund unserer Erfahrungen waren wir davon überzeugt, dass keine Gruppe, die ein durchschnittliches Maß an Energie, Durchsetzungsvermögen, Kreativität und Entschlusskraft besitzt, gezwungen ist, weiterhin das Joch dieser räuberischen Konkurrenzgesellschaft zu ertragen. Solange kein Lynch-Mob oder die Polizei eindringt, können die Familienmitglieder mit der Natur leben. Sie können ihr Leben so gestalten, dass es ihre Effektivität steigert und ihnen die Muße gibt, durch die sie ihren Teil dazu beitragen können, die Welt zu einem besseren Ort zu machen.

Viele der Freunde, Bekannten und Fremden, die uns in Vermont besuchten, waren so beeindruckt, dass sie sich fragten, ob sie nicht etwas Ähnliches unternehmen könnten. Einige von ihnen besprachen dies mit uns, und andere, die von uns gehört hatten, aber die Farm nicht kannten, schrieben uns.

Verstärkt wurde dieses Interesse an uns durch Veröffentlichungen einiger Zeitschriften, die verschiedene Phasen unseres Experiments kommentierten, und durch das Erscheinen des Buches *The Maple Sugar Book* im Jahre 1950, in dem wir die Geschichte und die Verfahren dieses Handwerks beschrieben, mit dem wir unser nötiges Bargeld einnahmen.

Die Herstellung von Ahornsirup und Ahornzucker war nur ein Teil eines Versuches, der andere und wichtigere Aspekte hatte. Einige davon werden in *The Maple Sugar Book* beschrieben. Im hier vorliegenden Buch berichten wir vom gesamten Unterfangen Vermont, lassen aber die Details und näheren Einzelheiten der Zuckerherstellung aus. Wir hoffen, dass die in diesem Buch beschriebenen Erfahrungen für Neulinge so hilfreich sind, dass sie eine gesunde, harmlose, selbstgenügsame Ökonomie beginnen und weiterführen können. Ein solches Handbuch wird von vielen Einzelpersonen und Familien gebraucht, die an ihre Arbeit und ihre Wohnungen in der Stadt gebunden sind, sich aber nach einem guten Leben auf dem Lande sehnen. Hoffentlich werden sie ermutigt und inspiriert, solche Dinge zu wagen, und hoffentlich genießen und nutzen sie die Vorteile des Landes, so wie wir es getan haben.

Erhebt Euch, kommt, eilt, lasst uns die Stadt den Kaufleuten übergeben und den Anwälten, Maklern, Eroberern, Steuereintreibern, Schreiberlingen, Ärzten, Friseuren, Metzgern, Köchen, Bäckern und Schneidern, den Chemikern, Malern, Schauspielern, Tänzern, Lautenspielern, Quacksalbern, Dieben, Verbrechern, Ehebrechern, Schmarotzern, Fremden, Schwindlern und Gauklern, den Schlemmern, die mit feinem Geruchssinn den Gestank des Marktes aufnehmen, für die dies der einzige Segen ist, die die Mäuler aufsperren nach diesem und nur diesem.

Francesco Petrarch, De Vita Solitaria, 1356

Mein Freund, wenn dich das Leben beutelt, begib dich weit von deinen Bekannten, lass dich vom Land vereinnahmen, bevor die Narrheit dich überwältigt. Lass dich von Wald und Wasser überreden, in guter Erde dein Nest zu bauen, wo Wiesen und Äcker dich umfangen und gute Luft dich füllt. Auch wenn dich der Neid verachtet, lass dich dadurch nicht stören, danke Gott, dass er dich so gesegnet hat, und setz dich hin, um auszuruhen.

Thomas Tusser, Five Hundredth Pointes of Good Husbandrie, 1573

Würdest du nicht lieber zwischen Rosen und Jasmin wohnen, anstatt deinen Geist durch Rauch und Schmutz erwürgen zu lassen? Und durch all die Unsauberkeit, die in furchtbarem Dreck eine bevölkerte Stadt ertränkt?

Abraham Cowley, Chertsea, 1666

Ich suchte in allen Tälern nach einer abgelegenen Wiese, die ich leicht erreichen kann, in schöner Lage und in gemäßigtem Klima, bewässert von einem Fluss und in Hörweite einer Stromschnelle oder den Wellen eines Sees. Ich brauche kein großes Gut. Ich ziehe vor, mir ein gefälliges Stück Land zu suchen und dort nach meinem Geschmack zu bauen, mit der Aussicht, dort länger zu leben, vielleicht für immer. Ein kleines Tal wäre für mich die ganze bewohnbare Erde.

E. P. de Senancour, Obermann, 1903

Wir suchen das gute Leben

Veränderung des Lebens – Zustand der Welt – Bekräftigungen –
Werte, die für ein gutes Leben Vorbedingung sind –
Vom Sommergast zum Ganzjahresbewohner – Wir kaufen Waldland und verschenken es –
Wir hören von Ahornsirup – Die Mittel zum Lebensunterhalt

Mancher Arbeiter, ganz abhängig von Lohn oder Gehalt, der in einer Stadt oder einer Vorstadt wohnt und an sein Joch durch die Bedürfnisse seiner Familie oder durch andere Umstände gefesselt ist, sucht nach Möglichkeiten, diesen Einschränkungen zu entkommen, um sein Leben in die eigenen Hände zu nehmen und auf dem Lande auf eine einfache, freundliche und vernünftige Art leben zu können. Vorsicht, die Sorge um Verwandte oder die Furcht vor dem Unbekannten sind hierbei aber beträchtliche Hindernisse. Nach Jahren der Unentschlossenheit zögert er immer noch. Wird er mit dem Landleben fertig werden? Kann er vom Lande leben? Reicht seine Körperkraft aus? Muss man jung sein, um anzufangen? Wo kann man die notwendigen Fertigkeiten erwerben? Kann man sein Haus selbst bauen? Wird der Garten genug für die Familie abwerfen? Muss man Tiere halten? Wie stark wird der Hof ihn binden? Wird es nicht nur eine andere Art der Plackerei sein? Diese und tausend andere Fragen gehen all jenen durch den Kopf, die über die Möglichkeit nachdenken, die Stadt zu verlassen.

Dieses Buch ist für solche Menschen geschrieben. Wir behaupten, dass ein Paar im Alter zwischen zwanzig und fünfzig Jahren, das mit einem Minimum an Gesundheit, Intelligenz und Kapital ausgerüstet ist, sich dem Land anpassen, die notwendigen handwerklichen Fähigkeiten erwerben, die Schwierigkeiten überwinden und so ein Leben aufbauen kann, das an einfachen Werten reich ist und viele Veränderungen im sozialen und persönlichen Bereich bewirkt.

Die Veränderungen der sozialen Umstände, die in den Jahren 1910 bis 1930 stattfanden, kosteten uns unseren Beruf und beraubten uns der Möglichkeit, unseren Lebensunterhalt zu verdienen. Ob wir wollten oder nicht, wir waren gezwungen, uns der neuen Situation anzupassen, die uns durch Kriege, Revolutionen und Krisen der westlichen Welt aufgezwungen wurde. Unser doch schon etwas fortgeschrittenes Alter – wir näherten uns den Fünfzigern – spielte bei der Verschiebung unseres Standpunktes sicherlich eine Rolle, aber wichtiger waren die Entwicklungen in der Welt.

Trotz des sozialen Drucks lag die Entscheidung aber bei uns und die Folgen würden wir irgendwann ausbaden müssen. Wir hätten in der Stadt bleiben und dort das Leben ertragen können, das wir als im Grunde unbefriedigend empfanden, oder wir konnten in eine andere Richtung vorstoßen, uns auf wenig benutzten Wegen fortbewegen.

Nach einer längeren Beobachtung der Entwicklungen in Europa, Asien und Nordamerika stellten wir fest, dass die westliche Zivilisation in Zukunft nicht mehr in der Lage sein würde, denen, die ihr vertrauen, ein stabiles, sicheres und befriedigendes Leben zu garantieren. Solange die Konzentration des Überschusses in den Händen der Reichen und Mächtigen die Ökonomie in immer katastrophalere Krisen trieb, solange der einzige Ausweg aus der Krise im bestehenden System die Vernichtung des unverkäuflichen Überschusses durch den Bau und den Gebrauch immer verheerenderer Waffen war, war es nur eine Frage der Zeit, bis die, die sich in Bezug auf Lebensunterhalt und Sicherheit auf die Gesellschaft verließen, draußen vor der Tür im Regen stehen würden. Es widerstrebte unseren Vorstellungen, einer Gesellschaft anzugehören, deren Grundlage die Gier war und die nur aufgrund von Ausbeutung, Raffgier und Eroberung funktionierte. In der Praxis erschienen uns die Aussichten für diese Gesellschaft wegen des wachsenden nationalen Bewusstseins der kolonialisierten Völker und des Wachstums der kollektivistisch orientierten Teile der Welt besonders fragwürdig. Dazu kam, dass die Schwierigkeiten, die die Menschen im Westen immer stärker belasteten, in den Zentren der Zivilisation am stärksten waren und sich im Laufe der Jahre vervielfältigten. Unter diesen Umständen sahen wir, dass wir im Westen kein gutes, gerechtes Leben führen konnten, falls wir nicht in der Lage waren, eine Alternative zur westlichen Zivilisation und zu ihrer überholten Kultur zu finden.

Gab es eine Alternative? Drei Möglichkeiten gingen uns durch den Kopf. Als Erstes dachten wir an die Möglichkeit, als Flüchtlinge vor dieser sich verschärfenden sozialen Situation im Ausland zu leben, verwarfen sie aber schnell wieder. Damals, noch vor zwanzig Jahren, in den frühen Dreißigern, war das Auswandern viel einfacher als heute. Die Welt lag im wahrsten Sinne des Wortes offen vor uns. Wohin sollten wir gehen, um nach einem guten Leben Ausschau zu halten? Wir wollten nicht fliehen. Im Gegenteil, wir suchten nach einem Weg, wie wir mehr in unser Leben hineinstecken konnten und dafür als Gegenleistung auch mehr erhielten. Wir wollten den Verpflichtungen nicht entkommen, sondern suchten nach Möglichkeiten, sinnvollere Tätigkeiten und Verantwortungen zu übernehmen. Die Chance zu helfen, zu verbessern und wiederaufzubauen, war für uns mehr als nur eine Überlegung. Als Bürger betrachteten wir dies als unsere Pflicht. Deshalb entschieden wir uns gegen das Auswandern.

Die zweite Alternative zur städtischen Kultur bestand darin, sich einer kooperativen oder egalitären Kommune anzuschließen. In den späten Zwanzigern waren die Aussichten dafür gering und wenig reizvoll. Wir hätten es vorgezogen, in einer solchen Gemeinschaft zu leben, aber unsere Erfahrungen und Nachforschungen überzeugten uns, dass es keine funktionierende gab, in die wir gepasst hätten.

Letztendlich entschlossen wir uns zu der dritten Alternative – ein uns selbst versorgender Haushalt auf dem Lande in den Vereinigten Staaten, den wir möglichst effektiv, befriedigend und ökonomisch unabhängig gestalten würden. Nach dieser Entscheidung war unser nächster Schritt, unsere Ziele zu definieren und sie den Gegebenheiten der Situation anzupassen. Wir suchten nach einem Lebensweg – nach einer Art, uns zu verhalten, die Welt zu sehen und an ihr teilzunehmen, die uns zumindest ein Minimum an Möglichkeiten bieten würde, so zu leben, wie wir es für richtig hielten. In unseren Augen gehörten zu einem solchen Leben: Einfachheit, Freiheit von Angst und Spannung sowie die Gelegenheit, sich nützlich machen und harmonisch leben zu können. Einfachheit, Gelassenheit, Nützlichkeit und Harmonie sind sicher nicht die einzigen Werte im Leben, aber sie gehören zu den Ideen, Zielen und Werten, die man bei der Suche nach einem guten Leben gerne in einem befriedigenden, sozialen Umfeld entwickeln will. So wie die Dinge heute liegen, ist es nicht die Verbindung dieser Werte, die Menschen in den städtischen Zentren unserer Kultur verbindet, sondern vielmehr ihr Gegenteil – Komplexität, Angst, Abfall, Hässlichkeit und Aufruhr.

Unser zweites Ziel war es, unter solchen Bedingungen zu leben, dass wir verstärkt Freude an der Handarbeit finden könnten, ein Gefühl des Vorwärtskommens hätten und dadurch Integrität und Selbstachtung erlangen würden. Zudem würde ein solches Leben ein großes Maß an Selbstgenügsamkeit erlauben und es für die Zivilisation schwerer machen, restriktive und erzieherische Maßnahmen gegen uns zu ergreifen. Schließlich würde es einfacher sein, die Zahlungsfähigkeit unserer Unternehmung sicherzustellen.

Das dritte Ziel war, einen gewissen Teil des Tages, des Monats oder Jahres Zeit für Muße zu haben, sodass wir unseren Neigungen nachgehen konnten. In dieser Zeit wollten wir vom Zwang des Broterwerbs frei sein, wir wollten sie für ein fruchtbares und befriedigendes Zusammensein mit unseren Mitmenschen und für individuelle und soziale Anstrengungen zur Verbesserung dieser Gesellschaft nutzen.

Unsere Suche nach dem guten Leben konfrontierte uns mit mehreren Fragen: Wo sollten wir leben? Wie das Ganze finanzieren? Und endlich die Kernfrage: Wie führt man denn ein gutes Leben, wenn man den Ort und die ökonomischen Mittel dazu gefunden hat?

Wohin sollten wir uns in den Vereinigten Staaten wenden? Es gab zahllose Möglichkeiten. Viele Menschen waren auf dem Weg in den sonnigen Süden, nach Carolina, Florida, Arizona, New Mexico und Kalifornien. Andere gingen in den Nordwesten. Wir entschieden uns aus verschiedenen Gründen für den Nordosten. Uns gefällt die Folge der Jahreszeiten – also ein ästhetischer Grund. In jedem anderen Teil des Landes würden wir die ständigen Überraschungen und Freuden vermisst haben, die das Neuengland-Wetter seinen Freunden bringt: die schneebedeckten Berge im Winter und das Schwarz-Weiß der Landschaft von Dezember bis März, den langen, verspielten Frühling mit seinem zögernden Grünen, der Überfall der heißen Sommertage, verbunden mit kühlen Nächten, und den schnellen Zugriff des Herbstes – der schönsten Jahreszeit – mit einem plötzlichen Reichtum an Farben. Ein Land mit vier Jahreszeiten kann nicht umhin, schön zu sein, und kennt keine Langeweile. Medizinisch-physisch gesehen, sind wir der Ansicht, dass ein sich ständig veränderndes Wetter gut für die Gesundheit ist und dem Leben mehr Würze gibt. Wir genießen sogar die Schläge, die uns die Winterkälte versetzt. Geografisch gesehen, fanden wir schließlich, dass Neuengland zu der Alten Welt, von der wir uns nicht isolieren wollten, in einem engerem Kontakt steht.

Wir nahmen uns Zeit und durchquerten die Oststaaten viele Monate lang. Am Ende entschieden wir uns für Vermont. Die dicht bewaldeten Hügel, aus denen die Grünen Berge bestehen, gefielen uns. Die Täler waren anheimelnd und die Leute unverfälscht. Der größte Teil des Staates war offen und wild, es gab nur wenige Vorstädte oder Feriengebiete.

Auch ökonomische Gründe bewegten uns, nach Vermont zu ziehen. In New York, New Jersey und Ost-Pennsylvania, wo wir uns zuerst umsahen, waren selbst in den Krisenjahren die Grundstückspreise hoch. Im Vergleich dazu waren Preise und Kosten in Vermont vernünftig.

Wohin sollten wir nun in Vermont ziehen? Auf der Karte ist es, verglichen mit einigen seiner großen Nachbarn, ein kleiner Staat. Von fern sieht es einfach aus, sich eine Gegend vorzunehmen und sie nach passenden Möglichkeiten abzusuchen, aber als wir versuchten, in den Bergen mit ihren steilen, kurvenreichen Wegen unseren Weg durch die vielen Landstraßen zu finden, oder zu Fuß von Tal zu Tal wanderten und dabei den Holzfällerpfaden und Wegen folgten, die sich im dichten, die Berge nahezu erstickenden Unterholz verloren, erschien Vermont auf einmal erstaunlich groß. Schnell sahen wir ein, dass wir Hilfe brauchten. Wir lasen die Anzeigen, nahmen dankend Vorschläge von Freunden an und fielen am Ende in die liebenswerten Klauen eines Ex-Farmers und derzeitigen Maklers, L. P. Martin aus Newfane, Vermont.

Vielleicht war Luke Martin kein guter Farmer, aber er war der geborene Makler. Die farbigen Beschreibungen, mit denen er warb, die Geschichten, die er erzählte, und seine einfallsreichen Tricks müssen ihn zur Nummer eins auf des Teufels Dienstliste für Makler gemacht haben. Luke prahlte, dass er und seine Jungs mehr Vermonter Bauernhöfe verkauft hatten als alle anderen Makler in der Gegend zusammen. Während Gray und Winchester abwechselnd das Auto fuhren, war er unablässig am Erzählen. Nachdem er uns an drei aufeinanderfolgenden Tagen durch den südlichen Teil von Vermont geschleift hatte, verkaufte er uns eine Farm in Winhall. Wir kauften die Farm, die er uns als Erstes gezeigt hatte, aber zwischen der ersten Besichtigung und dem Kauf betrachteten wir ein Dutzend andere. Keine gefiel uns so gut wie das Ellonen-Haus im Tal von Pikes Fall, das zu drei Ortschaften gehört – Stratton, Winhall und Jamaica. So fuhren wir an einem kalten Herbsttag dorthin und unterschrieben den Kaufvertrag.

Lage und Ausblick waren einfach schön. Angeschmiegt an einen Nordhang schaut man von dort zum Stratton Mountain und auf ein Stück Land, das große Holzfirmen als Holzreserve gekauft hatten und das »die Wildnis« genannt wurde. Stratton Mountain ist ein wilder, einsamer, dicht bewaldeter, etwa 1300 Meter hoher Berg, auf dem zu dieser Zeit fünfzig bis sechzig Menschen wohnten, während dort zu Zeiten Daniel Websters noch 1500 Menschen lebten. »Ein paar verlassene Farmen in einem unfruchtbaren Land, das bearbeitet wurde, solange jemand zum Arbeiten da war, und das dann den Bergen überlassen wurde. Jenseits dieser Einöde sind die Wälder, in denen Bär und Reh Ruhe finden und manchmal selbst der Biber die Verfolgungen vergisst und es wagt, einen Damm zu bauen.« [1]

Unser neues Heim war eine typisch heruntergekommene Farm, ein Holzhaus in schlechtem Zustand, mit einer großen Scheune, die kaputte Schwellen hatte und deren Dach leckte, mit einem Badehaus und 65 Morgen Land, auf dem das

Blick über die Dächer der Forest Farm zum Stratton Mountain im zeitigen Frühjahr

Holz bereits geschlagen war. Die »sanitären Einrichtungen« bestanden aus einer Pumpe, einem eisernen Waschbecken in der Küche und einem Plumpsklo an einem Ende des Holzschuppens. Es gab eine Quelle mit genug gutem Wasser, eine Wiese, ein oder zwei Sümpfe und genug raues Land, das in Südrichtung lag und sich etwa 500 Meter gegen den östlich vom Stratton liegenden Pinnacle Mountain erstreckte. Die Farm lag an einem Feldweg etwa 10 Kilometer vom Jamaica Post Office und 3,5 Kilometer von dem kleinen Ort Bondville entfernt. In beiden Orten zusammen wohnten weniger als 600 Menschen, entlang unseres Feldweges lebten vielleicht ein Dutzend Familien.

Der frühere Besitzer des Hofes, der Finne Peter Ellonen, wurde bei der Arbeit in einer Futtermittelfabrik getötet. Die meisten der Kinder waren verheiratet und fortgezogen. Die Farm war seiner Frau und ihrem Sohn Uno geblieben, sie verkam langsam und wurde wieder vom Busch überwachsen. Sie wollten unbedingt weg und so bekamen wir die Farm für 300 Dollar in bar und eine Hypothek der Federal Land Bank über 800 Dollar.

Nachdem der Vertrag geschlossen war und wir als neue Eigentümer eingetragen waren, begann uns zu dämmern, welchen Sprung wir gemacht hatten. Der Weg von New York bis zur Wildnis war nicht lang, aber weitreichend in Bezug auf die sozialen Konsequenzen. Wir sprangen aus der ökonomischen und sozialen Situation der Großstadt in eine Gegend, aus der kaum einer der Alten und keiner der Jungen jemals eine größere Stadt besucht hatte, in der die Häuser mit Holz beheizt und mit Kerosin beleuchtet wurden und in der es nicht eine einzige Toilette mit Wasserspülung gab. Im ersten Jahr unseres Aufenthalts packten wir die Kinder einiger Nachbarsfamilien in den Laster und nahmen sie mit, damit sie das erste Mal das Meer und den ersten Zug sehen, das erste Mal ins Kino gehen und ihren ersten Ice Cream Soda trinken konnten. Diese Kinder kannten keine Kohlen, sie betrachteten die Stücke neugierig, konnten sich aber nicht vorstellen, dass sie brennen würden. Sie waren genauso weit von der modernen Zivilisation entfernt, als wären sie in einem abgelegenen Alpendorf aufgewachsen. Wir hatten eine breite Kluft überquert, als wir von New York an diesen abgelegenen Ort gezogen waren.

Wir begannen als »Sommergäste«, die gewöhnlich von den Einheimischen als unberührbar und als Bedrohung für die Landwirtschaft angesehen werden. Diese »Fremden« kommen mit wenig oder viel Geld, wollen aber nie lange bleiben oder viel arbeiten.

Solange sie sich auf Land beschränken, das sich für die Landwirtschaft nicht eignet, richten sie nicht viel Schaden an. Gewöhnlich machen sie wenig oder gar kein Land urbar, außer vielleicht einem kleinen Gemüsegarten oder Blumengarten. Ihre Wiesen werden wieder zu Wäldern, und in diesen Wäldern wächst das Holz wild, ohne den Vorteil der Bewirtschaftung. Sie brauchen das Einkommen vom Land nicht oder rechnen auf spätere Gewinne.[2]

Wenn die »Gäste« aber produktives Land haben, dies aus der Produktion nehmen und es verwildern lassen, werden sie zu einer Gefahr für die Landwirtschaft des Staates. Dies gilt besonders für die fruchtbaren Täler.

Noch etwas anderes richten diese Gäste im Staat Vermont an: Sie lassen Fabrikprodukte und Spezialitäten von außerhalb hierher bringen und sorgen dafür, dass diese in die Geschäfte kommen. Sie tragen auf diese Weise dazu bei, die Einwohner davon zu überzeugen, es sei einfacher, Geld zu verdienen und dieses in den Läden in Waren umzusetzen, sodass ihre seit Langem bearbeiteten Gärten vernachlässigt werden. So wird der Staat immer unabhängiger von seiner Landwirtschaft und abhängiger vom Geld, welches zu einem großen Teil dazu dient, auswärtige Güter zu kaufen.

Wenn dies lange genug anhält, wird sich in Vermont eine Vorstadt- oder Ferienökonomie entwickeln, die auf dem Geld von denen, die anderswo verdienen und nur einen Teil davon während weniger Wochen oder Monate im Vermonter Sommer ausgeben, aufgebaut ist. Diese Wirtschaft ist von der Produktion her betrachtet parasitisch, obwohl sich Einkommen und Ausgaben vielleicht die Waage halten. Am Ende werden die Vermonter ihr Geld damit verdienen, ihre Arbeitskraft an die Feriengäste zu verkaufen, ihren Rasen zu mähen und ihre Wäsche zu waschen, sodass sie schließlich ihre wirtschaftliche Unabhängigkeit verlieren. Diese Art des Wirtschaftens wird vielleicht noch mehr billiges Geld nach Vermont bringen, aber wohl kaum selbstbewusste Menschen hervorbringen.

Aber diese »Sommer-Menschen« stellen nicht nur die Vermonter Wirtschaft auf den Kopf. Da sie im Sommer in ihren Häusern leben, diese aber für den Rest des Jahres verlassen, verwandeln sie große Teile des Staates in Geisterstädte. Sinnvolle Beziehungen unter Nachbarn müssen kontinuierlich sein. Teilzeit-Städte sind parasitische Totenstädte. »Keine Bewohner? Warum steht dieses Haus? Welches Gute bringt das Land, wenn es nicht bewohnt ist?«[3]

Die sozialen Folgen der Umwandlung von Ackerland in Ferienland sind sehr viel schwerwiegender als die ökonomischen. Ein Dorf, eine Gemeinschaft braucht Einzelpersonen, Siedler, Dorfbewohner und Städter, die zusammenleben und zusammenarbeiten, Tag für Tag, Jahr für Jahr, mit einer ausreichenden Produktion an nützlichen und schönen Gütern, um das zu bezahlen, was sie verbrauchen, und um noch ein bisschen mehr zu haben. Das ist echte ökonomische Gesundheit. Gesundheit in diesem Sinne außerhalb einer ganzjährigen Gemeinschaft zu erreichen, ist schwer, wenn nicht unmöglich.

Wir entschlossen uns, möglichst schnell unser Leben und unseren Lebensunterhalt so zu gestalten, dass wir das ganze Jahr über in Vermont leben konnten. Eine Zeit lang pendelten wir alle zwei oder drei Monate zwischen New York oder den Vorstädten New Jerseys und unserer Farm in Vermont hin und her. Allerdings war es ziemlich unbefriedigend, acht- oder zehnmal im Jahr diese 300 Kilometer zu fahren, und schließlich entschieden wir, dass unsere Probezeit vorüber war und wir den Sprung wagen würden. Wir packten unsere Habseligkeiten in unseren kleinen Laster und verwandelten uns so von »Sommer-Leuten« zu »Ganzjährigen«. Wir waren unsicher und wussten nicht, wie sich Neuankömmlinge in Vermont zu verhalten hatten, aber wir stimmten von ganzem Herzen mit Captain Basil Hall überein, der 1829 geschrieben hatte: »Meiner Meinung nach gilt für alle Menschen, die in eine neue Umgebung kommen, dass sie zuerst den Sitten der Umgebung so weit wie möglich folgen und Verbesserungsvorschläge so lange zurückhalten sollten, bis sie selbst fest verankert sind und gute Gründe haben, etwas Neues vorzuschlagen.«[4] Da wir die Dinge nicht durcheinanderbringen wollten, schnitten wir zuerst nur schüchtern ein paar Pappeln am Haus und machten daraus Feuerholz. Es stellte sich heraus, dass es für diesen Zweck in der Gegend kein ungeeigneteres Holz gab. Danach suchten wir uns einen falschen Platz für unseren Garten. Für den Garten gab es auf den 65 Morgen Land nur wenig Auswahl, weil der größte Teil mit Büschen überwuchert war. Das offene Land war dort, wo es eben war, sumpfig, und die trockenen Stellen waren so steil, dass der Regen offenen Mutterboden schnell weggewaschen hätte.

Das Land, das wir ausgewählt hatten, sah im Herbst recht vielversprechend aus. Es wellte sich sanft dem Süden und Südwesten zu, genau wie es ein guter Vermonter Garten tun sollte, war ziemlich trocken und hatte eine dichte Grasdecke, die tief in der schwarzen Erde verwurzelt war. Im nächsten Frühjahr wurde uns klar, warum die Rasenstücke so schwer waren und der Boden so schwarz war. Oberhalb des Gartens lag eine Quelle, die zwar im Sommer austrocknete, aber während der Schneeschmelze und während des üppigen Frühjahrsregens führte sie reichlich Wasser. Wir konnten tun, was wir wollten – bis spät in den Sommer hinein war der Garten ein Sumpf. Wir gruben Gräben um den Garten herum und schließlich eine Entwässerung quer durch das ganze Land, die dem Verlauf des Landes folgte. Mit viel Schweiß und ständiger Wachsamkeit überwanden wir die Schwierigkeiten der Entwässerung, säuberten den Platz von Quecken und hatten in den acht Jahren, in denen wir diesen Garten bearbeiteten, einige gute Ernten.

Nur reiche Leute können aufs Land ziehen, einen Hof kaufen, fließend Wasser, Badezimmer und eine Toilette installieren, für den Kühlschrank Elektrizität legen lassen, den Hühnerstall und Schweinestall niederreißen und aus der Scheune ein Studio mit Garage machen, dann alles weiß anstreichen lassen, im Herbst den Ort verlassen und im nächsten Juni wiederkommen. Wir waren nicht reich und hatten die Brücken hinter uns abgebrochen, um ganzjährig in die Wildnis zu ziehen. Wie sollte alles weitergehen?

Wir hatten uns alles überlegt und hofften, unseren Lebensunterhalt durch den Wald und durch bedachtes Fällen von Bäumen für Sägewerke und Papiermühlen zu verdienen. Die Wiederaufforstung geht in den Grünen Bergen recht schnell, und es gab einen lokalen Markt für Holzprodukte. Dies hatten wir im Sinn, als wir uns kurz nach dem Umzug ein großes Stück Wald kauften, das an unser Land angrenzte und etwas abseits der Straße lag. Es kostete 3 Dollar pro Morgen, und wir kauften es von John Tibbets, einem Holzfäller, der den Wald von 1916 bis 1919 abgeerntet hatte und jetzt wenig Lust verspürte, für die zwanzig oder dreißig Jahre, die es dauerte, bis der Wald nachgewachsen sein würde, Steuern zu bezahlen. Solch »abgeerntetes Land«, sofern es nicht an die Straße grenzt und keine Gebäude darauf stehen, kann man auch heute noch (1950) in Parzellen von 100 und mehr Morgen für 10 Dollar pro Morgen kaufen.

Wenn Holzfäller einen Wald ausfällen, schlagen sie nur die Bäume, die mindestens einen Balken von 4 Meter Länge ergeben, oder die Fichten und Kiefern, die in 1,50 Meter lange Stücke geschnitten und dann an Papierfabriken verkauft werden können. Das Land und die Bäume, die übrig bleiben, sind für den Holzfäller, der im großen Stil arbeitet, uninteressant. Aber zwei Leuten, die nicht gerade reich werden wollen, bieten sie die Möglichkeit, sich das notwendige Kleingeld zum Leben zu erarbeiten.

Auf dem Waldstück waren viele Buchen, Birken und Ahornbäume mit kurzen, krummen oder teilweise verrotteten Stämmen, die als Nutzholz nicht zu verwenden waren, die aber trotzdem ein Klafter oder auch mehr Feuerholz pro Baum ergaben. Es ist möglich, diese Krüppelbäume zu Feuerholz zu verarbeiten, minderwertige Bäume, die von den Winterstürmen umgeworfen werden, zu zerschneiden, junge Kiefern und Fichten als Weihnachtsbäume oder zur Dekoration zu verkaufen, die jungen Fichten und Kiefern für die Papiermühlen zurechtzuschneiden und die besseren Bäume zu Balken und Nutzholz zu verarbeiten. [5]

Ein solches Stück Land wirft, wenn es gut bearbeitet und ausgedünnt wird, für unbegrenzte Zeit ein kleines, aber stetiges Einkommen ab. Wahrscheinlich verdient man so weniger als in Lohnarbeit bei einem Holzfäller, aber man ist unabhängig und kann die Arbeit am besten in die eigene Ökonomie einpassen. [6]

Noch einen anderen Vorteil hatte dieser Kauf für uns: Wir konnten dieses Land mit wenig Eigenkapital kaufen, und es war nur eine geringe Anzahlung in bar erforderlich. Meistens gibt sich eine Holzfirma, die ihr Land abgeerntet hat und es nun für ein paar Dollar pro Morgen verkaufen will, überhaupt nicht mit Verkäufen unter 100 Morgen ab. Als Norman Williams ein Stück Land von einer

Holzgesellschaft kaufen wollte, bot man ihm 100 Morgen für 300 Dollar an. Einer der Verkäufer nahm ihn dann mit aufs Land und schlug vier Eckpflöcke in den Boden, »nach Gott und Gewissen«. Später hat er das Land dann vermessen und stellte fest, dass es 125 Morgen waren. Aber dies interessierte die Verkäufer nicht. In ihren Augen waren die 75 Dollar, die sie für die zusätzlichen 25 Morgen bekommen würden, vernachlässigbar. In einem anderen Fall bezahlte ein Freund für den Morgen 3 Dollar zu einer Zeit, zu der eine gute Axt 4,5 Dollar kostete.

Aber die Dinge entwickelten sich anders. Wir stiegen nie ins Holzgeschäft ein, ja, wir nutzten das gekaufte Land noch nicht einmal. Nachdem wir achtzehn Jahre lang die Steuern dafür bezahlt hatten, fanden wir heraus, dass eine ganze Menge verwertbares Holz darauf stand und dass die Holzbarone scharf darauf waren. Der starke Anstieg der Holzpreise im Krieg bewirkte, dass das Land zehnmal so viel wert war wie zu der Zeit, als wir es kauften. Da dies nicht an unseren Anstrengungen lag, sondern nur am Bevölkerungszuwachs der USA und an einem allgemein größeren Wohlstand, besonders aber an der Beteiligung am Krieg, entschieden wir uns, dass wir nichts am Abschlachten der Bäume verdienen wollten.

Wir wussten, dass europäische Städte oftmals Wald besitzen, der kollektiv genutzt wird. Für die Städte stellen diese Wälder eine gute Möglichkeit dar, an Geld zu kommen. Zudem sind sie ein nützliches und dauerhaftes Vermächtnis an die folgenden Generationen. Ein Gesetz des Staates Vermont erlaubt es Gemeinden, Wald zu besitzen, wenn dieser unter Aufsicht des staatlichen Forstamtes bewirtschaftet wird. Deshalb verschenkten wir das Land 1951 an die Stadt Winhall. Im nächsten Jahr begann die Stadt damit, unter staatlicher Überwachung ein Viertel des Waldes auszuschlagen. Wird die Parzelle gut behandelt, wird sie die Stadt für unbegrenzte Zeit mit einem stattlichen Einkommen versehen.[7]

Eine neue Möglichkeit war damals aufgetaucht, die unsere Gedanken in andere Bahnen, fern von Holz, lenkte. Im ersten Frühling nachdem wir umgezogen waren, brannten die Hoards – einige Jungs, die mit ihrer Mutter, Mercy Hoard, in der nächsten Farm nördlich von uns wohnten – ihre Wiesen nieder. Als sie in unsere Richtung kamen, stellten wir mit Schrecken fest, dass, obwohl die Häuser fast einen Kilometer auseinanderlagen, die Grenze zum Land der Hoards nur ein paar Meter von unserem Haus und nicht viel weiter von unserer Scheune entfernt verlief. Zwar wurde das Feuer unter Kontrolle gehalten, aber die Flammen erschienen uns gefährlich nah zu sein. Wir fragten Mercy Hoard, ob sie uns nicht einen Streifen Land verkaufen wollte, um zu verhindern, dass unser Haus irgendwann einmal abbrennt. Wir erfuhren, dass sie wegziehen wollten, und sie bot uns an, auf der Stelle den ganzen Besitz einschließlich der heruntergekommenen Gebäude zu kaufen. Ebenfalls inbegriffen waren ihr großer Ahornwald und ihr verfallenes Zuckerhaus. Sie wollte im nächsten Jahr die großen Stämme vom Grundstück schlagen und uns das Ganze dann zu einem vernünftigen Preis verkaufen.

Als wir diesen Hof kauften, war Frank Hoard schon einige Zeit tot. Außer Rodney waren alle Kinder erwachsen und wollten das Nest verlassen. Mercy und ihre Familie hatten praktisch aufgehört, Landwirtschaft zu betreiben. Das Ahorngehölz, das von Nadelholz überwuchert und mit Buschwerk dicht bewachsen war, wurde von Floyd Hurd, seiner Frau Zoe und denjenigen ihrer elf Kinder bearbeitet, die groß genug waren, um in der Zuckerzeit mit Hand anlegen zu können. Dies geschah auf einer Teilhaberbasis. Wir sprachen mit Floyd und Zoe und setzten das ursprüngliche Abkommen mit ihnen fort. Im ersten Jahr bekamen wir ein Viertel des Sirups für die Benutzung der Werkzeuge, für etwas Heizmaterial und natürlich für die Nutzung der Ahornbäume. Da wir nicht wussten, was wir mit dieser Menge tun sollten, lagerten wir den Sirup in Fünfliterkanistern in unserem alten Pferdestall. Gleichzeitig entdeckten wir, dass Ahornsirup in Vermont besser ist als Bargeld. Er kann schnell verkauft werden und verliert nicht an Wert. Das war etwas, womit wir nicht gerechnet hatten. In der Sirupzeit, die vier bis acht Wochen dauerte, bekamen wir so viel Sirup, dass wir unsere Steuern und Versicherungen zahlen konnten, mehr als genug zum eigenen Verbrauch lagerten und noch genug übrig hatten, um ihn an Freunde zu verschenken oder zu verkaufen. Dafür mussten wir nur die Benutzung des Zuckerhauses und einiger Werkzeuge gestatten und den Zuckerbusch abernten lassen. Wenn wir selbst im Zuckergeschäft arbeiten würden, das erkannten wir nun, könnte der Sirup unseren Bedarf an Bargeld decken.

Wir waren überrascht und erfreut, weil hier eventuell die Antwort auf unsere Frage lag, wie wir unseren Lebensunterhalt zwischen den Felsen in den Grünen Hügeln von Vermont verdienen konnten. Wir hatten damit gerechnet, durch Fällen und Verkaufen von Holz dieses Geld verdienen zu können, aber dort im Hof, direkt vor unseren Augen, standen reihenweise schimmernde Dosen voller Ahornsirup, zum Verkauf bereit. Bis zu diesem Augenblick hatten wir an die Sirupproduktion keinen Gedanken verschwendet. Wir hatten die Zuckerhäuser, die in den Hügeln verstreut lagen, mehr nebenbei gesehen, aber niemals die Möglichkeit in Betracht gezogen, unseren eigenen Sirup herzustellen. Die gute

Ahornzuckerernte des Jahres 1934 öffnete uns dann aber die Augen für diese Möglichkeiten und brachte die Hoffnung mit, dass wir hier die solide ökonomische Basis für unser Vermonter Projekt gefunden hatten.

Dass wir in Vermont einen Ort gefunden hatten, der unsere Persönlichkeit, unseren Enthusiasmus und unsere Brieftasche ansprach, beantwortete die erste Frage: *Wo ein gutes Leben leben?* Die Möglichkeiten, die in der Zuckerproduktion lagen, waren die Antwort auf die zweite Frage: *Wie finanzieren?*

Unsere nächste Aufgabe bestand nun darin, festzustellen: *Wie sieht das gute Leben aus?*

Anmerkungen

1) Kipling, Rudyard: Letters of Travel. New York: Doubleday Page 1920, S. 11

2) »Einige reiche Theoretiker lassen das Land, welches sie kaufen, unbearbeitet und unproduktiv liegen und spekulieren darauf, dass es im Laufe der Zeit wertvoller wird, dies umso stärker, da sie im Moment keine Gewinne machen wollen.«
Cooper, William: A Guide in the Wilderness. Dublin: Gilbert and Hodges 1810, S. 20

3) Tusser, Thomas: Five Hundredth Pointes of Good Husbandrie.
London: Tottell 1573, S. 11

4) Hall, Captain Basil: Travels in North America.
Philadelphia: Carey, Lea & Carey 1829, Vol. 1, S. 176

5) Im Maple Sugar Book haben wir die Arbeiten im Kapitel über Wald und seinen Stellenwert in der ländlichen Autonomie detaillierter beschrieben.

6) »Es gibt nur wenige Höfe in den Vereinigten Staaten, für die es nicht bequem und nützlich wäre, ein oder mehr Waldstücke zu besitzen. Sie versorgen den Besitzer mit Brennstoff, den man bei Gelegenheit schlagen kann, sie stellen das Holz, welches man zum Bauen braucht, sie verlangen wenig Fürsorge und können noch, wenn sie gut gepflegt werden, dem Vieh mehr oder weniger als Weide dienen. Die Bäume sollten in einem guten Zustand gehalten werden, da dies die Ernte genau wie bei jeder anderen Frucht vermehrt.«
Allen, R. L.:The American Farm Book. New York: Saxton 1849, S. 295

7) »In dieser Zeit können wir kaum erwarten, Menschen zu finden, die auch an das Allgemeinwohl denken, die es sogar höher schätzen als das eigene Wohl. Doch der Nutzen und die Vorteile, die der Wald sowohl den Eigentümern als auch der Allgemeinheit bringt, haben zumindest die, die sie erfahren haben, davon abgehalten, den Wald weiter so zu zerstören, wie man es an vielen Stellen im Lande sehen kann.«
Mortimer, J.: The Whole Art of Husbandry. London: Mortlock 1712, S. 294

Wenn die Sonne aufgeht, fange ich mit meiner Arbeit an. Wenn die Sonne untergeht, ruhe ich. Ich grabe den Brunnen, aus dem ich trinke, ich bearbeite die Erde, die meine Nahrung trägt. Ich bin Teil der Schöpfung, mehr kann auch ein König nicht sein.

Altes chinesisches Sprichwort, etwa 2500 v. Chr.

Oh Gott! Ich glaube, es wäre ein glückliches Leben, nicht besser zu sein als ein Schäfer, auf einem Hügel zu sitzen wie ich jetzt. So viele Stunden muss ich meine Herde hüten, so viele Stunden muss ich ruhen, so viele Stunden muss ich nachdenken, so viele Stunden mich anstrengen. Oh, was ein Leben wäre dies, wie schön! Wie gut!

William Shakespeare, King Henry VI., 1623

Kein Mensch wird geboren, der die Kunst des Lebens versteht, genauso wenig wie die Kunst des Ackerbaus. Eine muss genauso studiert werden wie die andere, und ein Mensch kann nicht erwarten, dass er von zufälligen Handlungen Befriedigung erfährt, genauso wenig wie man von einer Saat gute Ernte erwarten kann, die ausgeworfen wird ohne Beachtung des Bodens und der Jahreszeit. Nichts trägt mehr zum Glück bei, als sich ein Ziel vorzunehmen, welches man erreichen will, und dieses dann stetig zu verfolgen.

J. C. Loudon, An Encyclopedia of Agriculture, 1825

Es gibt zwei Arten zu leben: Man kann einfach und zufällig existieren oder mit Absicht und aufbauend versuchen, etwas aus seinem Leben zu machen. Die konstruktiven Ideen beinhalten nicht nur Konstruktivität bezogen auf das eigene Leben, sondern auch in Bezug auf die Gesellschaft und auf die zukünftigen Möglichkeiten der Menschheit.

Julian Huxley, Essays of a Biologist, 1923

Unsere Vorstellungen vom Leben

Unsere Aktiva – Wir machen einen Zehn-Jahres-Plan –
Frei von Preis und Profit – Nicht um des Geldes Willen –
Keine Schulden – Kooperation, wo möglich –
Aufbau des Zuckerunternehmens – Tausch der Produkte – Keine Tiere –
Abreißen alter Gebäude und Auswahl des Platzes für neue –
Wir bauen mit Stein und sammeln das Material dafür –
Die Kiesgrube und ihre Verzweigungen – Ordnung – Das erste himmlische Gesetz –
Gutes Werkzeug hält ewig – Notwendigkeit von Selbstdisziplin – Arbeitspläne

Alles geschah schnell – vielleicht zu schnell. Schon steckten wir bis über beide Ohren drin. War das zu tief? Wir hatten drei vernachlässigte Farmen erworben und begannen mit dem Zuckern, von dem wir nichts verstanden. Wohin führten uns diese Ereignisse? Bedeuteten diese durchgreifenden Veränderungen in unserem Leben Verpflichtungen und Verstrickungen, die wir später bereuen würden? Wir mussten sowohl umsichtig als auch vorsichtig sein. Die Situation konnte in den folgenden Punkten zusammengefasst werden.

Wir waren auf dem Land. Wir hatten Land. Wir hatten alles Holz, das wir brauchten, umsonst. Der Garten lieferte uns genug zum Essen. Wir hatten Zeit, ein Ziel, Energie, genug Einfallsreichtum und Vorstellungskraft, ein kleines Bareinkommen vom Ahornzucker und ein bisschen Bargeld an der Hand.

Wir lebten auf einer heruntergekommenen Farm. Wir lebten in einem schlecht gebauten Holzhaus, durch dessen Ritzen im Winter der Wind pfiff.

Wir besaßen ein Stück Wald, das aber erst in zwanzig bis dreißig Jahren verwendbar war. Wir besaßen zudem noch die Farm nebenan, die genauso heruntergekommen war, mit Gebäuden in schlechtem Zustand. Unser Boden war sumpfig, rau und felsig, zum großen Teil verwildert, aber ein bisschen gutes Holz war darauf geblieben. Unsere Gärten waren vielversprechend, aber der Hauptgarten lag zu tief und war zu nass, um wirklich produktiv sein zu können.

Unsere Gesundheit war gut. Wir waren »flüssig«, denn wir hatten keine Schulden. Wir hofften auf die Zukunft, waren aber unerfahren in dieser Art des Lebens und ein bisschen unsicher, wie wir weiter vorgehen sollten.

Nach längerer Überlegung und im Geiste dieser Entwicklungsstufe machten wir einen Zehn-Jahres-Plan. Dieser Plan entstand nicht auf einmal. Er wurde durch Erfahrungen verändert, die wir unterwegs machten. Er war flexibel, aber im Prinzip und meist auch in der Praxis hielten wir uns daran. Als wir ihn in der Mitte der Dreißigerjahre entwarfen, enthielt der Plan folgende Punkte:

1. Wir wollen einen sich weitgehend selbst versorgenden Haushalt schaffen, der auf einer Gebrauchsökonomie aufbaut und so weit wie möglich unabhängig ist von der Preis-Profit-Ökonomie, die uns umgibt.

Die Great Depression (Große Depression) konfrontierte Millionen Arbeiter mit den Gefahren, die in einer auf Lohnarbeit basierenden Marktwirtschaft auf die lauern, die ihren Lebensunterhalt auf dem freien Markt kaufen. Die Lohnempfänger besaßen ihre Arbeitsplätze nicht, konnten über die Wirtschaftspolitik nicht entscheiden und konnten sich die nicht aussuchen, die diese Politik ausführten.

Die vielen Arbeitslosen von 1932 verloren ihre Arbeitsplätze nicht aus eigener Schuld. Dennoch waren sie in einer Wirtschaft, die Geld im Austausch für Lebensnotwendigkeiten und Bequemlichkeiten verlangte, ohne Arbeit. Obwohl sich ihr Einkommen verringert hatte, waren ihre Ausgaben für Nahrung, Wohnung und Kleidung gleich geblieben. Also brauchten sie ihre Ersparnisse auf und stürzten sich in Schulden.

Da wir weiterhin in dieser Gesellschaft leben wollten, mussten wir entweder die Folgen akzeptieren oder eine Alternative finden. Wir sahen diese Alternative in einer halbautonomen Ökonomie. Wir wollten diese Wirtschaft mit den folgenden Schritten erreichen:

1) so viele Nahrungsmittel wie möglich selbst ziehen, so weit Klima und Bodenbeschaffenheit es erlaubten; 2) die Produkte, die wir nicht selbst herstellten oder herstellen wollten, gegen eigene tauschen; 3) Holz als Brennstoff nutzen und es selbst schlagen; 4) unsere eigenen Häuser mit unserer Arbeit aus Steinen und Holz von unserem Grundstück bauen; 5) Geräte wie Schlitten, Wagen, Sandsiebe und Leitern selbst machen; 6) die Anzahl der Geräte, die wir nicht selbst herstellen konnten und daher von den Konzernen kaufen mussten, möglichst gering halten[1]; 7) wenn wir solche Maschinen wirklich einmal brauchen würden, meist nur für ein paar Stunden im Jahr, wollten wir sie uns leihen oder mit Nachbarn tauschen, anstatt sie zu kaufen und sie zu besitzen.

2. Wir haben nicht die Absicht, Geld zu verdienen, genauso wenig wie wir Löhne oder Gewinne erzielen wollen. Lieber wollen wir unseren Lebensunterhalt in einer Gebrauchsökonomie verdienen. Wenn wir genug gearbeitet haben, um das Jahr leben zu können, wollen wir bis zur nächsten Saison mit dem Verdienen aufhören.

»Geldverdienen« und »Reichwerden« haben den Leuten seltsame Ideen über die Wirtschaft in den Kopf gesetzt. Das Ziel von wirtschaftlichem Handeln ist nicht Geld, sondern der Lebensunterhalt. Geld kann nicht sättigen, schützen oder kleiden. Geld ist ein Tauschmittel – ein Mittel, um die Dinge zu sichern, von denen das Leben abhängt. Wichtig sind die Notwendigkeiten und das Wohlbefinden, nicht das Geld, das für sie ausgegeben werden muss. Und für Geld muss man zahlen, genau wie für alles andere auch. Robert Louis Stevenson schrieb in *Men and Books:* »Geld ist eine Annehmlichkeit, die man kaufen kann oder auch nicht, ein Luxus, den wir aus dem Fenster werfen können oder mit dem wir knausern, wie alles andere auch. Und es gibt viel, was wir mit Recht dem Geldausgeben vorziehen können, wie etwa ein gutes Gewissen, ein Leben auf dem Lande oder den Partner unserer Träume.«[2]

Den Menschen, die in einer Geldwirtschaft aufgewachsen sind, wurde beigebracht, an die Wichtigkeit von Geldverdienen und Sparen zu glauben. Wieder und wieder erzählte man uns: »Ihr könnt es euch doch nicht erlauben, Sirup zu machen. So werdet ihr kein Geld verdienen.« Ein Jahr lang führte ein Nachbar von uns Buch über die Arbeit, die er während der Sirupsaison hineinsteckte, und über seine Verkaufspreise. Er fand heraus, dass er nur 67 Cents pro Stunde verdiente. Im Hinblick auf diese Zahlen verzichtete er das nächste Jahr ganz aufs Zuckern, da er dafür weniger bekam als für Lohnarbeit. Allerdings fand er während der Sirupsaison keine Arbeit und hatte so noch nicht einmal die 67 Cents pro Stunde.

Unsere Einstellung dazu war anders. Wir führten sorgfältig Buch über die Kosten, aber nutzten dies niemals, um zu entscheiden, ob wir Sirup machen wollten oder nicht. Wir zapften unsere Bäume an, wenn die Zeit kam. Unsere Zahlen zeigten, was uns der Sirup gekostet hatte. Wenn die Saison vorbei war, schrieben wir unseren Freunden in Kalifornien oder Florida, was unser Sirup kostete, und tauschten unsere Produkte gleichwertig gegen deren Zitronen, Walnüsse, Oliven oder Rosinen ein. Die Folge dieser Transaktionen war, dass wir einen Vorrat dieser Lebensmittel ganz ohne Geld anlegen konnten. Die Basis unseres Lebensunterhaltes wurde durch unsere Anstrengungen im Zuckergehölz und im Safthaus erweitert.

Sirup und Zucker verkauften wir auch auf dem Markt. Bei allem, was wir verkauften, versuchten wir, die genauen Kosten herauszufinden und danach unsere Preise zu machen. Nicht nach der »Nachfrage«, sondern nach den Kosten, wobei unsere eigene Arbeitszeit nach den üblichen Tagelöhnersätzen berechnet wurde.

Helen beim Sammeln von Ahornsaft, aus dem Sirup gekocht wird

Genauso wie wir jedes Jahr versuchten auszurechnen, wie viel Gartenfrüchte wir für unseren Lebensunterhalt brauchten, versuchten wir, auch unseren Bargeldbedarf für unsere Verpflichtungen zu überschlagen. Wenn wir genug für den geschätzten Verbrauch hatten, ernteten wir nicht weiter und verdienten in dieser Periode kein Geld mehr. Kurz – wir versuchten, unseren Lebensunterhalt zu verdienen, und wenn unsere Bedürfnisse gedeckt waren, wendeten wir uns anderen Dingen zu, zum Beispiel sozialen Aktivitäten oder Neigungen wie Lesen, Schreiben, Musizieren, Reparieren oder dem Ersetzen unseres Inventars.

3. Alle unsere Transaktionen sollen auf Bargeldbasis sein. Keine Kredite. Keine Sklaverei für Zinsen auf Darlehen, Hypotheken oder persönliche Kredite.
In jeder Wirtschaft leben die Menschen, die Geld verleihen, auf der sonnigen Seite. Als Einzelperson oder als Bankunternehmen verleihen sie Geld, nehmen dafür Sicherheiten und leben von der reichen Beute der Zinsen und der Notverkäufe. Die Geldverleiher genießen Komfort und Luxus, ohne irgendeine nützliche Arbeit zu tun. Die leihenden Produzenten sind es, die die Zinsen zahlen oder ihr Eigentum verlieren. Tausende von Bauern und Hausbesitzern verloren während der Great Depression das, was ihnen gehörte, weil sie die Zinsen nicht mehr zahlen konnten. Wir entschieden uns, entweder bar oder überhaupt nicht zu kaufen.

4. Wir werden Ahornsirup als Marktfrucht anbauen und werden versuchen, so oft wie möglich zu kooperativen Vereinbarungen zu kommen.
Wir vereinbarten mit Floyd Hurd und seiner Familie, wie wir Sirup produzieren würden und wer welchen Teil der Ernte erhalten würde. Maßstab für die Verteilung waren das Land, die benutzten Werkzeuge und die Arbeitskraft, die von jeder Partei eingebracht wurden. Diese Abmachung mit den Hurds begann 1935, dauerte sechs Jahre und wurde später mit anderen Leuten weitergeführt.

5. Die Produktion von Sirup werden wir auf eine effektivere Basis stellen, indem wir das alte Hoard-Zuckerhaus durch ein neues ersetzen und mit neuen Werkzeugen ausrüsten.
Dies geschah im Jahre 1935 – wir bauten das neue Zuckerhaus und die Hurds einen neuen, größeren Verdampfer. Wir entschieden uns auch, einen Teil des Sirups zu Ahornzucker zu verarbeiten, der sehr einfach zu verkaufen war. Die vollständige Geschichte dieses Unternehmens wird in *The Maple Sugar Book* detailliert beschrieben.

6. Solange das Einkommen aus Ahornsirup und Ahornzucker unseren Bedarf deckt, werden wir nichts anderes verkaufen. Aller Überfluss an Gartenfrüchten oder anderen Dingen wird mit den Nachbarn geteilt werden, nach deren Bedürfnissen.
Das Letztere war im ganzen Tal üblich. Rix Knight besaß viele Pflaumenbäume. Bei guten Ernten gab er die Pflaumen eimerweise an die weiter, die keine hatten. Jack Lightfoot ließ uns seine überzähligen Äpfel pflücken und erlaubte anderen, ihr Weihnachtsgrün bei ihm zu schneiden, alles umsonst. Wir wiederum brachten Feuerholz und häufig Gartenprodukte zu denen, die es brauchten. Unsere größte

Freude war aber, Duftwicken zu pflanzen, zu schneiden und zu verschenken. Wir zogen sie im Überfluss – in Doppelreihen, zwischen 20 und 30 Meter lang, jedes Jahr. Immer wenn wir während der Blütezeit von Juli bis Ende September in die Stadt fuhren, nahmen wir für Freunde und Fremde ganze Eimer und Badewannen voller Sträuße mit und verschenkten sie. Kaufleute, befreundete Zahnärzte, der Tankwart, völlig Fremde auf der Straße – sie alle freuten sich über die duftende Blütenpracht. Eine Frau wollte darauf bestehen, ihren großen Strauß zu bezahlen. Im Weggehen hörten wir sie sagen: »Ich lebe wohl schon zu lange zu nahe an New York, um das verstehen zu können.«

7. Wir werden keine Tiere halten.

Fast alle Farmer in Vermont halten Tiere, meist viele verschiedene Arten. Wir essen kein Fleisch und keine tierischen Produkte und beuten die Tiere auch nicht aus. So entkommen wir der Abhängigkeit und dem Dienstverhältnis, das normalerweise Bauern und Tiere aneinander bindet. Das Sprichwort »Kein Mensch ist frei, der einen Diener hat« könnte auch lauten »Kein Mensch ist frei, der ein Tier hält«.

Ein Haushalt mit Tieren auf einer Farm in Neuengland ist mit dem Bau und dem Unterhalt von Ställen (nicht nur Schuppen) und Zäunen verbunden, auch mit der Heuernte oder dem Zukauf von Heu. Hierhin verschwindet ein großer Teil der Zeit des Bauern. Die Zugtiere auf der Farm arbeiten unregelmäßig, essen aber ständig. Viele von ihnen essen mehr, als sie produzieren, und sind so unfreiwillige Parasiten. Alle Tiere streunen ab und zu, trotz der besten Zäune, und müssen verfolgt und wieder zurückgebracht werden, wie andere Sklaven auch. Die Eigentümer von Pferden, Rindern, Schweinen und Hühnern versorgen diese regelmäßig wie bäuerliche Zimmermädchen, füttern sie, halten sie in Schuss und säubern ihre Behausungen. Bernard Shaw sagte: »Millionen Menschen vom Schafhirten bis zum Metzger werden zu Dienern der Tiere, solange diese leben, und später zu ihren Henkern.«

Wir glauben, dass alles Leben respektiert werden muss – nichtmenschliches genau wie menschliches. Daher jagen oder fischen wir nicht zum Spaß und essen keine tierischen Produkte. Darüber hinaus ziehen wir es vor, aus Respekt vor dem Leben unsere Mitgeschöpfe weder zu versklaven noch auszubeuten. Die weitverbreitete und legale Ausbeutung der Haustiere reicht vom Raub der Milch und der Eier bis zum Ausnutzen ihrer Kraft für Arbeiten. Haustiere, seien es nun Kühe, Pferde, Ziegen, Hühner, Hunde oder Katzen, sind Sklaven. Der Mensch hat Gewalt über Leben und Tod. Er kauft und verkauft sie, ist ihr Eigentümer, arbeitet mit ihnen, missbraucht und quält sie und findet nichts dabei, sie am Ende zu töten und zu essen. Er benutzt die Tiere, um sie auf die verschiedensten Arten dienen zu lassen. Wenn Tiere dem widerstehen, dagegen rebellieren oder alt werden, bringt man sie zum Schlachter oder erschießt sie auf der Stelle.

Katzen und Hunde leben ein abhängiges Leben unter den Tischen der Menschen. Sie töten und vertreiben wilde Tiere, deren unabhängiges und freies Leben viel mehr Bewunderung verdient als das der zahmen, gefütterten Artgenossen. Wir haben unsere Freude an wilden Tieren und glauben, dass sie im Allgemeinen wendiger, schöner und gesünder sind als die meisten Katzen und Hunde, obwohl einige unserer besten Freunde in Vermont Katzen und Hunde waren.

Während wir mit allen Tieren Freundschaft halten, ziehen wir es vor, von Abhängigkeit und Abhängigen frei zu sein. Viele Bauern, die sich daran gewöhnt haben, Tiere zu pflegen und zu füttern, könnten ihre Arbeitszeit halbieren, wenn sie das Gleiche täten.

8. Wir werden unsere Zeit nicht darauf verschwenden, alte Häuser zu restaurieren. Wir werden sie solange wie nötig nutzen, sie reparieren, wenn notwendig, aber uns bewusst sein, dass es nur Ruinen sind. Wenn sie keine Funktion haben, reißen wir sie bei der ersten Gelegenheit ab. Nur wenn sie nützlich sind, ersetzen wir sie.

Wir wünschten uns eine Feuerstelle in dem alten Haus der Ellonens. Die einzig praktikable Lösung war, einen Raum anzubauen. Es gab keinen anderen geeigneten Platz. Deshalb fügten wir einen 4 × 4 Meter großen Anbau an, mit einem Steinkamin, einem Steinfußboden und holzverkleideten Wänden. Außer diesem Anbau reparierten wir nur die notwendigsten Dinge an dem alten Gebäude, obwohl wir neun Jahre darin lebten, bevor wir in ein neues umzogen.

Einige unserer Freunde und Nachbarn protestierten laut: »Aber der Stil dieser alten Gebäude!« Unsere Antwort darauf war einfach und bestand aus drei Teilen: 1) Wenn wir auch nur einen Pfifferling wert sind, können wir genauso gut bauen wie unsere Vorfahren, wenn nicht besser. Wenn wir es nicht können, verdienen wir kein gutes Haus. 2) Die Instandsetzung eines alten Gebäudes kostet oft genauso viel, manchmal mehr als der Bau eines neuen.[3] 3) Ist man mit der Renovierung fertig, hat man immer noch das alte Fachwerk und den alten Rahmen, was alte und oft verrottete Schwellen, Pfosten, Pfetten, Träger und Binder bedeutet. Ecken und Linien sind meist nicht rechtwinklig oder waagerecht, und weder Stil noch Planung sind an die neuen Bewohner angepasst.

»Wer ein altes Haus ändert, ist wie beim Übersetzen an das Original gekettet und ist dem Geschmack des Erbauers unterworfen«[4]

Seit wir nach Vermont gezogen sind, haben wir schon einige Male beobachtet, wie Verwandte oder Freunde ein altes Haus renoviert haben. Unserer Überzeugung nach traf das oben Gesagte in allen Fällen zu.

9. Wir werden die Standorte für ein dauerhaftes Haus, für die anderen Gebrauchsgebäude und für Gärten sorgfältig auswählen. Die Gärten sollen terrassiert werden können.
In den Kapiteln »Wir bauen ein Steinhaus« und »Unsere gute Erde« wird näher beschrieben, wie wir dies umgesetzt haben.

10. Wir werden aus Naturstein und Holz bauen. Am besten geschieht dies, indem man die nötigen Materialien schon lange vorher sammelt. Alle Steine, die bewegt werden müssen, sortieren wir, errichten Haufen für Wandsteine, Ecksteine, Kaminsteine, Schornsteine und Terrassensteine sowie für Bodenplatten, um uns so für die Jahre vorzubereiten, in denen wir bauen können.
Gleich nach dem Entstehen der Idee des Hausbaus fingen wir an, Steine zu sammeln.[5] Von der Straße, aus unserem Garten, aus der Kiesgrube, von alten Steinwänden, aus dem Wald, von überall her holten wir die Steine. Dabei folgten wir dem Rat von Thomas Tusser: »Komm heim vom Land, Stein in der Hand. Wo es viele Steine gibt, die ärgerlich sind, lass deine Diener mit Steinen in der Hand nach Hause kommen. Dies täglich getan, führt dazu, dass am Ende genug für Straßen und Mauern da ist.«[6]

Einige gute Stücke brachten wir sogar von außerhalb mit. Unsere Nachbarn interessierten sich allmählich für diese Praxis, und wenn sie beim Pflügen oder Eggen einen guten Stein fanden, vergrößerten sie unseren wachsenden Stapel.

Dafür bestimmten wir eine günstige Stelle, die beim Bauen oder Schleppen nicht im Weg war, aber in der Nähe des Bauplatzes lag. Dann stellten wir Schilder auf: »Ecke« für Steine mit einem 90-Grad-Winkel, »Erste Qualität« für solche mit einer guten, flachen Oberfläche, »Boden« für dünne, große Felsen mit einer glatten Oberfläche, »Schornstein« für gute Blöcke mit vernünftigen Ecken und »Hässliche« für einfache Steine von unterschiedlicher Größe, die für Fundamente oder zum Auffüllen genutzt werden konnten.

Steinesammeln wurde zu einer dauerhaften Beschäftigung während Spaziergängen oder -fahrten, und nur selten kam es vor, dass wir nicht mit einem Stein in der Hand nach Hause kamen.

11. Das erste neue Gebäude wird ein Holzschuppen sein, in dem das frische Holz gelagert und getrocknet werden kann. Wenn wir dann bauen wollen, haben wir luftgetrocknetes Holz.
Unser Vorrat an Holz, den wir von 1933 bis 1936 einlagerten, stellte sich als äußerst sinnvoll heraus, denn von 1936 bis 1943, als wir den größten Teil unserer Häuser bauten, hätte uns dieselbe Menge an ungelagertem Holz das Fünffache gekostet.

12. Da das Bauen mit Beton Sand und Kies erfordert, brauchen wir eine verlässliche Quelle für beides.
Dies war ein Muss! Deshalb begannen wir 1934 mit der Suche nach einer kleinen Kiesgrube. Dabei waren wir nicht allein. Wir lebten an einem Feldweg, den die Stadt ständig mit Kies zu pflastern, zu reparieren und neu auszubauen hatte. Die Straßenarbeiter der Stadt erklärten uns, es gäbe nur eine gute Kiesgrube in vernünftiger Entfernung. Sie hätten schon überall im Tal erfolglos nach einer anderen Stelle gesucht. Diese Grube gehörte einem Herrn Heflon in Jamaica. Aus dieser Grube bekamen die Arbeiter ihren Kies, und eine ganze Zeit lang holten wir unseren auch von dort. Dann aber wurde das Grundstück an einige New Yorker verkauft, die keine Kieslaster durch ihren Vorgarten fahren lassen wollten und die Zufahrt verboten. Die Schließung dieser Grube hieß für uns, dass wir den Kies von der anderen Seite des Berges holen mussten. Dies bezogen wir in unsere Planungen mit ein und fingen an, ihn kilometerweit zu transportieren. Das Material war jedoch sehr fein und mit Lehm und Flugsand gemischt. Beides schadet dem Beton.

Wir zerbrachen uns den Kopf über das Problem, bis Charlie White eines Tages bei uns vorbeikam. »Wollt ihr nicht ein Stück Land kaufen, das an Eures anschließt?«, fragte er. Wir sagten, dass wir genug hätten, aber fragten trotzdem, wo es denn lag. Es stellte sich heraus, dass es ein 13 Morgen großes Stück war, das an das Land anschloss, auf dem die New Yorker die Kiesgrube geschlossen hatten. Nachdem wir es genau betrachtet und an einigen Stellen getestet hatten, fanden wir, dass es guten Kies enthielt, und fragten die Eigentümerin, wie viel sie denn dafür wolle. Sie sagte, dass ihr Preis 100 Dollar sei. »Aber«, sagte sie, »Merrill Stark hat 25 Dollar angezahlt und wollte das Land kaufen. Aber seine Option ist ausgelaufen, und er hat kein Geld. Ich möchte dafür keine Steuern zahlen, deshalb will ich es verkaufen.«

Vorsicht war geboten! Merrill Stark, ein Mitglied der berühmten Vermonter Stark-Familie, lebte in Pikes Falls, zwei Meilen von uns entfernt im Süden. Wenn wir »sein« Land kauften, wäre dies der Grund einer Fehde unter Nachbarn. Wie konnten wir es trotzdem bekommen?

Nach längeren Gesprächen boten wir der Besitzerin Folgendes an: Wir geben ihr einen Scheck über 100 Dollar, der auf sie ausgestellt ist, und einen über 25 Dollar auf Merrill Stark. Außerdem zahlen wir die fälligen Steuern, die etwa 10 Dollar ausmachen. Sie war damit einverstanden. Merrill bekam sein Geld zurück und hatte bis zu seinem Tod einige Jahre später ein freundliches und nachbarschaftliches Verhältnis zu uns. So bekamen wir die nötige Kiesgrube.

Natürlich konnten wir keine 12 Morgen Kies gebrauchen, 1 Morgen war genug. So gruben wir ein Kiesloch nahe an der Straße, markierten ungefähr 2 Morgen drum herum und teilten den Rest in zwei Teile. Auf dem einen Teil bauten wir eine kleine Blockhütte – für uns ein Experiment im Bauen – und verkauften ihn für 600 Dollar. Beim Bauen lernten wir eine Menge, und die Haupterkenntnis war, dass wir nicht mit Holz bauen würden.[7] Auf dem anderen Teil errichteten wir ein Haus aus Stein mit vier Zimmern und verkauften es später für 2000 Dollar. Das Steinhaus, das etwa 100 Meter von unserer kleinen Kiesgrube entfernt lag, war zum größten Teil aus den Steinen gebaut, die übrig blieben, nachdem wir Sand und Kies ausgesiebt hatten. Beide Häuser bekamen Steinschornsteine und offene Kamine.

Wir empfinden das Profitsystem und Profite als ungerecht. Deshalb führten wir sorgfältig Buch über die beiden Häuser, rechneten für uns Löhne für die am Bau verbrachte Zeit, zählten die Kosten des Landes, des Materials und anderes dazu und errechneten so einen profitfreien Preis. Das Bauen und der Verkauf der beiden Häuser brachten uns viele Erfahrungen und ein bisschen Kapital, das wir sofort in unsere anderen Bauprojekte investierten.

Der Aushub einer Kiesgrube wirft auch Rasen und Mutterboden ab, mit denen wir unsere Terrassen und Komposthaufen bauten. Erde und Felsen nahmen wir als Füllmaterial. Steine, Sand und Kies wanderten in die Wände, Fußböden und Schornsteine. Um zu verhindern, dass organische Stoffe in die Kiesgrube fielen, räumten wir sie ab und säuberten auch den Bereich um sie herum. Dann bauten wir ein Kiessieb, mit dem wir den Aushub in drei Klassen einteilen konnten: Sand, Kies bis zu einem Durchmesser von 4 Zentimetern sowie kleine Steine. Diese Steine waren ideal für Straßenarbeiten. Sie fütterten Löcher aus und ergaben harte Straßenbeläge. In achtzehn Jahren holten wir, abgesehen von kleinen Mengen, die von der Gemeinde oder von Freunden und Nachbarn gebraucht wurden, insgesamt 5050 Pick-up-Ladungen Kies aus der Grube.

Im Laufe der Jahre gewannen wir aus der Grube genug guten Boden, um den Garten zu vergrößern, genug Felsen und anderes Material, das nicht zum Bauen verwendet werden konnte, um ein Sumpfloch zu füllen, das vorher verhinderte, dass wir um unser Zuckerhaus herumfahren konnten, und genug Steine und Erde, um Straßen auszubauen und neue Wege anzulegen. Alles wurde verbraucht, vom Lehm bis zu Felsen. Das Loch hinter dem Zuckerhaus war zum Beispiel so groß, dass wir Brocken bis zu 1,20 Meter Durchmesser unterbringen konnten.

Ein hastiges Fertigstellen eines Projektes dieser Art innerhalb weniger Monate hätte viel, viel Zeit gekostet und das Ausführen anderer, wichtigerer Teile unseres allseitigen Plans verzögert. So aber wurde der dritte und letzte Teil des Gemüsegartens elf Jahre, nachdem wir mit dem ersten Teil angefangen hatten, fertiggestellt. Nach der Fertigstellung hatte er eine Länge von etwa 25 Metern und eine Breite von 9 Metern. Durch Steinwände wurde er in drei Teile beziehungsweise Terrassen unterteilt. Dort hinein brachten wir etwa 300 Pick-up-Ladungen Boden. Der erste Teil wurde sofort als dringendes Projekt begonnen, da wir unsere Lebensmittelversorgung sichern wollten. Danach bauten wir daran nur, wenn wir Material zur Verfügung hatten. Die niedrigere Seite hatten wir aufgefüllt, das Füllmaterial war an einigen Stellen 1,80 Meter hoch. Zum Füllen konnten wir fast jede Art von Erde nehmen. Näherten wir uns dann aber der »Oberfläche«, nutzten wir nur guten Mutterboden.

Unser Ziel war es, Steine, Erde oder anderes Material nur einmal zu bewegen, zu der »letzten Ruhestätte«. Wir hatten immer viele Projekte in Arbeit, in verschiedenen Stadien. Oft war das Ende einer Arbeit ein Nebenprodukt einer anderen. In gewissem Sinne war dies ein Gewinn, da wir die überzähligen Sachen ohnehin wegbringen mussten. Hätten wir sie irgendwohin geworfen, wäre das Ergebnis eine verhunzte Landschaft gewesen, während so jede Ladung Fundamentaushub oder »Abfall« der Kiesgrube gleich ihre Bestimmung und ihren Zweck hatte. Der Gemüsegarten wurde nicht gebaut, er »wuchs« im Laufe eines Jahrzehntes als ein Teil eines allgemeinen Plans, dessen Ziel es war, allem seinen Platz zuzuordnen – auch dem Abfall – und alles an seinen Platz zu bringen.

Diese zwölf Punkte waren der Kern unseres Zehn-Jahres-Plans, die Kernpunkte unseres Katalogs. Sie waren die Verfassung unseres Gemeinwesens. Wir erließen auch Gesetze für den Ablauf des Haushalts, weil dieser als Erster nach Organisation schrie. Obwohl wir einen funktionsfähigen Haushalt und kein Unternehmen planten, versuchten wir, so systematisch vorzugehen, wie wenn wir ein wirtschaftliches Projekt im großen Rahmen planten. Unser Verzeichnis hatte Raum für »zu erledigende Arbeiten«, und es war in die Kategorien »Schönwetter« und »Regentage«, »Geplante Bauarbeiten« und »Erledigte Projekte« unterteilt. Jedes Projekt hatte seine Kostenkarte mit einer Auflistung des verbrauchten Materials und des benötigten Geldes. Getrennte Loseblattsammlungen für Garten und Zucker enthielten Pläne, die Berichte über laufende Aktivitäten und die der vergangenen Jahren.

Unter »Winterabende« rät *The Farmer's Calendar* [8] von Arthur Young: »Jede Arbeit für den nächsten Tag muss arrangiert werden, sowohl für gutes Wetter als auch für schlechtes. Auch die Bücher für den vergangenen Tag müssen geführt werden. Daneben sollte ein anderes Buch da sein für verschiedene Beobachtungen, Gedanken, Kalkulationen, Fragen und für Vergleiche [...]. Lose Blätter werden üblicherweise nach einiger Zeit verlegt, sodass, wenn man eine Sache verwirklichen will, die man schon einmal berechnet hat, oft mehr Zeit mit dem Suchen verloren geht, als man für das Erstellen von zehn neuen Berechnungen braucht. Aber was in ein Buch eingetragen ist, findet man leicht, das Wissen ist in besserer Ordnung und man kann sich auf frühere Ideen und Erfahrungen beziehen.«

Wir gingen die Probleme nacheinander an, sobald sie auftauchten. In jedem Fall folgten wir einem Schema, das mit einem Überblick über die bestehende Situation begann, dann folgte eine Diskussion, die zu einer Entscheidung führte. Diese wiederum wurde häufig in einem Memorandum Schwarz auf Weiß festgehalten. [9] Das führte zu einem Plan, der ebenfalls aufgeschrieben und oft noch verändert wurde. Am Ende wurde dieser Plan überprüft und mit unserem Zehn-Jahres-Plan koordiniert, als eigenes Projekt aufgenommen und in unseren Arbeitsplan eingebaut.

Nun werden vielleicht einige das Gefühl haben, so ein Leben sei überorganisiert – sie wollen ihre Tätigkeiten nicht so umfassend planen. Nachdem wir es jahrelang ausprobiert haben, wissen wir aber, dass Arbeiten auf diese Weise beendet werden. Zwei Leute können an einem Tag, in einem Monat oder Jahr viel erreichen, vorausgesetzt, sie haben definierte Ziele, übereinstimmende Pläne, arbeiten systematisch und kontinuierlich nach einem Programm und behandeln Details genauso sorgfältig wie den Gesamtplan.

Als Beispiel sei hier unser Umgang mit Werkzeug genannt. Jedes hatte seinen Platz. Schaufeln, Rechen, Harken und Stangen waren in einem Gerüst auf der rechten Seite des Schuppens. Es gab so viele Löcher in den Gerüsten, wie Werk-

Das Ellonen-Haus wie Helen und Scott es im Jahre 1931 kauften

zeuge da waren. Fehlte eines, konnten wir dies mit einem Blick erkennen und es gleich suchen. Wenn wir es nicht finden konnten, mussten wir es ersetzen. Aber das Ergebnis war, dass wir praktisch kein Werkzeug verloren.

Nach jeder Arbeit, die weniger als einen Tag dauerte, kamen die Werkzeuge zurück an ihren Platz, ebenso am Ende eines Tages. Folglich waren Werkzeuge, die gerade nicht gebraucht wurden, an ihrem Platz, und solche, die nicht an ihrem Platz waren, in Benutzung. Wir versuchten, dies auch dann durchzuführen, wenn wir ein und dasselbe Werkzeug im Laufe des Tages für verschiedene Arbeiten benötigten. Um das Auffinden zu erleichtern, bemalten wir den Stiel noch mit leuchtend bunter Farbe. Wurden sie im Gras oder während einer Arbeit vergessen, waren sie leicht zu finden.

Unsere Nachbarn borgten sich oft Dinge aus, da sie wussten, dass wir mit Werkzeug gut ausgestattet waren. Deshalb versuchten wir, Zweitexemplare »auf Lager« zu haben, damit uns das Werkzeug nicht allzu oft fehlte. Gervase Markham rät dies in *Countrey Farme* (1616): »Er muss doppelt so viel Instrumente auf Lager haben, wie er Arbeiter hat, mit dem Ziel, nichts von Nachbarn ausleihen zu müssen, denn sonst verliert er viele Tage an Arbeit, was teurer ist, als die überzähligen Eisenwerkzeuge zu kaufen.«[10]

Gewöhnlich sollte das »Kapital« ein Leben lang halten. Unser Zementmischer, den wir 1933 kauften, funktionierte noch gut, als wir ihn zwanzig Jahre später wieder verkauften. Wir säuberten ihn nach jeder Arbeit, ölten ihn und überwinterten ihn im Haus. Es war ein Handmischer, und viele Besucher erklärten uns, wie wir ihn leicht an einen Benzinmotor oder einen Elektromotor anschließen könnten. Da wir ihn aber weiterhin per Hand antrieben, kamen die Kosten für den Kauf, verteilt auf zwanzig Jahre minus Verkaufspreis, auf weniger als 1 Dollar im Jahr.

Übrigens hatte die Weigerung, ihn in einen Maschinenmischer umzuwandeln, einige bedenkenswerte Ergebnisse: 1) Wir sparten Zeit, Arbeit, Geld, Reparaturen und Ersatzteile, die uns die Benutzung einer Maschine gekostet hätten. 2) Wir sparten Geld für Benzin oder Strom. 3) Wir vermieden die Sorge, Spannung, Frustration und den Zeitverlust, den ein Ausfall der Maschine gekostet hätte. Befürworter der Maschine schauen nicht gerne auf die Tatsache, dass eine Maschine auch ermüdet, krank wird und stirbt und dass man für diese Notfälle vorsorgen muss, genauso wie bei einem Tier. 4) Durch das Drehen des Mischers, erst mit der einen Hand, dann mit der anderen, wurden unsere Muskeln gestärkt und hielten uns jung bei einer Arbeit unter freiem Himmel in der frischen Luft – ein wichtiger Faktor zur Gesunderhaltung. 5) Wir arbeiteten direkt an dem Projekt, anstatt uns um eine Maschine zu kümmern und Ölschwaden und Kohlenmonoxid einatmen zu müssen.

Hier könnte man zwei Fragen stellen: Erstens, wenn wir doch Maschinen vermeiden wollten, warum verwendeten wir dann nicht die Schaufel anstelle des Handmischers? Unsere Antwort darauf ist, dass wir auf diese Weise viel Zeit sparten. Alle kleinen Mörtelmengen wurden mit der Hand gemischt. Auch bei kleineren Arbeiten mischten wir in einem Eisenkarren. Es ist einfacher, einen Karren zum Arbeitsplatz zu bringen als den Mischer. Darüber hinaus kann man den Karren in einem Viertel der Zeit, die man für den Mischer braucht, wieder reinigen.

Die zweite Frage könnte sein: »Wenn Ihr einen Staudamm bauen würdet, würdet Ihr dann auch in einem Karren mischen?« Unsere Antwort: Wahrscheinlich nicht. Die Maschine hat ihren Nutzen, besonders bei gigantischen Unternehmungen. Aber unser Projekt war nicht groß, sondern winzig. Wir waren damit beschäftigt, einen selbstständigen Haushalt aufzubauen und zu führen. In einem solchen Haushalt sind Maschinen meist nur eine Verpflichtung und kein Vorteil.

Schon sehr lange arbeitet der Mensch mit Werkzeugen. Maschinen sind eine Neuheit, die erst vor Kurzem in den Bereich der menschlichen Erfahrung eingeführt wurde. Es gibt keinen Zweifel, dass Maschinen stärker sind als Menschen. Ebenso kann kein Zweifel darin bestehen, dass sie einige der ältesten, faszinierendsten und kreativsten menschlichen Fähigkeiten verwässert und ausgerottet haben. Sie haben alte Institutionen zerstört, Massen von »Händen« in die Fabrik getrieben und Scharen von Wanderern geschaffen, die von Slum zu Slum ziehen. Nur in Zukunft wird man in der Lage sein zu beurteilen, wie viel die Maschine dem menschlichen Charakter, seiner Freude am Leben und seinem Willen zum Leben gebracht hat.

Wir sagten, dass die Kosten von Produktionsmitteln über eine lange Zeit verteilt werden können, und kamen so in eine Diskussion über unseren treuen und langlebigen Zementmischer. Wir wollen diese Argumentation nun fortsetzen.

Die Vermessungswerkzeuge, die wir zum Nivellieren und Bauen nutzten, erbten wir von einem Großvater. Sie stammten aus der Mitte des 19. Jahrhunderts und reichten für unsere Zwecke aus. Viele Hämmer, Sägen, Hobel und andere Metallwerkzeuge wurden seit zwei oder drei Generationen gepflegt und hatten gut gedient. Wären sie, und sei es nur für kurze Zeiträume, im Freien geblieben, wäre ihr Leben stark verkürzt worden. Wären sie den Spätherbst und Winter über draußen geblieben, hätten wir sie bald nicht mehr benutzen können.[11]

Mit wenig Erfolg diskutierten wir über diesen Punkt mit unseren Nachbarn. Immer antworteten sie, dass es besser sei, die Ausrüstung nahe beim Feld zu lassen, als sie immer wieder mitzubringen. Viele von ihnen hatten genug Platz im Schuppen, verwendeten ihn aber nicht.

In mancherlei Hinsicht ist es schlimmer, Werkzeuge aus Metall im Freien zu lassen als solche aus Holz. Aber auch Holz leidet darunter. In einem Sommer hatten wir eine Arbeit, bei der wir auch Lehm in einem gummibereiften Handwagen transportieren mussten. Am Ende jedes Tages wuschen wir den Wagen mit Wasser aus einem Schlauch und brachten ihn unter ein Dach, um ihn zu schützen. Obwohl die Holzgriffe des Wagens angestrichen waren, zeigten sich innerhalb eines Monats starke Schäden an ihnen – ein Ergebnis des häufigen Waschens und Trocknens. Deshalb strichen wir sie mit altem Maschinenöl ein, wodurch wir sie retteten.[12]

In unserem Werkzeugschuppen hingen zwei Stück Sackleinen an Nägeln. Jede benutzte Schaufel wurde nach Gebrauch mit dem Sackleinen sauber gemacht. Im Winter bekam jede Schaufel einen Anstrich aus Öl, was eine halbe Minute dauerte. Da die Schaufeln nie rostig wurden, konnte sich beim Arbeiten kein Ton oder Lehm daran festsetzen, und es war auch nicht notwendig, sie nach jeder Arbeit sauber zu hämmern und zu kratzen. Sauberes Werkzeug spart viel Kraft. Äxte hatten ihren Platz neben den Schaufeln. Nach der Arbeit kamen sie immer dorthin zurück. Waren sie stumpf, wurden sie geschärft. Zwischen einer Arbeit mit einer scharfen Axt und derselben Arbeit mit einer stumpfen ist ein größerer Unterschied als zwischen Tag und Nacht.

Durch Sorgfalt können die Kosten für Produktionsmittel niedrig gehalten werden, und diese Güter leben dann so lange, dass die jährlichen Ausgaben für Erhaltung und Reparatur praktisch Null sind. Neukauf verursacht einiges an Kosten, besonders wenn er auf Raten erfolgt und außerdem die Sachen im Freien der Witterung ausgesetzt sind oder Kindern zum Spielen gegeben werden.

Während der Herbstmonate, wenn wir die Kiesgrube für den Winter vorbereiteten, die Zuckerröhren an den Bäumen überprüften, den Werkzeugschuppen säuberten, Roggen im großen Garten säten, die Wurzelgemüse und die Äpfel lagerten und Schneeschutz entlang der Straße und der Gräben aufbauten, fragten wir uns: »So, was tun wir im nächsten Jahr?« In den folgenden Wochen besprachen wir verschiedene Möglichkeiten, entschieden zwischen ihnen, schrieben die Entscheidungen auf, planten, ordneten dies alles und waren, lange bevor der Frühling kam, mit der Planung fertig. Wenn wir merkten, dass wir zu wenig Holz zum Bauen hatten, fällten wir im Winter Bäume, transportierten sie auf Schlitten und brachten sie zum Sägewerk, wenn die Straßen im Frühjahr wieder befahrbar wurden. Unser Ziel war es, immer genug Holz für kleinere Arbeiten und große Projekte im Holzschuppen zu haben. Brennholz war auch immer frühzeitig da. Trockenes Holz im Schuppen war unserer Ansicht nach besser als Geld auf der Bank. Die Ausrüstung für das Zuckerunternehmen war gut geordnet, sodass man rechtzeitig sehen konnte, ob etwas zur Neige ging. Auf diese Weise konnten wir Krisen, die auf Materialmangel zurückzuführen sind, vermeiden. Hatten wir Geld, bauten wir. Wenn wir ein Gebäude in einem Jahr nicht beenden konnten, stoppten wir an einem bestimmten Punkt und vollendeten es im nächsten Jahr.

Um alle diese Pläne auszuführen, mussten wir einiges an Selbstdisziplin aufbringen und erwarteten das auch von denen, die mit uns lebten. Auf der Farm gab es drei Arten von Arbeit: 1) Die ständige Hausarbeit: Essenszubereitung, Abwasch und Saubermachen, 2) Arbeiten im »erweiterten Haushalt«: Garten, Holzhacken, Reparaturen, Ersatz und Bauen sowie 3) Arbeit an unserer »Marktfrucht«, dem Zucker.

Unter denen, die in der Forest Farm unser Leben teilten, waren erst mal die Leute, die für ein oder zwei Tage zu Besuch kamen. Diese betrachteten wir als unsere Gäste und versuchten nicht, sie in unsere Pläne einzubeziehen, außer dass wir sie beim Kochen und beim Abwasch helfen ließen.

Als Zweites waren die, die länger als eine Woche blieben. Diese nannten wir Durchreisende und ließen sie die Hälfte ihrer Zeit im erweiterten Haushalt helfen.

Als Letztes sind die dauerhaften Einwohnerinnen und Einwohner zu nennen. Sie halfen bei den ersten beiden Arbeitskategorien, teilten mit uns die Ernte und konnten sich Quartiere bauen – wir stellten den Bauplatz und die Materialien und halfen beim Planen und bei der Arbeit. Die Unternehmung, Initiative und Verantwortung lagen dann bei den »Dauerhaften«. Wenn sie am Zuckergeschäft teilhaben wollten, konnten sie dies auf einer genossenschaftlichen Basis tun.

Gäste und Durchreisende lebten im Gästehaus und aßen mit uns. Wir machten aus den Mahlzeiten immer ein soziales Ereignis. Wer uns besuchte oder einfach vorbeikam, wusste, dass beim Essen immer etwas los war. Wer da war, wenn es Essen gab – ganz gleich, ob es ein geschäftlicher oder privater Besuch war –, wurde eingeladen. Oft war es nötig, einen zweiten Tisch in unserem Küchen-Esszimmer aufzustellen.

Jeder Tag war in zwei Blöcke aufgeteilt – vier Stunden am Vormittag und vier am Nachmittag. Beim Frühstück sahen wir uns das Wetter an und fragten uns, wie wir den Tag verbringen sollten. Dann einigten wir uns darauf, welcher der beiden Blöcke für die Arbeit vorzusehen war und welcher für persönliche Interessen. Natürlich war das Wetter der Hauptfaktor bei dieser Entscheidung.

Nehmen wir an, der Morgen war für die Arbeit gedacht. Wir einigten uns dann, wer was tun würde – im Garten, im Wald, beim Bauen, beim Zuckern oder beim Verpacken von Ware. Wurde der Broterwerb am Vormittag erledigt, hatte man am Nachmittag automatisch frei. Man konnte lesen, schreiben, Musik machen, in der Sonne sitzen, in die Stadt fahren. Wir verdienten vier Stunden Freizeit mit vier Stunden Arbeit.

Es gibt noch einen weiteren wichtigen Punkt, den wir unbedingt erwähnen müssen. Wir waren niemals in Eile, außer in Situationen, wo es zum Beispiel gerade anfing zu regnen, wenn die Eimer mit Sirup überliefen oder wenn um Weihnachten viel bestellt wurde. Aber diese Notfälle versuchten wir vorherzusehen, um Eile zu vermeiden, die, wie ein altes Sprichwort sagt, immer mit Verlust verbunden ist. Wir nahmen uns Zeit – jeden Tag, jeden Monat, jedes Jahr. Wir hatten unsere Arbeit, taten sie und genossen das. Wir hatten Freizeit, nutzten sie und genossen auch das. Während der Stunden des Broterwerbs arbeiteten wir, und wir arbeiteten hart. Härter haben wir niemals gearbeitet und niemals die Arbeit mehr genossen, denn von wenigen Ausnahmen abgesehen war die Arbeit wichtig, auf uns bezogen, konstruktiv und daher interessant.[13]

Es gab keinen Chef. Niemand schubste einen anderen umher. Als Hank Mayer von einer großen Baufirma einmal zu uns kam, sagte er nach dem ersten Tag skeptisch: »Ich kann mir nicht vorstellen, dass Ihr mit irgendetwas fertig werdet. Niemand schreit auf die anderen ein.«

Von allen wurde erwartet, dass sie gemäß ihrer Kraft und ihren Fähigkeiten beitrugen, was meistens klappte. Manchmal war es schwer, die Leute von der Arbeit abzuhalten, nicht, sie dazu zu bewegen. Der Garten war immer eine große Versuchung. Dort gab es immer etwas zu tun. Nachdem ein ganzer Morgen lang gepflanzt oder ausgedünnt wurde, gab es oft einige Ecken, die mittags noch nicht fertig waren. Es war leicht, nach dem Essen »mal kurz« in den Garten zu huschen, um nur eine Reihe zu pflanzen oder noch ein paar Tomatenstöcke zu setzen. Bevor man sich versehen hat, ist man aber den halben Nachmittag im Garten gewesen. Jacob Apsel war recht ruhelos, als er zu uns kam. Er war sich nicht sicher, was er tun sollte. Deshalb arbeitete er den ganzen Morgen und auch nach dem Mittagessen. Es dauerte etwa einen Monat, bis wir ihn überreden konnten, den freien halben Tag zum Lesen oder für andere Tätigkeiten zu nutzen, die nicht direkt etwas mit unserem Lebensunterhalt zu tun hatten. Nach einiger Zeit hatte er es geschafft und genoss die Stunden der Freizeit genauso wie die der Arbeit. Jacob lernte, dass Muße genau wie Arbeit notwendig ist, um etwas zu schaffen. Wenn jemand überreizt ist, ist sie sogar noch wichtiger.

Jedes Mitglied unserer Projekte hatte Ferien – Wochen oder Monate, die durch Arbeitsblöcke ausgeglichen wurden. Im Voraus besprachen wir dies, einigten uns auf einen Ferienplan, der Ausgleich zwischen den persönlichen Bedürfnissen und den Notwendigkeiten der Arbeit schaffte. Unser Ziel war es immer, für ein halbes Jahr Arbeit auch ein halbes Jahr frei zu haben. In den Details waren wir flexibel. Bei Gelegenheit arbeiteten wir Monate durch, um dann auch wieder Monate frei zu haben. An Sonntagen war es unser Zeitplan, keinen Zeitplan zu haben und nicht zu arbeiten. Gewöhnlich gab es eine »Musikstunde« am Morgen und oft eine Gruppendiskussion am Abend. An anderen Abenden las jemand vor, während die anderen Nüsse knackten, Bohnen schnitten oder persönliche Dinge taten wie Stricken oder Schnitzen. Normalerweise hielten wir uns ziemlich stark an diese Routine, aber wir waren darin nicht fanatisch. Solange es keine guten Gründe für Änderungen gab, blieben wir dabei.

Es ist fast unnötig zu sagen, dass unsere Vermonter Nachbarn von einem so organisierten Leben abgestoßen waren. Sie waren eine Laissez-faire-Lebenshaltung gewohnt. Normalerweise aßen sie die Hauptmahlzeit um die Mittagszeit, aber dies war auch die einzige Regelmäßigkeit am Tag, wenn sie keine Arbeit hatten, zu der sie um eine bestimmte Zeit erscheinen mussten. Sie standen auf und arbeiteten oder arbeiteten nicht, nach Lust oder Zufall. Kam jemand vorbei, ließen sie fast alles stehen und liegen, um zu schwatzen, manchmal stundenlang. Fingen sie an zu arbeiten, war es wieder dem Zufall überlassen, was sie taten. Waren sie mit einem Werkzeug fertig, ließen sie es fallen. Brauchten sie es dann wieder, verbrachten sie manchmal den halben Tag damit, es zu suchen. Sah der Morgen nach Regen oder Schnee aus, legten sie die Hände in den Schoß. Von Natur aus sahen sie in unserem Leben eine Selbstbestrafung. »Diese Leute arbeiten in einer Tretmühle«, sagten sie gewöhnlich, wenn das Gespräch auf uns kam. »Sie haben einen Fahrplan wie ein Bus oder ein Zug.«

Den hatten wir, aber wir hatten ihn, um bestimmte Ziele zu erreichen. Keine Arbeit ist zu groß, wenn man ungefähr weiß, wohin man will, das Ganze dann in kleine, handhabbare Teile unterteilt, diese Teilarbeiten durchführt und weiß, dass alles in einen größeren Rahmen gehört.

Anmerkungen

1) In den ganzen Vermonter Jahren besaßen wir nur eine unersetzliche Maschine, einen Halbtonner-Pick-up-Lieferwagen. Nach verschiedenen Fabrikaten kauften wir einen Jeep, der sich wegen des Vierradantriebs als überlegen erwies. Wären wir auf betonierten oder asphaltierten Straßen gefahren, wäre dieser Antrieb natürlich überflüssig gewesen, aber auf unseren Feldwegen, auf den Feldern, in den Wäldern, im Matsch, im Schlamm, bei Eis und Schnee machte sich der Vierradantrieb in einem Jahr bezahlt. Da manche Sachen zu groß waren, um mit diesem Kleinlaster transportiert zu werden, entwarfen wir einen Aufbau, mit dem wir zum Beispiel bis zu 7 Meter lange Eisenrohre bewegen konnten. Unser Lieferwagen fuhr Holz und Kies, Sand und Steine, Kalk und Zement, Mutterboden und Brennholz, Fracht und Schnellgut. Wir lieferten mit ihm unsere Zuckerprodukte aus und fuhren damit viele tausend Kilometer im Jahr.

2) Stevenson, Robert Louis: Men and Books. London: Chatto & Windus 1888, S. 143

3) »Ich möchte hier anmerken, sogar warnen, dass die, die einen heruntergekommenen Landsitz renovieren wollen, oft herausfinden, dass dies leichter gesagt ist als getan.« Mitchell, D. G.: My Farm of Edgewood. New York: Scribner 1863, S. 57

4) Fuller, Thomas: The Holy State and the Profane State.
Cambridge: Daniel 1632, S. 166

5) »Ein großer Teil der Kosten für Steinbauten ist der für das Sammeln des Materials. Wenn dies aber im Winter geschieht oder in sonstiger Freizeit und die Lagerung an einem günstigen Platz erfolgt, so schätze ich, dass die Kosten eines schönen und guten Steinhauses, wenn überhaupt, nicht über denen für ein Holzhaus liegen, besonders, wenn das Holz gekauft werden muss und aus einiger Entfernung herangefahren wird.« Gourgas, J. M.: In: The New England Farmer, 4. April 1832, S. 298

6) Tusser, Thomas: Five Hundred Pointes of Good Husbandrie.
London: Tottell 1573, S. 96 – 99

7) »Wenn ich noch einmal in den Wäldern leben wollte, würde ich nichts aus Holz bauen, mit Ausnahme eines Schuppens oder eines Schweinestalls. Denn Erfahrung hat mir gezeigt, dass Holzhäuser die dreckigsten, unbequemsten und teuersten Gebäude sind, wenn man alle Faktoren einbezieht. Wenn man bereit ist, soll man ein gutes Steinhaus bauen, denn Steine, Holzbalken und Kalk kosten nur die Arbeit fürs Sammeln. Wenn ich sage ›kosten nichts‹, heißt das, es ist kein Bargeld dafür nötig.« Strickland, Samuel: 27 Years in Canada West. London: Bentley 1853, Vol. 1, S. 170f.

8) Young, Arthur: The Farmer's Calendar. London: Phillips 1805, S. 51 f.

9) Eingeborene Vermonter sind misstrauisch gegenüber Rechtsanwälten, und sie scheuen den Anblick eines Dokumentes. Nur unter Druck werden sie ein »Papier« unterschreiben. Bei einigen Gelegenheiten, als es um viele Kleinigkeiten ging, wie die Verteilung von Ahornsirup unter den beteiligten Parteien, besprachen wir alles, machten Notizen zu den einzelnen Punkten, schrieben diese Notizen mit Durchschlag ab und verteilten diese Durchschläge. In diesem Fall unterschrieb niemand, aber die Notizen waren eine nützliche Erinnerungshilfe.

10) Markham, Gervase: Countrey Farme. London: Adam Flip 1616, S. 22

11) »Ganz natürlich muss ein Bauer ein sehr ökonomischer Mensch sein. Sein Ziel sollte sein, Abfall zu vermeiden, in allen Dingen und zu jeder Zeit. Nachdem er 70 Dollar für seinen Ochsenwagen bezahlt hat, darf dieser nicht der harschen Sonne oder dem Regen ausgesetzt sein, sondern sollte im Schuppen geschützt werden, wenn er nicht im Gebrauch ist. Gleiches gilt für den Pflug und andere Geräte.«
Gourgas, J. M.: In: The New England Farmer, 25. Januar 1828, S. 209

12) Werkzeuggriffe und andere Holzteile können auch gestrichen werden, aber die Farbe blättert schnell ab. Sinnvoller ist es, das Holz mit Maschinenöl zu behandeln, wenn sich Risse zwischen den Holzfasern zeigen. Etwas feiner Staub, der eingerieben wird, sobald das Öl etwas angetrocknet ist, ergibt eine griffige, gute Oberfläche und versiegelt den Griff gegen das Eindringen von Feuchtigkeit.

13) »Was bietet das Leben, wenn sein wichtigster Bestandteil, der auch immer der wichtigste Bestandteil bleiben wird, verhasst ist? Nein, wahres Wirtschaften ist, dass die tägliche Arbeit an sich Freude macht.«
Carpenter, Edward: Non-Governmental Society. London: Fifield 1911, S. 15

Wollte ich ein Haus zum Glücklichsein errichten, wäre die Natur allein mein Architekt. Sie würde eher komfortabel als großartig bauen und ohne Zweifel einen Ort auf dem Land aussuchen.

Horaz, Erstes Buch, 20 v. Chr.

Etwas von der Eleganz, mit der Vögel ihre Nester bauen, ist auch da, wenn ein Mann sein Haus baut. Wer weiß, wenn die Menschen ihre Wohnungen mit ihren eigenen Händen bauen würden und für ihre Familien einfach und ehrlich den Lebensunterhalt verdienten, wären vielleicht die poetischen Fähigkeiten unter uns genauso weit verbreitet wie das Singen unter den Vögeln. Aber nein, wir handeln wie der Kuckuck, der seine Eier in die Nester legt, die andere Vögel gebaut haben.

Henry David Thoreau, Walden, 1854

Ich sehe es als Pflicht an, die heimischen Materialien so zu verwenden, dass sie Dauerhaftigkeit und Bequemlichkeit ergeben, während die Einfachheit im Detail dem Eigentümer erlauben wird, sich mit seiner eigenen Arbeit und seinem Einfallsreichtum in den Bau zu stürzen.

D. G. Mitchell, My Farm of Edgewood, 1863

Eine der größten Freuden im Leben ist es, sich ein Haus zu bauen ... Ich bemerkte, wie eifrig alle Männer beim Bau ihrer Häuser sind, wie sie um sie herumstreichen, sogar um den Bauplatz. Wenn der Keller gegraben wird, eilen sie, um auch mit Hand anzulegen, die Erde sieht ein bisschen anders, ein bisschen freundlicher aus als anderer Boden. Wenn die Fundamente stehen und Balken den ersten Fußboden grob skizzieren, laufen sie hin und her, von einem vorgestellten Raum zum anderen. Oder sie sitzen, eingehüllt in süße Gedanken, auf den Balken.

John Burroughs, Signs and Seasons, 1914

In meinen Augen gab die Natur dem Menschen drei Materialien, auf dass diese ihm in seinem Leben dienen: die Erde, auf der er seine Lebensmittel zieht, das Holz, mit dem er seine Möbel herstellt, und Steine, um sein Haus zu bauen.

Frazier Peters, Houses of Stone, 1933

Wir bauen ein Steinhaus

Warum Stein? – Die Regeln unserer Architektur – Den Standplatz suchen – Die Forest Farm planen – Arbeit mit Schaufel und Spitzhacke – Das Flagg-System – Bauen, Setzen, Füllen der Formen – Fensterrahmen und Türrahmen – Die Formen ändern – Verfugen und Glätten – Schornstein – Leidenschaft für Steine – Dächer und Dachdecken – Innendekoration – Der Gesamtplan

Dieses Buch begannen wir mit der Beschreibung unseres Umzugs nach Vermont und mit der Schilderung unserer Grundstückskäufe von den Familien Ellonen und Hoard. Auf dem Grundstück, das wir von den Hoards gekauft hatten, wollten wir unser Heim bauen – eine Farm im Wald.

Die Hoard-Farm bestand aus einem halben Dutzend heruntergekommener, aber noch verwendbarer Gebäude. Es gab ein Haus und einen Holzschuppen, einen Kuhstall und eine Scheune mit Anbauten, einen Pferdestall und einen Schweinestall sowie ein Hühnerhaus. Diese Gebäude waren auf die Bedürfnisse einer normalen Vermonter Farm zugeschnitten, einer Farm, die auf Tierwirtschaft beruht. Da wir uns entschieden hatten, ohne Tiere zu leben, waren die meisten Gebäude für unsere Zwecke schlecht geeignet, ganz abgesehen von ihrem verwilderten Aussehen und ihrem allgemein schlechten Zustand. Bei erstbester Gelegenheit schenkten wir Kuhstall und Schweinestall, Scheune und Hühnerhaus einem Nachbarn, der sie brauchte und sie sich genauso sehnlich wünschte, wie wir sie loswerden wollten. Mit seinem Sohn nahm er sie auseinander und transportierte das brauchbare Material ab. Den Pferdestall behielten wir als vorläufigen Werkzeugschuppen und das alte Haus als Zimmermannswerkstatt und als Lagerhaus für Holz und Zement. Später wurde es ebenfalls abgerissen und verschenkt.

Wir entschieden uns, die alten Gebäude durch eine Gruppe neuer, funktionaler Steinhäuser zu ersetzen. Für Stein entschieden wir uns aus verschiedenen Gründen. Steinhäuser wirken wie natürliche Fortsetzungen der Erde. Sie passen sich der Landschaft an und sind ein Teil von ihr. Auch die verschiedenen Farben und die unterschiedlichen Strukturen der Steine, die in Neuengland in Massen herumliegen, sagten uns zu. Steingebäude wirken ausgeglichen, ehrwürdig und solide – sie sehen robust aus und können Generationen dienen. Sie sind billig im Unterhalt, brauchen keine Farben, und es fallen kaum Reparaturen an. Sie brennen nicht, sind im Sommer kühl und im Winter warm. Wir waren davon überzeugt, dass Stein das richtige Material für unsere Bedürfnisse war, wenn wir es schafften, mit allen diesen Vorteilen einigermaßen ökonomisch zu bauen.

Wir sind keine ausgebildeten Architekten und wissen wenig von den Feinheiten dieses Berufes. Wir haben darüber gelesen und mehr als ein Dutzend Gebäude errichtet. In Anbetracht dieser Erfahrungen nehmen wir nun unser Herz in beide Hände und stellen vier Regeln auf, von denen wir glauben, dass sie die Grundregeln der Architektur von Wohngebäuden sind.

Regel 1: *Form und Funktion sollten in der Struktur ein Ganzes bilden.* Die Symmetrie und Harmonie des Gebäudes dürfen nicht nur äußerlich sein. Sie ergeben sich aus dem innersten Wesen des Gebäudes. Weder Gebrauchswert noch Harmonie können später an ein Gebäude angefügt werden. Das Haus sollte so entworfen werden, dass es den wirtschaftlichen Zweck erfüllt und dies tut, ohne dass Material überflüssig verwendet wird. Nützlichkeit und Schönheit müssen Teile seiner Linien und seiner Form sein. Als Regel mag gelten, dass äußere Zierde die architektonische Schönheit beeinträchtigt, auch wenn es davon Ausnahmen gibt. Frank Lloyd Wright: »Ich vertraue darauf, dass, wenn Dinge in einem organischen Sinn und mit richtigen Proportionen richtig zusammengesetzt werden, die Schönheit von selbst kommt.«[1]

Regel 2: *Gebäude sollten ihrer Umgebung angepasst sein,* mit ihr verschmelzen und sich so eingliedern, dass man zweimal hinschauen muss, bevor man erkennt, wo die Umgebung endet und das Haus beginnt.[2] Sowohl Nützlichkeit als auch Schönheit sind Eigenschaften, die eher dem Ganzen als irgendwelchen Teilen zukommen. Wenn die Umgebung Nützlichkeit erlaubt und selbst schön ist, soll das Gebäude die Linien dieser Nützlichkeit weiterführen und die Balance und Harmonie ausfüllen, um Schönheit entstehen zu lassen. Noch einmal F. L. Wright: »Ein Gebäude sollte so aussehen, als ob es leicht aus dem Boden herauswächst, und so geformt sein, dass es mit der umgebenden Natur harmoniert, als ob die Natur es selbst geformt hat. Geht dies nicht, sollte es so leise, substanziell und organisch wie möglich sein, als ob die Natur es gebaut hätte, wäre die Möglichkeit gegeben.«[3]

Regel 3: *Regionale Materialien sind besser geeignet als andere,* um den Eindruck zu erzeugen, dass der Bau von Anfang an ein Teil seiner Umgebung war und mit dieser Umgebung gewachsen ist. »Wer in die Ferne sendet, um ungewöhnlichen Marmor oder Granit zu erhalten, damit er sein Haus bauen kann, erreicht so keine Individualität. Diese erreicht derjenige, der um Sparsamkeit Willen nach den vergessenen Steinen seiner Gegend sucht!«[4]

»Ich war besonders darauf bedacht, sowohl die einfachsten Materialien zu nutzen als auch zu zeigen, dass Dauerhaftigkeit und Schönheit Hand in Hand gingen mit Wirtschaftlichkeit.«[5]

Regel 4: *Der Stil eines Hauses sollte Ausdruck seiner Bewohner sein.* »Der Charakter eines Menschen zeigt sich beim Bau seines Hauses«, sagt Richard Weaver[6], und Rudyard Kipling schreibt in einer seiner Kurzgeschichten: »Ich wartete in einer immer noch nussbraunen Halle, die angenehm war mit späten Blumen und mit Frieden. Männer und Frauen mögen manchmal, nach großen Anstrengungen, zu einer glaubwürdigen Lüge kommen. Aber das Haus, welches ihr Tempel ist, kann nur die Wahrheit über jene sagen, die darin gewohnt haben.«

Mit diesen vier allgemeinen Regeln im Sinn planten wir einen langen, niedrigen Bau aus regionalen Steinen und handgeschlagenem Holz. Wir wollten die natürliche Höhe nicht überschreiten und daher das Haus an einer unregelmäßigen, steinigen Kante eines Hügels entlanglaufen lassen. Drei nach außen führende Türen sollten Steinterrassen haben. Ein brauner Balkon sollte an der Vorderseite des Hauses sein und über den Stratton Mountain hinwegsehen. Das Dach würde niedrig sein, eine breite Traufe bekommen und von moosgrüner Farbe sein.

Wegen des Schnees in Neuengland werden die Häuser normalerweise nahe an öffentliche Straßen gebaut. Die Häuser der Hoards waren weiter von der Straße weg als allgemein üblich, aber sie lagen in einer nassen, niedrigen Senke, was für häusliche Zwecke schlecht geeignet war. Da eine gute Drainage und Entwässerung notwendige Aspekte jedes Baus sind, suchten wir nach einem anderen Platz.

Als wir auf Skiern die Hügel oberhalb des alten Platzes durchquerten, stießen wir auf etwas, das wie ein niedriger Felsvorsprung aussah. »Es sieht fast wie eine Hauswand aus«, meinten wir. Nachdem der Schnee im Frühjahr verschwunden war, kämpften wir uns durch das Unterholz, um uns den Felsen näher anzusehen. Es war ein großer, gesplitterter Brocken, mit einer geraden Seite von 8 Meter Länge in Richtung Nordwest nach Südost, so senkrecht, als sei er mit einer Wasserwaage dort hingesetzt worden. Später, nachdem wir die Bäume davor gefällt und das Unterholz beseitigt hatten, stellte sich heraus, dass er mehr als 3 Meter hoch war. Sein Rücken war im Nordosten in den Berg versenkt und sein Gesicht sah genau nach Südwesten auf den Stratton Mountain – wie mit dem Kompass gestellt. (Einige Male fragten uns Besucher, die keine Ingenieure waren, wie um alles in der Welt wir es geschafft hatten, den großen Felsen so an seinen Platz zu bekommen.)

So hatten wir unseren Platz gefunden. Der Fels sollte die Rückseite unseres Hauses werden. Dies geschah. Er wurde Teil unseres Wohnzimmers und ein treuer Freund, dessen 7 Meter breiter Rücken uns vor dem Nordwind schützte, der im Sommer beim Dagegenlehnen kühl war, der einen Teil Natur in unser Heim brachte. Im ersten Stock formte er eine Terrasse, die Haus und Hügel miteinander verband. Dieser Fels war die Antwort auf die Frage, wohin wir unser Haus stellen sollten.

Wir erforschten die Umgebung. Das Dickicht bestand zum Teil aus Hemlocktannen und Birken. Dies wollten wir so lassen. Überall entlang dieser steilen Seite des Hügels waren Felsbrocken zwischen den Bäumen verstreut. Das Haus würde sich dieser Umgebung anpassen.

Die Nachbarn waren entsetzt. »Wollt Ihr wirklich versuchen, ein Haus in diesem Felsgewirr und Dickicht zu bauen?«, riefen sie aus. Sie nannten es einen »Bärengarten«, einen »Zoo« und, als das Haus langsam Gestalt annahm, eine »Schmiede«. Jedenfalls passte ein Satz aus einem 1863 erschienenen Buch auf unser Haus: »Ich sehe mit Genugtuung, dass die schärfsten Kritiker meiner armseligen Hütte sie nun mit einem freundlichen Interesse betrachten. Sie passt so gut in die Landschaft, ihr Zweck und sie sind eins. Sie stellt nichts dar außer sich selbst und hat eine Aura der Dauerhaftigkeit und Standhaftigkeit – so hat sie die Herzen auch der größten Zweifler gewonnen.«[7]

Unser erstes Projekt war ein Schuppen, der Bretter und Balken für die weiteren Unternehmen aufnehmen sollte. Genau wie unsere anderen Bauten sollte er aus Stein sein. Die Entscheidung, einen einfachen Schuppen für Holz aus Stein zu bauen, mag auf den ersten Blick überflüssig und hochgestochen erscheinen. Dafür sollte doch eigentlich jeder alte Holzschuppen genügen. Aber dieser Schuppen für Holz war Teil unseres gesamten Planes. In Holland waren wir einmal in Schloss Eerde gewesen, und dort standen neben der Zufahrt zwei lange Schuppen. Wir bauten kein Schloss, aber die Idee fanden wir gut. Am Ende hatten auch wir zwei lange, niedrige Gebäude, die sich gegenüberlagen (eines war die Garage mit dem Schuppen für Holz, das andere das Gästehaus mit dem Werkzeugschuppen), und die Straße, die zum Haupthaus führte. Auch brachte uns der Bau des Schuppens, unser erstes Steingebäude auf dem ehemaligen Hoard-Grundstück, viele wertvolle Erfahrungen.

Der erste Bau mit Steinen: der Wohnzimmeranbau an der Seite des Ellonen-Hauses 1934

Alex Crosby und seine Familie lebten für einen Teil jenes Sommers als unsere Gäste in einem nicht genutzten Schulhaus, welches wir von Nachbarn mieteten. Alex war Journalist und sehnte sich nach kreativer Handarbeit. »Gibt es kein Projekt, das Ihr mir zuteilen könnt?«, fragte er, als sie alle aus Noack kamen. »Etwas, was ich für mich, in meinem Tempo leisten kann?«

»Klar«, sagten wir ihm, »du kannst die Fundamente für den Holzschuppen graben.«

Alex begann mit dieser Arbeit und erledigte sie gut, unter schwierigen Bedingungen. Denn kaum hatte er mit dem Schaufeln begonnen, stieß er auf ein Felsband, das mehrere Meter unter dem zu errichtenden Gebäude entlanglief. Da wir mit Stein bauen wollten, waren wir gezwungen, bis unterhalb der Tiefe zu gehen, in der sich noch Wasser zwischen den losen Lagen dieses Bandes sammelte, im Winter zu Eis erstarrte und so die Mauern heben und spalten konnte.

Der Fundamentgraben wurde letztlich an einer der Ecken leider nicht tief genug, sodass der Frost angreifen konnte und so den einzigen schlimmen Riss in einer unserer Mauern verursachte. Dies lag aber nicht an Alex. Während seiner Aushubarbeiten, die mehrere Tage dauerten, hatten wir alle mehrmals über die verzwickten Probleme beraten, die solche Bänder aus losen Platten für Bauherren immer bereithalten.

Der Holzschuppen war 3,60 × 10 Meter groß. Das bedeutete, dass ein Graben erstellt werden musste, der 50 Zentimeter breit war und insgesamt 27 Meter lang. Aus ihm mussten die Erde herausgeschaufelt und die losen Felsen (von denen es viele gab!) entfernt werden und zum Schluss musste der Rand der Kante so gesäubert werden, dass der Beton daran haften konnte. Wir haben bei vielen Fundamenten selbst geholfen und auch gesehen, wie in unserer Gegend andere Fundamente ausgehoben wurden, aber wir haben nie zuvor und nie danach eine Arbeit gesehen, die besser ausgeführt war als der Fundamentgraben von Alex. Er war zu Recht stolz darauf.

Wenn wir gerade bei diesem Thema sind, können wir kurz darauf eingehen, dass viele Leute auf Arbeiten mit »Hacke und Schaufel« herabsehen. Dies ist ein Fehler: Das Graben nach genau vorgegebenen Kriterien ist eine Kunst, die nur wenige Leute beherrschen. Alex Crosby ist einer der wenigen, die wir kennen. Jack Lightfoot, einer unserer Nachbarn, der uns regelmäßig half, ein anderer.

Die Wände des Schuppens waren 20 Zentimeter stark, außen aus Stein, der von innen durch Beton gehalten wurde. Türrahmen und Fensterrahmen waren aus handgeschlagener Fichte, 15 × 15 Zentimeter im Querschnitt. Dachbalken waren runde Fichtenhölzer. Die Lattungen (2,5 × 15 Zentimeter), die horizontal im Abstand von etwa 80 Zentimetern über den Dachbalken verliefen, waren das einzige Material, das wir aus dem Sägewerk holten, außer dem Holz für die Türen. Die Fenster kauften wir natürlich. An dieses Gebäude bauten wir später noch eine 7 Meter lange Garage, die daraus eine etwa 17 Meter lange, geschlossene Front machte.

Danach entschieden wir uns, das Haupthaus in drei Teilen zu erbauen: einem Wohnbereich aus Wohnzimmer, zwei Schlafzimmern, Badezimmer, Küche und Keller, einem verglasten Durchgang und einer Speisekammer, die an einen großen Schuppen aus Holz angrenzte, der aus zwei Räumen für das Verpacken und das Lagern von Zucker bestand.

Da wir keine komplizierten Dachstrukturen wollten, entwarfen wir zwei einfache, rechteckige Einheiten, bei denen die langen Seiten von vorn nach hinten verliefen. Der Durchgang und die Speisekammer waren ein langer, schmaler und niedriger Bau, der an die beiden Haupteinheiten anschloss. Ein Balkon im ersten Stock und das überstehende Dach sollten dem Ganzen einen leicht alpinen Einschlag geben. Wir wollten mit offenen Kaminen oder mit Öfen heizen, ohne Heizkörper oder Zentralheizung. Wir hatten das Gefühl, dass eine Dampfheizung, fließend Wasser und Elektrizität für unser Wohlbefinden überflüssig waren. Später, als Elektrizität auch in unser Tal kam, entschieden wir uns dann für elektrisches Licht. Das benötigte Wasser für die Toilette wurde aus einem Kübel genommen, in der Küche war eine Pumpe. Dies ersparte uns die Sorgen mit eingefrorenen Leitungen im Winter. Unser Badezimmer war eine Mischung aus der finnischen und der indischen Art zu baden. Ein Stück Marmor formte eine Bank gegen den großen Fels, der eine Wand des Badezimmers bildete. Im Fußboden war ein zentraler Abfluss, der Beton wurde mit einem Holzrost bedeckt. Ein Holzofen heizte den Raum schnell auf 35 °C, und wir benutzten Gefäße mit heißem und kaltem Wasser zum Waschen, Abwaschen und Planschen. Diese eingebaute Sauna erwies sich als sehr effektiv und machte viel Spaß.

Wir wünschten uns ein Bauernhaus, keine Imitation eines Vorstadthauses oder Stadthauses. Wir bauten nach Notwendigkeit und Bequemlichkeit und richteten uns nicht nach Konventionen. Zum Beispiel gab es keinen »richtigen« Eingang. Man kam geradewegs in die Küche, die eine niedrige Decke hatte, handgeschlagene Balken, eine braun gefleckte Holzverschalung, einen Holzofen und einen Tisch aus Kiefernholz unter breiten Fenstern, von denen aus man auf den Berg schaute. Im ganzen Haus gab es keine Tapeten, keine Wandfarbe und keine Fliesen. Die Wände wurden mit Holz verkleidet, die Fußböden waren aus Stein. Als Dekoration dienten die langen Reihen von vielfarbigen Büchern und der Ausblick aus den Fenstern. Einfache Möbel wollten wir selbst machen und als Einbaumöbel einsetzen, so weit das möglich war.

Im ersten Sommer waren wir damit beschäftigt, das Buschwerk zu entfernen, die Bäume zu fällen und einige Gräben für die Fundamente auszuheben. Dies hört sich einfach an. Als wir diese Aufgaben aber angingen, stellten sich einige große Probleme. Die Bäume, unter denen auch Apfelbäume und Weiß-Eschen waren, standen dicht zusammen und waren tief und fest in den Steinen und Felsen verwurzelt, die von kleinen Bächen und Rinnsalen über den großen Block hinweggespült worden waren.

Es gab einen eindeutigen Standort für den Kamin – in der Ostecke des Wohnzimmers, vor dem großen Felsen. Aber genau an diesem Platz stand eine kräftige Weiß-Esche mit einem Durchmesser von etwa 45 Zentimetern. Esche ist, wie auch ein Sprichwort sagt, im Boden fest verwurzelt. Diese machte da keine Ausnahme. Wir mussten den gesamten Baumstumpf Wurzel für Wurzel ausgraben. Da der Boden dort nicht fest genug für einen Kamin war, mussten wir 2 Meter tief graben, bevor wir auf gewachsenen Boden stießen. Diese ganzen 2 Meter kämpften wir mit den Eschenwurzeln. Auch bei allen anderen Grabe-Arbeiten für die Fundamente trafen wir auf kleine und große Wurzeln und Stümpfe. Um alles noch schwerer zu machen, waren diese ganzen Wurzeln mit großen und kleinen Steinen zu einem riesigen Netzwerk verbunden.

Im folgenden Frühling mussten wir dann eine Straße zu unserem zukünftigen Haus bauen. An manchen Stellen stieg der Berg aber steil an, es gab Steigungen bis zu 20 Prozent. Fuhren wir bergauf, rutschten die Reifen auf dem jungen Gras weg, wühlten die weiche Frühjahrserde auf und fanden in dem so entstandenen Schlamm keinen Halt. Wir brachten Steine und Kies von unserer Kiesgrube herbei und füllten die Straße auf der niedrigeren Seite auf, eine Wagenladung nach der anderen, bis wir an den Bauplatz kamen. Dort stießen wir auf ein neues Problem. Es gab keinen Platz, der groß und eben genug war, um dort mit dem Wagen wenden zu können. Deswegen brachten wir weitere Ladungen Steine dorthin und bauten einen Wendeplatz an der Seite des Hauses, an der einmal der Holzschuppen sein würde. An der tiefsten Stelle war dieser Platz fast 2 Meter tief. Glücklicherweise konnten wir dafür aber Felsen aus der näheren Umgebung nehmen und verwendeten auch gleich den Aushub aus den Fundamentgräben.

Genau wie die Fundamente sah auch der Keller zuerst ganz einfach aus. Wir hatten vor, ihn unter der 3,50 × 7 Meter großen Küche anzulegen, am nordöstlichen Ende des Felsens. Am Anfang war der Boden auch weich, und wir hofften, dass loser Fels und Stein weit genug in den Boden gehen würden, um den Aushub des Kellers einfach zu machen. Kaum hatten wir aber die erste Schicht Erde abgehoben, stießen wir schon auf eine Schicht weiches Gestein in der Südwestecke des Kellers, die bis zum Boden unseres geplanten Kellers ging. Glücklicherweise aber war das Gestein so weich, dass man es spalten und mit Hacke und Schaufel entfernen konnte. Und damit war das Glück nicht zu Ende: An der Luft härteten diese Platten so weit, dass sie als Wandsteine zu verwenden waren.

Als wir das Gestein abgetragen hatten, wandten wir unsere Aufmerksamkeit der anderen Kellerecke zu. Dort fanden wir keine Gesteinsbank, und der vom Wasser angespülte Boden ließ sich einfach entfernen. Aber wir fanden einen

Felsen mit einem Durchmesser von 1,50 Metern. Wir gruben um ihn herum, stellten fest, dass wir ihn nicht aus dem Keller entfernen konnten, entschieden uns gegen eine Sprengung und hebelten ihn schließlich Zentimeter für Zentimeter in eine Kellerecke. Das verkleinerte unseren Keller auf etwa zehn Quadratmeter.

Wir fanden eine Quelle im hinteren Teil des Kellers, die vielleicht Ärger gemacht hätte. Deshalb betonierten wir sie und führten Leitungen bis zum Spülbecken in der Küche. So hatten wir noch eine Wasserversorgung zusätzlich zu jener, für die wir Rohre von einer Quelle weiter oben am Berg gelegt hatten.

Jetzt hatten wir fließend Wasser, mussten aber den Überfluss durch eine Kellerdrainage loswerden. Das Gebiet zwischen dem Keller und dem Abhang war voller großer Steine. Unter großen Schwierigkeiten brachten wir es fertig, einen Graben um die großen Steine herum auszuheben, sodass wir nur kleinere beseitigen mussten. Alles war in Ordnung, bis wir knapp über dem Kellerboden auf eine weitere Gesteinsplatte stießen, diesmal aber auf eine harte. Eine Möglichkeit, diese Schwierigkeit zu beseitigen, bestand darin, auf einer Länge von etwa 7 Metern Löcher zu bohren und zu sprengen. Stattdessen füllten wir den ersten Graben wieder auf und gruben einen neuen, etwas längeren, der nicht an die Gesteinsplatte stieß und trotzdem noch genug Gefälle für die Drainage hatte. Solche Bauunternehmungen sind nie unproblematisch – wie eine große Liebe.

Unsere Methode, mit Steinen zu bauen, basierte zum größten Teil auf dem »Flagg-System«. Ernest Flagg war ein New Yorker Architekt, der daran glaubte, dass auch Leute mit wenig Geld und wenig Erfahrung in der Lage sind, schöne und dauerhafte Häuser zu bauen. Dies war in vielen Teilen der Welt, wo es genug Steine gab, bewiesen worden, und Mr. Flagg hatte den Eindruck, dass es auch in den USA möglich war. Er setzte sich in den Kopf, eine Methode zu finden, die dem riesigen Arbeitsaufwand beim Behauen und Mauern von Steinen ein Ende setzen würde. Seine Wände waren aus Beton mit einer Außenseite aus Feldsteinen – beides in einem Arbeitsgang gebaut. Statt Wände mit Kelle und Mörtel zu bauen, schlug er vor, eine Wand aus gut haftendem Beton zu gießen, zwischen zwei Holzformen, mit den Steinen nach außen. Die Steine sollten kein Blendmauerwerk sein, sondern eingebunden in die Betonwand, und machten oftmals bis Dreiviertel der Wandstärke aus. In jahrelanger Praxis zeigte Flagg, dass auf diese Art Steinbauten wirtschaftlich und schön erstellt werden konnten.[8] »Die Flagg-Methode versetzt einen normalen Menschen, einen Angestellten oder Arbeiter, in die Lage, ein Steinhaus zu bauen und dabei ungefähr ein Drittel der Kosten zu sparen«[9]

Steinbauten

Blick zum Pinnacle Mountain vom Bauplatz des
Stein-Häuschens, das Helen und Scott 1938 bauten

Flagg fand vier Grundregeln[10]: 1) Steinhäuser sollen niedrig sein, da ab einer Höhe von etwa 1,50 Metern die Kosten für das Heben der Steine und des Betons überproportional steigen. Wenn ein zweites Stockwerk gebraucht wird, sollte es ein ausgebauter Dachboden sein. 2) Der Kellerraum soll auf ein Minimum reduziert werden und der Fußboden so weit wie möglich aus Beton sein, der direkt auf den Boden gegossen wird. Auf Wunsch werden andere Bodenbeläge über dem Beton verlegt. Heizung und Leitungen sollten in Kanälen und Leerrohren verlegt werden. 3) Das Haus soll eine Einheit sein. Die Türen und Fensterrahmen sollen aus solidem Material bestehen und ohne Schnörkel in den Stein eingearbeitet sein. 4) Die Wände werden in bewegliche Schalungen gegossen.

Wir möchten drei Punkte ergänzen, die sich aus unseren Erfahrungen ergeben haben:

5) Die Dachkonstruktion soll so einfach wie möglich sein, mit möglichst wenigen Dachfenstern oder Ecken. 6) Die Linien sollen so regelmäßig wie möglich sein, Ausbuchtungen werden vermieden und Ecken auf ein Minimum reduziert. 7) Gleich zu Anfang sollte man groß genug bauen, da es schwierig ist, Steinwände wieder abzutragen, wenn später einmal Anbauten gebraucht werden.

Flaggs wichtigste Neuerung war seine vierte Grundregel – die beweglichen Schalungen. Schalungen sind Formen, die den Beton halten sollen, während er aushärtet. Wenn der Beton hart genug ist, werden die Schalungen wieder entfernt. Solche Formen müssen stark genug sein, um den frischen Beton zu halten, ohne sich zu verziehen oder nachzugeben. Denn wenn sie sich solcherart bewegen, ergeben sich Unregelmäßigkeiten im Beton. Gewöhnlich werden diese Formen gebaut, indem ein Rahmen aus Kanthölzern genagelt wird, an dem dann Schaltafeln oder Bretter befestigt werden. In den entstehenden Hohlraum wird der Beton gegossen und die Form später wieder abgebaut. Bauten aus Schalbeton sind teuer, da viel von dem Holz für die Formen nur einmal verwendet und dann weggeworfen wird. Flagg entschied sich für bewegliche Formen. Er errichtete Pfosten rund um den geplanten Bau, bohrte in diese Pfosten Löcher, steckte Hölzer in sie, stellte die Formen auf diese Hölzer und befestigte sie an den Pfosten. Die Pfosten waren in der Wand, sodass der Beton um sie herum gegossen wurde und sie Teil der Wand wurden. Später konnte man sie als Dübelleisten für Wandverkleidungen oder Latten nehmen. Flagg nahm für seine Formen Kanthölzer (5 × 15 Zentimeter), die durch Querhölzer verbunden waren. Man brauchte allerdings zwei oder drei Leute, um eine 45 oder 60 Zentimeter hohe und 5 Meter lange Form zu bewegen, besonders auf einem Gerüst.

Wir experimentierten mit verschiedenen Typen und verwendeten am Ende eine Art, die leicht herzustellen und leicht zu bewegen war. Ihr größter Vorteil war, dass sie Flaggs teure gebohrte Pfosten überflüssig machte. Unsere verbesserte Form war genau 45 Zentimeter hoch und dabei aus drei 15 Zentimeter hohen Brettern hergestellt. Wir versuchten es mit höheren Formen, fanden aber heraus, dass sie zu schwer und zu klobig waren und außerdem so hoch, dass es schwierig wurde, die unterste Lage Steine einigermaßen genau zu legen.

Die Bretter für eine 1,80 Meter lange Schalung wurden auf Länge geschnitten und zusammengefügt. (Das Gewichtsproblem wird oft gelöst, indem Metallformen oder solche aus Sperrholz verwendet werden. Wir nahmen 2 Zentimeter starke Bretter aus Kiefer oder Fichte. Kiefer ist leichter, dehnt sich aber bei Nässe aus. Fichte ist härter und dehnt sich weniger.) An beide Enden des Bretterverbundes nagelten wir jeweils eine Stützlatte (5 × 7 × 40 Zentimeter), mit der 5-Zentimeter-Seite zum Bretterverbund hin, bündig mit dessen Ende. An das Ende der Latte nagelten wir jeweils eine andere Latte (2 × 7,5 × 180 Zentimeter). So entstand ein hohler Kasten: 1,80 Meter lang, 45 Zentimeter hoch und 7 Zentimeter tief. Mit zwei weiteren Latten unterteilten wir diesen Kasten in drei gleich große Bereiche. Auf alles pinselten wir noch eine Schicht altes Maschinenöl, und dann war es fertig zum Gebrauch. Wir verwendeten normale Nägel, die einfach aus dem Holz gezogen werden können, falls einmal eine Form auseinandergenommen werden musste.

Die Formen variierten in der Länge von 30 Zentimetern bis fast 5 Meter. Alle waren genau 45 Zentimeter hoch. Bei den längeren Formen waren die Stützlatten von der Mitte aus alle 60 Zentimeter eingesetzt. Die Stützlatten am Ende jeder Form wurden mit Bohrlöchern versehen, für alle Formen dasselbe Bohrmuster, sodass die Löcher einander gegenüberlagen, wenn die Formen aufgesetzt wurden. Wir verwendeten 10-Millimeter-Schrauben (einige 10 Zentimeter lang, andere 12,5 Zentimeter lang), Unterlegscheiben und Flügelschrauben, um die benachbarten Formen aneinander zu befestigen. Für die Ecken ließen wir ein Ende der Form »offen«. Dieses Ende befestigten wir dann an der angrenzenden Form an der anderen Seite der Ecke.

Diese Formen waren so leicht, dass eine Person eine 5-Meter-Form tragen konnte, obwohl es natürlich mit zwei Personen schneller ging. Bei der Planung der Gebäude versuchten wir, die Fenster und Türen so zu legen, dass sie in unser System passten. Nur selten bauten wir spezielle Formen. Hatten wir einen Satz Schalungen gebaut, brachten wir sie an ihren Platz. Die Fundamente des Hauses mussten natürlich gegossen und geebnet werden, ohne aber zu glatt zu werden. (Wir ließen den obersten Teil unseres Tagewerkes immer rau oder steinig, damit die Arbeit des nächsten Tages besser binden konnte.) In den nächsten Tagen, während die Fundamente noch feucht waren, begannen wir damit, die Formen aufzufüllen.

Waren es kleine Gebäude, stellten wir die Formen gleich an allen vier Seiten auf. Waren es aber größere, begannen wir an einer Ecke und stellten die Formen mit der glatten Seite zur künftigen Wand hin. Wenn möglich, stellten wir zumindest zwei Ecken auf und verbanden sie mit Formen, da man so besser gegeneinander verspannen konnte. Um jeweils die beiden Teile eines Schalungssatzes auf Abstand zu halten, befestigten wir in ihnen einige Stücke Hartholz (2,5 × 2,5 Zentimeter), die so lang waren, wie die Wand breit sein sollte. Als Nächstes befestigten wir die beiden Formen oben und unten mit leichtem Draht aneinander. Dieser Draht lief durch Löcher in der Schalung, um die Stützlatten, sofern sie benachbart lagen, anderenfalls um zusätzlich gesetzte Latten, wurde verspannt und hielt so die Formen zusammen. Wir setzten etwa alle 60 Zentimeter einen Draht.

Jetzt hatten wir also eine offene Doppelform, 45 Zentimeter hoch, die Innenkanten so weit auseinander, wie die künftige Wand stark sein sollte, lose verbunden und um zwei Ecken des zu erbauenden Gebäudes gehend. Als Nächstes mussten nun die einzelnen Schalungssätze mit Schrauben untereinander verbunden und die Formen dann nivelliert werden. Bei unregelmäßigen Fundamenten bedeutete dies, dass die Formen unterfüttert werden mussten. Gleichzeitig wurden die Wände ins Lot gebracht.

Wenn Türrahmen oder Fensterrahmen in dieser Höhe eingebaut werden sollten, musste Platz für die Schwelle gelassen werden. Sollte die Wand später eine Innenverkleidung haben, mussten in der Schalung in den notwendigen Abständen Dübelleisten angebracht werden. Seitlich von Fenstern und Türen befestigten wir ebenfalls solche Leisten.

Wenn all dies beendet war, hatten wir eine waagerechte, ausgelotete und verspannte Form, die dicht genug am Boden war, um den Beton aufzunehmen. Wir konnten die Formen füllen.

Nehmen wir an, das Gebäude soll nach außen hin eine Steinfassade haben und innen eine Holzverkleidung. Dübelleisten müssen in den notwendigen Abständen innen an der Schalung angebracht werden, befestigt mit kurzen Nägeln. Sie sollten seitlich mit weiteren Nägeln versehen sein (auch krummen), die dann später die Leisten in der Wand halten. Setzt man die Dübelleisten von Anfang an sorgfältig, können sie oben 1 bis 2 Meter aus der ersten Betonschicht herausschauen. Stehen sie erst einmal in der untersten Schicht aus hartem Beton, kann man sie hervorragend als Verankerung für die höheren Formen nehmen.

Über den obersten Teil des Fundaments sollten nun etwa 5 Zentimeter Beton ausgebreitet werden – etwas trockener als normaler Mörtel, so nass, dass er sich in den Ritzen zwischen den Steinen setzen kann, aber noch nicht an der Oberfläche der Steine hinunterläuft und so Zementschlieren hinterlässt.

Flagg bevorzugte Beton, der im Verhältnis aus zehn Schaufeln Kies, fünf Schaufeln Sand und einer Schaufel Zement bestand. Für die meisten Fundamente und Wandarbeiten haben wir Beton verwendet, der im Verhältnis aus sechs Schaufeln Kies, drei Schaufeln Sand und eine Schaufel Zement bestand. Beide Anleitungen ergeben eine langsam härtende, solide Wand, wenn Kies und Sand frei von Ton und Lehm sind. Mit beiden können Wände errichtet werden, die überraschend billig und hart genug sind, um dauerhaft zu sein.

In die ersten 5 Zentimeter des Betons kam eine Reihe von Wandsteinen, mit den glatten Flächen gegen die Außenform, möglichst dicht zusammen, aber so, dass sie sich nicht berühren. Es sollte noch genügend Raum für Beton zwischen ihnen sein. Je größer und dicker die Steine sind, desto besser. Die maximale Größe wird einerseits durch die Drähte, die die Formen zusammenhalten, gegeben und andererseits durch eine etwa 5 Zentimeter breite Abstandslatte, die innerhalb der Schalung einen etwa 25 Zentimeter breiten Zwischenraum frei hält. Manchmal bewegten wir aber auch diese Latte oder schnitten Drähte ab, um einen besonders schönen Stein an seinen Platz zu bringen. Hinter und zwischen diese Steine wurde Beton gefüllt und sorgfältig gestampft. Der gestampfte Beton sollte nach hinten (innen) um etwa 20 Prozent ansteigen. Diese Steigung ermöglicht es bei der nächsten Schicht, den Stein mit der guten Seite nach außen zu legen, ihn durch ein paar gezielte Schläge mit Kelle oder Hammer an seinen Platz zu bringen und den überschüssigen Beton um den Stein zu verteilen, sei es mit den Fingern oder mit der Kelle. Liegt er erst mal in feuchtem Beton, wird sich so ein Stein nicht mehr bewegen, es sei denn, die Schalung gibt nach.

Wenn die Steine, die an die Außenwand gelegt werden, zwischen 15 und 20 Zentimeter stark sind, braucht man für die Vollendung dieser Arbeit erstaunlich wenig Beton. Sind sie schmaler, sodass zwischen ihnen Taschen entstehen oder ganze Abschnitte ohne Füllmaterial, ist es am besten, unschöne und kleine Steine in die Löcher zu stecken. Sie sollten allerdings weder die Frontsteine noch die Schalung berühren. Je größer diese unansehnlichen Steine sind, desto besser, sie sparen Beton und stärken die Wand.

Bei allen Maurerarbeiten ist es am besten, mit den Ecken zu beginnen und auf die offenen Wände hinzuarbeiten, weil die Ecken die Größe und Form der Steine stärker begrenzen. Es ist einfacher, einen Wandstein zu finden, der das letzte Loch gerade füllt, als einen Eckstein.

Wir hatten nun eine Wandsteinreihe, die zwischen zwei Ecken verlief und von darunterliegendem, leicht ansteigendem Beton gehalten wurde.. Als Nächstes pressten wir Bewehrungsstahl in die Ecken. Die Bewehrung soll mindestens 1 Meter von der Ecke in die Wand hineingehen. Es kann üblicher Bewehrungsstahl sein, aber anderer Stahl eignet sich ebenfalls. Wir haben doppelten Stacheldraht verwendet, was gute Ergebnisse brachte. Die Ecken verstärkten wir alle 10 bis 12 Zentimeter durch solche Bewehrungen. Genau wie um die Steine sollte auch um die Bewehrung der Beton gut gestampft werden, um Luftlöcher zu verhindern.

Im nächsten Schritt mauerten wir eine zweite Reihe von Ecksteinen und Wandsteinen auf die erste, wieder mit dem Gesicht nach außen, die möglichst gut in die erste Reihe passten. Kein Stein sollte direkt auf einem anderen liegen, sondern den Zwischenraum zwischen den unteren Steinen ausfüllen und so die Steine der unteren Reihe miteinander verbinden. Dies lernt man mit der Zeit. Die Ecken sollten natürlich besonders sorgfältig gearbeitet werden, mit überlappenden Steinen in jeder Lage. Hatten wir diese Steine gesetzt, brachten wir mit der Kelle Beton an alle Stellen und stampften gleichzeitig. Zusätzlicher Beton wurde an die Innenschalung getan, was so oft wiederholt wurde, bis alles zu war.

Üblicherweise legten wir eine Lage Steine auf der ganzen Länge der Form, mindestens aber 3 bis 5 Meter, füllten dann die durch Unregelmäßigkeiten entstandenen Löcher mit unansehnlichen Steinen und mit Beton aus und stampften sorgfältig. War die Arbeit gut getan, gab es einige Stellen, die weitgehend eben waren. War da zum Beispiel eine Stelle, die 50 Zentimeter lang war und vielleicht 25 Zentimeter breit, so suchten wir uns einen entsprechend großen Stein, legten ihn fest und verankerten ihn vorläufig. Dies geschah an jeder möglichen Stelle, damit die großen freien Stellen von möglichst großen Steinen gefüllt wurden. Die Zwischenräume füllten wir dann mit kleineren Steinen. So bekamen wir die großen Steine in die Wand hinein und die Wand bekam dadurch ein gleichmäßigeres Aussehen, die Schalungen wurden schnell gefüllt, Beton wurde gespart und das Verfugen minimiert.

Mit einer guten Auswahl an gut geformten Steinen war es manchmal möglich, die ganze Breite der Form mit einem oder zwei Steinen zu füllen. Mit ein bisschen Sorgfalt gab es dann auch schöne Steinanordnungen, und immer war es aufregend, wenn die Schalungen entfernt wurden und man die verschiedenen Muster sehen konnte. Es war die Enthüllung eines Kunstwerks. Immer noch erkennen wir bestimmte Steine und erinnern uns mit Freude an die verschiedenen Stadien des Baus. Wir kennen unser Haus vom Keller bis zum Dach und haben jeden Stein mit Liebe gesetzt.

Erfahrung hat uns gezeigt, dass es nicht ratsam ist, Steine oben über die Formen hinwegstehen zu lassen. Jedes Mal, wenn wir dies taten, zeigte sich, dass es Steine waren, die aus der äußeren Wandbegrenzung hervorstanden und die weggebrochen werden mussten, bevor die nächste Verschalung angebracht werden konnte. Dies bedeutete Zeitverlust und eine Schwächung der Wand.

Die gefüllten Schalungen wurden mit leeren Zementsäcken oder einem anderen Schutz gegen Sonne und Regen bedeckt und 48 Stunden lang stehen gelassen. In der Zwischenzeit bauten wir an einer anderen Ecke des Hauses weiter, wenn andere Schalungen verfügbar waren, und machten weiter wie oben beschrieben. »Achte darauf«, sagte ein Architekt 1712, »dass nicht die eine Seite deines Hauses mehr als einen Meter über die andere emporwächst, bevor das nächste Stück angefügt wird. Sonst ist der erste Teil trocken, und wenn dann trockener Teil und nasser Teil zusammengefügt werden, setzt sich der feuchte Teil schneller als der trockene und bewirkt Risse. Diese aber schwächen das Gebäude.«[11] Es ist gut, alle vier Wände eines Gebäudes zur selben Zeit zu bauen, auch um die Maße überprüfen zu können.

Üblicherweise bestehen Rahmen von Türen und Fenstern aus Kanthölzern (5 × 7,5 oder 5 × 10 Zentimeter), die von Zierleisten bedeckt sind. Häufig werden diese Leisten mit Farben, Furnieren oder anderen Dekorationen versehen und so überladen. Das Schneiden und Anbringen der Leisten ist außerdem zeitraubend. Daher schlug Flagg vor, den Rahmen aus solidem Holz zu machen, in die Struktur zu integrieren und nicht zu schmücken.

Wir entschieden uns, 18 × 18 Zentimeter starke Kiefer für die Rahmen zu nehmen. Wir ließen dieses Holz einen halben Zentimeter größer schneiden, um es den Winter über zu lagern und im nächsten Frühjahr auf Maß zu bringen. Nach dem Glätten brachten wir es in unserem neuen Holzschuppen unter.

Alle Rahmen wurden mit Eckverbindungen in unserer Werkstatt hergestellt. An jeder Ecke wurden sie so gebohrt, dass zwei Löcher in einem Winkel von

45 Grad hindurchgingen. Danach wurden Dübelhölzer in diese Löcher geschlagen, der Rahmen rechtwinklig aufgestellt, verspannt und an seinen vorgesehenen Platz gestellt. Ein oder zwei der größeren Fensterrahmen waren zu groß, um in einem Stück transportiert zu werden. Sie wurden in der Werkstatt gebaut, zusammengesetzt, auf Winkligkeit überprüft, auseinandergenommen und an ihrem Platz wieder zusammengesetzt.

Wir bereiteten alle Türen und Fenster vor, indem wir ein Sims in den benötigten Dimensionen gossen, abfallend zur Außenseite des Hauses hin, um das Wasser abfließen zu lassen. Üblicherweise ließen wir einem solchen Betonstück zwei Tage Zeit zum Trocknen. Dann legten wir auf den Teil dieses Simses, der für den Rahmen bestimmt war, eine Lage Mörtel, richteten den Rahmen darauf aus, befestigten und verspannten ihn.

Die Lage des Rahmens auf der Schwelle hing von der Stärke der Wand und der Art der Innenverkleidung ab. Unsere Wohnräume hatten 30 Zentimeter dicke Wände, und die Innenverkleidung war 4 Zentimeter von der Wand selbst entfernt. Der Rahmen wurde so gesetzt, dass er innen 5 Zentimeter überstand, was bewirkte, dass er am Ende noch etwas aus der Verkleidung herausschaute. Schmuck oder Dekoration gab es nicht.

Nach kurzer Zeit entdeckten wir aber, dass aufgrund der unterschiedlichen Ausdehnung von Holz und Beton ein Spalt zwischen der Wand und dem Rahmen entstand. Dies kurierten wir in späteren Konstruktionen durch eine Auskehlung, die wir in das Holz schnitten und in die wir einen schmalen Streifen Holz hineinsteckten, der dann etwas in den Beton hineinragte. Noch später schnitten wir die Nut mit einer Tischsäge und steckten ein Stück Metall hinein, um so den Spalt zwischen Holz und Beton zu überbrücken.

War der Rahmen in der gewünschten Position, schlugen wir eine Reihe Haken an die Stellen des Rahmens, wo er in Kontakt mit dem Beton kam, und schütteten den Beton gegen den Rahmen. Beim Aushärten des Betons wurden die Haken von festem Beton umgeben und machten den Rahmen zu einem Teil der Wand.

Nach einigem Versuch-und-Irrtum lernten wir, dass die Binder des Hauses mit den Wänden fest verbunden werden mussten, am besten durch Schrauben. Die Technik war einfach. Wenn wir den oberen Teil der letzten Schalung erreichten, hämmerten wir eine 12,5-Millimeter-Maschinenschraube mit dem Kopf nach unten und eine Unterlegscheibe in den noch feuchten Beton. In den Binder wurde entsprechend ein Loch gebohrt und eine Vertiefung für die Mutter geschlagen, sodass das Ende der Schraube nicht aus dem Binder herausragte.

Pro Binder verwendeten wir mehrere solcher Schraubverbindungen. Oftmals reichten die Rahmen von Fenstern und Türen bis an die Binder heran. Dann befestigten wir beide mit einem Holzzapfen aneinander. Dies reichte, weil die Rahmen selbst gut in der Wand verankert waren.

Nach zwei Tagen gingen wir dann wieder an die Arbeit. Die Zementsäcke wurden von den Formen genommen und der nächste Satz Schalungen darauf gestellt. Waren die ersten Schalungen gut ausgerichtet, waren es die zweiten auch. Sie mussten nur noch verschraubt, gestützt, verdrahtet und mit Beton und Steinen aufgefüllt werden. Nach weiteren zwei Tagen wurden die Drähte des ersten Schalungssatzes weggeschnitten, die Schrauben gelöst und diese Schalung dann auf die zweite Schalung gesetzt oder an ihren nächsten Einsatzort gebracht. So wuchs die Wand immer um 45 Zentimeter. Es erinnert an Kinderspiele, bei denen »gebaut« wird, indem man die Hände übereinander legt.

Mit drei Dutzend Formen, zwischen 35 Zentimeter und 5 Meter lang, bauten wir in dreizehn Jahren acht oder neun Steinhäuser auf dem Gelände der Forest Farm. Während wir dies schreiben, werden diese Formen gerade von einem Nachbarn verwendet, um ein Haus zu bauen. Dazu kommt, dass wir sie auch für Terrassenwände im Garten, für Swimmingpools und Ähnliches verwendet haben. Jedes Mal, wenn wir eine Arbeit beendet hatten, kratzten wir die Reste von der Form, reparierten sie, wo notwendig, pinselten sie mit altem Öl ein und lagerten sie an einem trockenen Platz. Sie haben heute kleinere Risse und ein paar Füllstücke, sind aber ansonsten so gut wie neu. So sind die Kosten für Schalungsmaterial pro Meter Wand praktisch vernachlässigbar.

Die Wand fertigzustellen, war eine einfache Aufgabe. Waren die Schalungen entfernt, hatten wir eine Wand, die nur von Öffnungen zwischen den Steinen unterbrochen wurde. Denn manchmal waren die Steine unregelmäßig oder passten schlecht, wodurch bis zu gänseeigroße Löcher entstanden. Unsere erste Arbeit war, die restlichen Drähte abzuschneiden. Dann nahmen wir einen Hammer, entfernten überstehende Betonteile und gingen mit Mörtel und Kelle die Wand entlang, um die größeren Löcher zu füllen. Nachdem wir die Wand mit Wasser aus Eimern oder einem Schlauch gründlich befeuchtet hatten, konnten wir verfugen.

In einem Metallkarren mischten wir Mörtel, im Verhältnis drei Schaufeln gut gesiebter, scharfer, sauberer Sand und etwas weniger als eine Schaufel Zement, mit einem bisschen Wasser. Dieser Mörtel zum Verfugen sollte etwas steifer als Mörtel zum Mauern sein. Natürlich kann man ihn auch mit Farbpigmenten mischen, um eine bestimmte Fugenfarbe zu erreichen. Wir verwendeten einen nur leicht gefärbten Zement. Bei einem größeren Gebäude muss man darauf achten, dass man Zement aus derselben Charge bekommt, da sonst Farbunregelmäßigkeiten entstehen können. Zumindest sollte es immer dieselbe Marke sein.

Der Mörtel zum Verfugen kommt auf ein Brett mit Griff und wird mit einer Fugenkelle in die Fugen gedrückt, bis er mit der Wandoberfläche auf einer Höhe ist. Es gibt viele Arten des Verfugens, stilisierte Fugen und ganz normale. Wir machten es uns möglichst einfach – die Fugen sollten auf gleicher Höhe mit der Wandfläche sein, sodass jeder Stein seine Geschichte erzählen konnte.

Verfugemörtel nach dem obigen Rezept härtet schnell aus. An einem klaren, trockenen Tag dauert es etwa drei Stunden, bis der Mörtel hart genug ist, um leichtem Regen standzuhalten. Bestand die Gefahr, dass es regnete, kurz nachdem wir verfugt hatten, deckten wir das Mauerstück ab, weil nasser Mörtel leicht abgewaschen wird und die Wand mit Zementschlieren bedeckt.

Gab es viel zu verfugen, lohnte es sich, eine große Fugenkelle und zwei normale Kellen zu kaufen. Mit einer robusten Blechschere kann man die normalen Kellen auf die gewünschte Fugenbreite zurechtschneiden. Diese geschnittenen Kellen kann man bei allen Verfugearbeiten gut gebrauchen. Freunde und Besucher waren immer vom Verfugen fasziniert und begeistert, wenn sie mit Brett und Kelle in der Hand die Wand verfugen konnten und alles mit Mörtel bekleckerten.

Wir lieben offenes Feuer und planten daher in jedem Raum eine Feuerstelle. Sogar bei mildem Wetter ist ein flackerndes Holzfeuer ein unglaublicher Anziehungspunkt. Die ausgestrahlte Wärme mag vernachlässigbar sein, aber die lebendigen Flammen machen die Luft sichtbar und beleben ihre Umgebung. Bei kaltem Wetter gehen von einem offenen Kamin der scharfe Geruch von verbranntem Holz und eine erfreuliche Wärme aus. Thoreau sah in einem Feuer einen Freund: »Mein Haus war nicht leer, obwohl ich weg war. Es war, als hätte ich einen freundlichen Wächter zurückgelassen.«[12] Im Winter ist ein Raum ohne offenes Feuer genauso gottverlassen wie ein Zimmer ohne Fenster.

Der Bau einer solchen Feuerstelle ist eine befriedigende Erfahrung. Selten vergeht ein Jahr, in dem wir nicht irgendwo eine bauen, sei es nun bei uns oder im Haus von Freundinnen und Freunden. Unsere Bekannten nannten es eine Sucht. Kipling muss das auch verstanden haben. In *Something of Myself* schrieb er: »Wie kann ich mich vom Feuer im Herd eines anderen Menschen abwenden? Ich kenne das Verlangen und Bewundern, das ich in meinen eigenen Herd gesteckt habe.«[13]

Wir lebten in einer Gegend, in der der Wald schnell wächst, in der Buchen, Birken und Ahorn im Überfluss standen. Holz war unser einziger Brennstoff, und Kamine waren unsere Hauptwärmequelle, genau wie bei den früheren Siedlern. »Die Tage des Holzfeuers sind noch nicht vorbei, und solange ich lebe, werden sie auch nicht zu Ende sein.«[14]

Da ein alter Kamin fast 90 Prozent der erzeugten Wärme in den Schornstein schickt, benutzten wir in den meisten unserer Kamine vorgefertigte Metallformen. Sie reflektieren und verteilen die Wärme recht gut, saugen die kalte Luft durch ihre wohlplatzierten Löcher an, heizen sie auf und lassen sie zirkulieren. Bei allen heute auf dem Markt befindlichen Fertigkaminen gibt es kaum mehr Probleme mit dem Entwerfen und Konstruieren. Der Maurer umgibt die Metallformen einfach bis zur Spitze mit Steinen oder Ziegeln und baut darauf den Kamin. Wenn man der Anleitung folgt, kann man nichts falsch machen.

Die Schornsteine verkleideten wir innen mit Kacheln und machten davon nur zwei Ausnahmen. Kacheln vermindern die Brandgefahr und verringern die Ansammlung von Ruß im Rauchrohr. Sie machen es auch Mäusen und Eichhörnchen schwerer, im Schornstein hinauf und hinunter zu laufen. Denn wenn ein Kamin erst einmal mit Ruß überzogen ist, können Mäuse und Eichhörnchen genauso einfach darin klettern, wie wir auf einem Waldpfad gehen.

Die Kamine und Schornsteine wurden aus Steinen gebaut, aber die Steine haben wir nur selten behauen. Gelegentlich schlugen wir ein hervorstehendes Stück aus einem Stein. Aber fast alle Steine, die wir im Verlauf unseres Bauprogramms verwendeten, viele Tausend, waren »wilde, ungezähmte Steine, unberührt von Hammer und Meißel«.[15] John Mitchell: »Ich bestand darauf, dass bei der ganzen Konstruktion kein Stein von einem Hammer berührt wurde und dass, wo möglich, die Wetterseiten der Steine nach außen schauen sollten.«[16]

Die regelmäßigsten Steine, die wir finden konnten, wanderten auf den Steinhaufen für die Kamine. Es waren die besten Steine und die Versuchung war immer groß, wenn irgendwo in der Wand ein Stein von bestimmter Form und Größe fehlte, ihn von dort zu nehmen. Manchmal gaben wir dieser Versuchung nach, aber gewöhnlich war einer von uns sich des Wächteramtes bewusst und schrie laut auf, wenn der Kaminhaufen in Gefahr war. Im Haus können Schornsteine genauso verkleidet werden wie die normalen Wände. Unsere Rauchabzüge waren aber alle aus Stein, »nackt« vom Sims bis zur Decke. Wir mochten die Rauheit eines Steinkamins. Auch erwärmten sich die Steine, wenn das Feuer im Winter ständig brennt, und heizten so den Raum mit auf.

Manche unserer Feuerstellen hatten eine Kaminumrandung, andere nicht. Die ohne Umrandung sind einfacher und wirken etwas ernst. Ein Sims, besonders ein niedriger, macht alles ein bisschen gemütlicher, aber auf ihm sammeln sich all die kleinen Gegenstände. Die meisten unserer Umrandungen waren aus Stein. Zwei waren aus Holz. Einen dieser beiden schlugen wir mit der Axt aus dem Stamm einer Birke mit einem Durchmesser von etwa 30 Zentimetern. Das war äußerst mühsam, sah aber hinterher wunderbar aus. Einige der Zwischenräume zwischen den Säulen der Schornsteine wurden durch Bögen überbrückt. Die meisten bestanden aus Stürzen, die dünn genug waren, um den Rauch durchzulassen, aber auch weit und stark genug, um den Kamin zu tragen. In jedem Fall legten wir unter Gewölbe oder Sturz eine Verstärkung aus Metall, um die Last zu verteilen. Der Sturz über unserem 1 Meter breiten Wohnzimmerkamin war früher die Schwelle des Viehstalls eines Nachbarn. Er bestand darauf, dass dies in weitem Umkreis der beste Stein für diesen Zweck war. Das stimmte, aber er war eben Teil des Viehstalls. Er aber bestand darauf und half uns dabei, den Stein mit Brechstangen zu lösen und in unser Wohnzimmer zu bringen. Unser Nachbar hat nun einen Anteil an unserem Wohnzimmer und kommt oft vorbei, um seine Schienbeine vor dem Feuer zu rösten und das Feuer und seinen Stein zu betrachten. Oft schaut er sich auch heute noch nach verwendbaren Steinen um und erzählt uns davon.

Andere sind ähnlich wild auf Steine, zum Beispiel John Mitchell: »Da waren die Steine, genau wie neben den meisten anderen Landstraßen in England, in großer Anzahl, kleine, missgestaltete Steine, die in den Jahrzehnten auf dem Feld gesammelt worden waren und nun nur den Vögeln als Nistplatz dienten. Ich hatte es mir in den Kopf gesetzt, aus ihnen ein Haus zu bauen.«[17] John Burroughs schwärmt: »Es scheint mir, als ob ich jeden der schönen Herbsttage, an denen ich nach Steinen gesucht habe, in mein Haus eingebaut habe. [...] Jede Ladung, die nach Hause geschickt wurde, brachte meine Gefühle und mein Herz mit. Die Juwelen, die ich in der Tiefe entdeckt oder von einer Felskante am Morgen abgerissen habe, sah ich nun an den Pfosten oder an den Ecken. Jeder Tag war mit großen Ereignissen angefüllt. Die Wälder enthielten ungeahnte Schätze. Die alten Giganten Frost und Regen hatten eifrig gekämpft; nun gruben wir aus der Erde einen rauen Kunden aus, einen Stein mit einem zerfransten Quarzgesicht oder auch zerfressen oder mit kleineren Kristallen besetzt wie mit Zähnen oder einen, der aussah wie der Totenschädel eines uralten Steinhundes. [...] Dann wieder trafen wir auf eine ganze Ladung schöner Steine, wie in einem Nest. Ständig musste ich nach Ecksteinen Ausschau halten, denn mein Haus hat sieben Ecken, und auf der Stärke und Festigkeit der Ecken ruht ein großer Teil der Festigkeit des Hauses. [...] Ich schaute den Boden mit einem Verlangen an, damit ich sah, was unter Moos und Blättern lag. [...] Ich empfand es wie eine leidenschaftliche Jagd, der Enthusiasmus der Hetze selbst, jetzt aber mit Hammer und Brechstange, und die Tage waren zu kurz, als dass ich dieses Sports müde würde.«[18]

Wir haben unsere Steinkonstruktionen so detailliert beschrieben, weil wir das Massive und Solide von Stein lieben und wünschen, dass andere die gleichen Möglichkeiten haben, sowohl im Hinblick auf die Arbeit als auch auf die Freude. Wir sind überzeugt, dass man ein gutes Steingebäude erstellen kann, wenn man diesen Anleitungen folgt, vorausgesetzt man will und kann sich die Zeit dafür nehmen. Wer mit Steinen baut, wird die Freude kennenlernen, einen besonders schönen Stein zu finden und ihn auf seinen Haufen zu legen, bis er eines Tages seinen Platz im Fußboden, im Kamin, in der Wand oder in der Feuerstelle gefunden hat. Diesen Felsbrocken wird man noch nach Jahren im eigenen Haus wiedererkennen.

Vor dem Bau unterhielten wir uns lange über das Dach. Steinhäuser mit nicht brennbaren Dächern sind praktisch unzerstörbar und können daher auch günstiger versichert werden. Eine Weile favorisierten wir Schieferdeckung, da in der Nähe Schiefer abgebaut wurde. Aber dabei gab es Schwierigkeiten. Schiefer ist teuer in der Anschaffung und beim Verlegen, er ist schwer, und im Winter kann es passieren, dass sich Eis und Schnee unter den Enden der Platten sammeln und gefrieren, sodass der Schiefer bricht oder gespalten wird, insbesondere an einem Dach mit einer so geringen Neigung wie unserem. Holzschindeln wollten wir nicht wegen der Feuergefahr. Asbestschindeln werden vom Wind leicht abgehoben oder zerbrechen und sind nicht sehr dauerhaft. Am Ende entschlossen wir uns zu galvanisiertem Stahl, der moosgrün gestrichen wurde. Diese Entscheidung haben wir nie bereut. Das Metall war einfach zu verlegen, die Feuergefahr durch Funken vom Schornstein oder durch Schornsteinbrände war praktisch null, und die Dächer halten fast ewig, wenn sie alle drei oder vier Jahre neu gestrichen werden. Einige unserer Dächer sind nun zwanzig Jahre an ihrem Platz und zeigen praktisch noch keine Zeichen der Ermüdung oder der Zerstörung. Auch die Erhaltungskosten sind zu vernachlässigen. Metalldächer schützen ein Gebäude auch dann, wenn kein Blitzableiter gelegt wird, besonders wenn man eiserne oder kupferne Leitungen vom Dach zum Boden führt.

Wir wollten eine geringe Dachneigung. »Was macht die Schönheit eines alten Stalles oder einer Scheune aus – wenn nicht das große Dach, ein Abhang aus grauen Schindeln, dem Wetter ausgesetzt wie die Seite eines Berges und durch seine Höhe eine Großzügigkeit andeutend, die das Herz wärmt. Auch viele alte Bauernhäuser wurden auf dieselbe, großzügige Art geplant, und aus der Ferne konnte man oft nur die großen, heruntergezogenen Dächer sehen. Sie behüteten ihre Bewohner, wie die Henne die Küken schützt, und sind ein Bild von einfachem häuslichen Geist.«[19] Das Schweizer Haus, das sich an den Hügel anschmiegt, lag uns näher als die finnischen oder amerikanischen Häuser mit den steilen Dächern. In unserer Gegend in Vermont hatten alle Häuser steile Dächer, da es hieß, der Schnee würde schneller und besser von ihnen abgleiten. Wir sahen aber, dass sogar in unserer Gegend, wo es starke Schneefälle gibt, Metalldächer schneller schneefrei waren als andere (übrigens, da wir gerade beim Thema sind, werden Aluminiumdächer noch schneller frei, dafür halten sie aber Farbe nicht so gut und bekommen leichter Beulen). Mit unserem Metalldach konnten wir ein flaches Dach haben und trotzdem den Schnee loswerden, ohne ihn vom Dach zu fegen. Auch wünschten wir uns große Dachvorsprünge und Giebelwände wie an Schweizer Häusern. Die geringe Dachneigung half uns dabei, und dennoch konnte das Licht auch die Fenster erreichen, die direkt unter dem Dach waren.

Einfachheit und Bequemlichkeit waren unsere Maßstäbe beim Fertigstellen und Möblieren des Hauses. Wir fühlten, dass wir ohne bemaltes Holz, Tapeten, Vorhänge und ähnlichen Kitsch die Grundlage für eine Einfachheit legen würden, die, ähnlich der japanischen, aus sich selbst heraus schön sein würde. »Die Konstruktion«, sagte Claude Bragon von einem schönen Zimmer, »war die Dekoration – als das Zimmer gebaut war, war es auch geschmückt«.[20]

Die Oberfläche der Wand sollte ein Teil des Hauses sein, nicht Putz oder Papier, das nur aufgetragen wurde. In den Beton der Wand ließen wir vertikale Holzleisten ein. Nachdem das Dach auf dem Haus war, nagelten wir horizontale Latten auf die vertikalen. Darauf kam eine Schicht Isolierpapier und darüber unsere Holzverkleidung. So waren auf der Innenseite der Betonwand eine Luftschicht und Papierschicht zur Isolation.

Die Verkleidung hatte in jedem Raum eine etwas andere Farbe. Im Laufe der Zeit reiften die Hölzer und bildeten so einen schönen Hintergrund für unsere farbigen Bücher. »Die natürliche Farbe und Struktur des Holzes gibt einem Raum einen Reichtum und eine Einfachheit, die keine Kunst erreichen kann. Wie die

Augen etwas Echtes lieben, wie sie sich der nackten Schönheit des Holzes erfreuen. Eine bemalte Oberfläche ist etwas Leeres, aber Gestalt und Form des Holzes sind ausdrucksvoll.«[21] »Arbeite die Natur eines Materials heraus. Beziehe sie in deine Pläne mit ein. Enthülle die Eigenarten von Holz, Stein oder Ziegel in deiner Konstruktion. Von Natur aus sind sie freundlich und gefällig.«[22]

Mit Ausnahme des Bodens in der Küche (der über dem Keller war) wurden unsere Fußböden auf dem Erdboden verlegt und mit glatten Steinen gepflastert. Der große Fels, der »Rücken« unseres Kamins im Wohnzimmer, der auch im Bad und in der Küche weiterging, fügte noch einiges zu der klösterlichen Einfachheit hinzu. Auch wenn es nur ein kleines Haus sein sollte, versuchten wir beim Bauen Geräumigkeit und Großzügigkeit zu erreichen, damit kein Raum eng und gedrängt war. Das Wohnzimmer war 7 Meter lang. Eine Wand war voller Bücher, die Felswand mit der Feuerstelle in der einen Ecke war 4 Meter lang, und an der anderen Wand befanden sich 3,5 Meter Fenster. Die Decke war 3 Meter hoch und wurde von handbehauenen Balken gekreuzt. Wir schleppten keine alten Möbel hinein, auch keine Teppiche oder Vorhänge. So weit wie möglich wurden alle Möbel in die ursprüngliche Konstruktion eingeplant und waren so ein Bestandteil der Architektur. F.L. Wright sagt darüber: »Das Ideal von organischer Einfachheit verbietet allen Schmuck, weist die alten Möbel zurück, alle Teppiche und die meisten Wandbehänge, erklärt sie zu überflüssigen oder sinnlosen Dekorationen ...«[23] »Lange, sichere Linien und klare Flächen sind unter allen Umständen ein besserer Hintergrund zum Leben als Seidenvorhänge zusammen mit Tapeten, maschinengeschliffenen Möbeln und aufwendigen Bilderrahmen.«[24]

Vier Sommer interessanter, lehrreicher und zufriedenstellender Arbeit waren notwendig, bevor wir in unser neues Haus einziehen konnten. Jedes Frühjahr machten wir Sirup und pflanzten unseren Garten. Erst im Juni konnten wir mit den Bauarbeiten beginnen. Vier oder fünf Monate später setzten schwere Fröste unserem Bauen ein Ende.

Als wir unsere ersten Pläne machten, schätzten wir, dass die Arbeiten etwa zehn Jahre dauern würden. Es dauerte elf Jahre, bis wir das gesamte Bauprogramm beendet hatten. Wir hatten uns nicht beeilt. Wir arbeiteten daran, wann wir konnten, und waren zufrieden, solange wir uns unserem Ziel näherten.

Während dieser Vermonter Zeit errichteten wir zwölf größere Bauwerke und viele kleinere. Keines war aus Holz, eins war gänzlich aus Beton und zwei waren nur Zuckerhütten aus Metall. Fünf der Steingebäude waren funktionell um das Haupthaus gruppiert. Hier möchten wir noch einige erwähnen, von denen bisher nicht die Rede war.

Unser erstes Unternehmen war der Holzschuppen, den wir bereits beschrieben haben. Später ergab ein Anbau an der Westseite dieses Schuppens eine Steingarage für zwei Wagen, mit Lagerraum für Nägel, Ketten, Seile, Farben und verschiedenes kleines Werkzeug. Das Gebäude als Ganzes war so ein 16 Meter langer Windschutz auf der Nordseite des Hausgartens. Letzterer erstreckte sich von der Wand des Schuppens 9 Meter gen Süden.

Als wir in das neue Haus, oberhalb des alten Hauses der Hoards, eingezogen waren, schenkten wir Letzteres einem Nachbarn. Dieser brachte es Stück für Stück nach Hause und wandelte es in eine Garage mit Holzschuppen um. Den Keller unter dem alten Haus bauten wir aber wieder auf. Aus ihm wurde ein Lager für Gemüse und Sirup. Darauf bauten wir einen 3 × 3 Meter großen Schuppen, den wir zeitweise als Werkstatt nutzten. Als wir dazu in der Lage waren, erstellten wir ein weiteres Gebäude in derselben Größe nördlich des ersten mit einem Betonboden, verbanden die beiden Gebäude durch einen weiteren Raum, der auch einen offenen Kamin hatte, möblierten die alte Werkstatt und den Verbindungsraum mit zwei Doppelbetten und einem Einzelbett, bauten eine Toilette ein und nutzten dies alles als Gästehaus. Den Raum mit dem Betonfußboden verwendeten wir dauerhaft als Werkstatt.

Weiterhin bauten wir einen 3 × 4 Meter großen Schuppen für Holz mit einer Stein-Beton-Wand auf der Nordseite und offen an den anderen Seiten. Drei Betonpfeiler waren die Unterlage für Holzpfosten auf der Südseite. Dieser Schuppen war billig. Er kostete 114,88 Dollar. Er schützte aber eine große Menge an luftgetrocknetem Holz, das für unsere Ökonomie wichtig war, sowohl für das Heizen des Hauses als auch für das Kochen von Ahornsirup. Tatsächlich ist trockenes Holz in den Wäldern von Vermont so wichtig, dass eine Frau die Scheidung einreichen kann, wenn ihr Mann sie nur mit grünem Holz zum Kochen und Heizen versorgt.

8 Meter westlich des Wohnhauses räumten wir einen zum Teil an der Oberfläche liegenden Fels ab und bauten darauf ein Studio. Es war 4 × 5 Meter groß, verfugter Stein innen und außen, mit einem Steinkamin und einem 2 × 3 Meter großen Fenster, das auf den Stratton Mountain hinausging. Hierfür mussten wir 553,75 Dollar bezahlen.

Schließlich rissen wir auch das letzte Hoard-Gebäude ab – den alten Pferdestall – und errichteten an seiner Stelle einen 6 × 6 Meter großen Werkzeugschuppen, bauten ein 2 × 6 Meter großes, sonnenbeheiztes Gewächshaus an seiner Südseite und legten einen kleinen Keller für Kohl und Sellerie unter dem tiefer liegenden Ende des Gebäudes an. Im Laufe der Jahre erbauten wir noch eine 3 × 4 Meter große Hütte auf einem höher gelegenen Stück Land, das an das Zuckergehölz angrenzte. Sie war etwa so groß wie ein Einmannzelt. Wir bauten eine kleine Feuerstelle hinein, und im Sommer wohnten dort Gäste. Im Winter lagerten wir darin die Safteimer.

Weiterhin bauten wir einen Beton-Abzugskanal und eine Betonbrücke zwischen der Garage und der Straße und vor dem Haus einen 24 Quadratmeter großen Swimmingpool.

Die letzte Baustelle in Vermont war ein Steinhaus im Wald, gebaut für Richard Gregg, einen Freund, der lange genug mit uns gelebt und gearbeitet hatte, um zu wissen, dass er im Tal bleiben wollte. Wir stellten Material und Land und die Hälfte der Arbeit. Er übernahm den Rest und baute nach seinem Geschmack und seinen Bedürfnissen sorgfältig und liebevoll ein Haus.

Es braucht wohl nicht betont zu werden, dass wir nicht alle Arbeit allein gemacht haben. Einige wenige unserer Gäste waren wirklich hilfreich. Jack Lightfoot, unser nächster Nachbar, der in London geboren war, hatte den Kopf randvoll mit Kritik, Vorschlägen, Witzen und Plänen und arbeitete mit uns, wann immer er konnte. Er selbst sagte von sich, er sei »Hans Dampf in jedem Handwerk, Meister in keinem«, war aber immer zur Hand, wenn einmal Hilfe gebraucht wurde. Charlie Sage und Adalbert Capen, beide aus dem nahegelegenen Bondville, halfen uns über mehrere Jahre hinweg. Wir waren mit ihnen befreundet, und beide waren geschickt mit Axt und Breitbeil, aber keiner von beiden war geübt in der Kunst des Bauens mit Stein.

Vernet Slason, ebenfalls aus Bondville, arbeitete mehr an unseren Unternehmungen als irgendein anderer. Als wir mit unserem Programm begannen, kam er gerade von einem langen Krankenhausaufenthalt zurück und fühlte sich elend. Einen Teil seines Lebensunterhaltes verdiente er sich zu dieser Zeit mit dem Schärfen von Sägen. Wir brachten ihm einige, und er schärfte sie gut. Ein paar Monate später brauchten wir jemanden, der uns beim Zuckern helfen konnte. Vernet wollte es probieren. Es stellte sich heraus, dass er ungeheuer einfallsreich war. Er war Zimmermann, Maler, Uhrmacher und Fahrzeugmechaniker, hatte Erfahrung in den Wäldern und auch schon Ahornzucker gemacht. Mit seiner Hilfe erneuerten wir das Leitungssystem im Zuckergehölz und bauten das neue Zuckerhaus. Er arbeitete mit uns beim Mauern, bei Zimmermanns-,

Möbel- und Klempnerarbeiten. Für jedes Problem schlug er eine Lösung vor und arbeitete schnell und gut.

Wir wollen dieses Kapitel nicht abschließen, ohne uns vor unseren treuen Lieferwagen zu verbeugen, verschiedenen Fabrikaten, die uns über viele Jahre hinweg gedient haben. Auch sollten wir an unsere Kiesgrube denken und die langen Wälle aus Steinen, die unsere Vorbesitzer in den Wiesen und Feldern gesammelt hatten. All diese Dinge waren bei unserem Bauprogramm höchst wertvoll.

Unsere eigene Erfahrung zeigt uns, dass Flagg recht hatte. Menschen mit durchschnittlicher Intelligenz können mit Steinen bauen, wenn sie nur Zeit, Geduld und den Willen dazu haben. Ist das Steingebäude erst einmal errichtet, wird es von selbst schön und steht für alle Ewigkeit. Bauen mit Steinen dauert seine Zeit, aber beurteilt nach den Ergebnissen, hat man die Zeit gut genutzt. In jedem Fall ist dies eine Art und Weise, wie ein Selbstversorger-Haushalt errichtet werden kann.

Anmerkungen

1) Wright, Frank Lloyd: On Architecture. New York: Duell, Sloan & Pearce 1941, S. 39

2) »Alte Hütten sind nicht aufdringlich. Sie beherrschen die Landschaft nicht, sondern sind damit zufrieden, ein Teil davon zu sein. Sie werden übersehen, bis man nach ihrer Schönheit Ausschau hält. Ein modernes Haus dagegen will Aufmerksamkeit. Es steht auf hohem Grund und dominiert einen Teil des Landes, es kann von Weitem gesehen werden. Doch ein altes Haus zieht es vor, sich in einem Tal zu verstecken. Die Bäume wachsen darum herum und aus einiger Entfernung macht nur der aus dem Schornstein sich kräuselnde Rauch auf seine Existenz aufmerksam.«
Dick, Stewart: The Cottage Homes of England. London: Arnold 1909, S. 11

3) Wright, Frank Lloyd: ibid. S. 34

4) Bonta, Edwin: The Small-House Primer. Little Brown 1925, S. 79

5) Mitchell, D. G.: My Farm of Edgewood. New York: Scribners 1863, S. 84

6) Weaver, Richard: Ideas Have Consequences.
Chicago: University of Chicago Press 1948, S. 146

7) Mitchell, D. G.: ibid. S. 88

8) »Da wir nur wenig an Steingebäude gewöhnt sind, erscheint es vielen als eine große Aufgabe, ein solches zu bauen. Aber dies kann mit geringen Kosten und wenig Aufwand getan werden. Öffentliche Gebäude werden aus behauenen Steinen erbaut, wir aber können gute Häuser aus Feldsteinen bauen. In gutem Mörtel verlegt, ergeben diese Steine starke Wände.«
Gourgas, J. M.: In: New England Farmer, 25. Januar 1828, S. 209

9) Cary, Harold: Build a Home – Save a Third. New York: Reynolds 1924, S. 105

10) Flagg, Ernest: Flagg's Small Houses. New York: Scribners, 1921

11) Mortimer, J.: The Whole Art of Husbandry. London: Matlock 1712, S. 280

12) Thoreau, Henry David: Walden. Boston: Ticknor & Fields 1854, S. 272

13) Kipling, Rudyard: Something of Myself. New York: Doubleday 1937, S. 191

14) Mitchell, D. G.: ibid. S. 8

15) Burroughs, John: Signs and Seasons. New York: Houghton Mifflin 1914, S. 256

16) Mitchell, D. G.: ibid. S. 84

17) Mitchell, D. G.: ibid. S. 84

18) Burroughs, John: ibid. S. 257 f.

19) Burroughs, John: ibid. S. 252

20) Bragdon, Claude: More Lives Than One. New York: Knopf 1938, S. 165

21) Burroughs, John: ibid. S. 259

22) Wright, Frank Lloyd: ibid. S. 34

23) Wright, Frank Lloyd: ibid. S. 187

24) Wright, Frank Lloyd: ibid. S. 211

Ich komme jetzt dazu, die Freuden zu beschreiben, die die Arbeit eines Landwirts begleiten. Es sind wirkliche Freuden, die über alle Worte hinausgehen. Es sind Freuden, die nicht einmal das Alter zerstören kann, und sie scheinen am nächsten der wahren Weisheit zu kommen.

Cicero, De Senectute, 45 v. Chr.

Ich sehe im Küchengarten eine sehr wichtige Sache, da Kräuter, Salate und die verschiedenen Wurzeln im Haushalt sehr nützlich sind. Wenn genug davon da ist, wird die Familie nicht so leicht dem Fehler verfallen, der in diesem Land so häufig ist, nämlich mehr Fleisch zu essen, als der Gesundheit zuträglich ist. Bauern und andere sollten ihren Küchengarten haben: Auch sollten sie sich nicht über die Arbeit beklagen, derer er bedarf, sie kann in Zeiten verrichtet werden, die sonst nur eitel verschwendet würden.

Samule Deane, The New England Farmer, 1790

Ich habe oft gedacht, dass, wenn der Himmel mir zur Auswahl stellte, wo und als was ich leben möchte, ich mir einen Ort aussuchen würde mit gutem Boden, gut gewässert und nahe einem Markt für die Gartenprodukte. Keine Beschäftigung erfüllt mich so, wie die Erde zu kultivieren, und keine Kultur ist vergleichbar mit der eines Gartens. Solch eine Verschiedenheit der Tätigkeiten, etwas erreicht immer gerade Vollendung, der Misserfolg der einen Sache wird aufgehoben durch den Erfolg einer anderen, und statt einer Ernte wird das ganze Jahr über geerntet. Auch wenn niemand anders etwas verlangen würde außer meiner Familie, wäre ich immer noch ein eifriger Gärtner.

Thomas Jefferson, Letter to Charles E. Peale, 1877

Alle Menschen, die sie erreichen können, essen Früchte, sodass die Wahl nur zwischen guten und schlechten besteht. Und bei allen Dingen, die in einem Garten wachsen, seien es Salate oder Gemüse, lebt ein armer Mann, der seinen eigenen Garten hat, besser als ein reicher Mann ohne diesen.

J. C. London, An Encyclopedia of Gardening, 1826

Unsere gute Erde

Vermonter Klima – Das Gefälle des Landes und Terrassen – Kompost – Ein Garten – Unsere Garten-Prinzipien – Das Gartenjahr verlängern – Gewächshaus – Himbeeren – Mulch – Erbsen

Der Grundstein unserer Ökonomie war die Versorgung mit Lebensmitteln. Da die Kosten für Lebensmittel der größte Einzelposten im Haushalt einer Familie mit geringem Einkommen sind, konnten wir Geld und die Notwendigkeit von Geldverdienen stark verringern, wenn wir den größten Teil unserer Lebensmittel anbauten, anstatt sie zu kaufen. War ein solches Projekt auf dem schlechten Boden eines Hochtals in Vermont überhaupt denkbar? Unser Interesse an selbst angebauten Lebensmitteln führte zu vielem Nachdenken, zu vielen Ratschlägen von den Nachbarn und zu einigen Experimenten, in deren Verlauf wir uns entschieden, ein recht ausgedehntes Gartenprojekt zu beginnen. Diese Entscheidung konfrontierte uns mit drei Tatsachen: dem Vermonter Klima, dem Gefälle des Landes und der erschöpften Erde.

Unser größtes Problem war das Klima, nicht der Boden. Irgendjemand hat das Vermonter Klima einmal so beschrieben: elf Monate Winter und dreißig Tage verdammt kaltes Wetter. Unsere Erfahrung zeigt, dass der Urheber dieses Spruches nicht sehr weit von der Wahrheit entfernt lag. »Der Frühling besucht diese Gegend nicht so frühe – der Sommer bringet nur eine recht gemäßigte Wärme.«[1]

Wir lebten 600 Meter über dem Meer, umgeben von Bergen in einem Tal, in dem etwa fünfundachtzig Tage im Jahr frostfrei waren. 1947 wurden Bohnen, Tomaten und Melonen sowohl im Juni, im Juli als auch im August durch Fröste geschädigt. Mit anderen Worten war in diesem Jahr kein Monat frostfrei. Einmal waren unsere Apfelbäume mit Blüten überladen, und dann fielen am 22. Mai fast 30 Zentimeter Schnee, wodurch die Blüten zerstört wurden und die Zweige abbrachen. Diesem Schneefall im Mai folgte ein harter Frost. In anderen Jahren drehte Ende Mai die Wetterfahne nach einem schweren Regen nach Norden, und wir konnten zuschauen, wie das Thermometer innerhalb weniger Stunden um 10 °C fiel und die ganze Nacht unter Null blieb. Dadurch wurden Früchte, Blüten, Setzlinge und sogar die jungen Blätter an den Bäumen vernichtet. In manchen Jahren hatten wir am 5. Juni den letzten harten Frost, und am

25. August war dann ein ganzes Kartoffelfeld, das gestern noch grün und stark erschien, komplett erfroren. Im harten Winter 1938 verlor ein benachbarter Bauer, der Obstbäume pflanzte, 196 von 200 Apfelbäumen. Es waren starke, gesunde Bäume, die fünfunddreißig Jahre und älter waren. All dies bedeutete, dass wir das ganze Jahr über auf Frost eingestellt sein mussten. Konnte ein vegetarischer Haushalt das schaffen? Nach zwanzig Jahren Erfahrung können wir dies bestätigen.

Wir kannten die klimatischen Begrenzungen. Wenn wir vorsichtig und sorgfältig waren, konnten auch empfindliche Pflanzen wie Melonen und Tomaten wachsen und reifen. Wetterhärtere Pflanzen wie Kartoffeln, Rüben und Karotten würden sicher überleben. Apfelbäume konnten die meisten Winter überstehen. Pflaumen und Birnen würden häufiger erfrieren. Kirschen und Pfirsiche waren ein Ding der Unmöglichkeit. Die Bäume, die das Wetter aushalten konnten, würden wahrscheinlich in zwei von fünf Jahren tragen, die anderen drei Jahre würde der Frost die Blüten knicken. Bei Nüssen konnten wir uns nur auf Bucheckern und Haselnüsse verlassen, und von ihnen war nur alle drei Jahre eine Ernte zu erwarten.

Unsere Lebensmittelproduktion, falls wir eine solche anstrebten, würde sich auf eine kurze Periode im Jahr beschränken, und selbst in dieser Zeit mussten wir sorgfältig auf Art und Sorte achten.

Wir waren in einer Gegend, in der früher Indianer lebten, aber in der Nachbarschaft fanden sich nur wenig Speerspitzen oder Steinäxte. Warum? Die Indianer hatten hier gejagt und gefischt, aber in den niedriger liegenden Gebieten gesiedelt. Ihre Heimat war Connecticut, nicht Vermont. In diesen frostgeplagten Hügeln war es selbst den Indianern zu kalt. Wir wussten aber, dass hier die alten Siedler gelebt, das Klima ertragen und große Familien aufgezogen hatten und zufrieden waren. Wenn Bauern hier mehr als hundert Jahre gelebt hatten, konnten auch wir dies zumindest versuchen. Aber wir waren gewarnt. Wir mussten aufpassen oder wir würden unser letztes Hemd verlieren.

Mit ihren Ratschlägen ersparten uns die Nachbarn eine Menge Ärger und Zeit. 1792 riet Arthur Young einem Neuling beim Farmern: »Schau über deine Hecken und beobachte, was dein Nachbar anbaut. Wandere über das Land und vergleiche das, was du hörst, mit dem, was du siehst. Es ist wichtig, mit einem oder zwei vernünftigen Farmern befreundet zu sein, die sich keinen Spaß daraus machen, dich in die Irre zu führen. Aber Freunde sind überall zu finden.«[2] Wir hatten solche freundlichen Nachbarn. Jack Lightfoot lebte seit fünfunddreißig

Jahren in diesem Tal. Floyd Hurd, hier geboren, war zum Teil indianischer Abstammung und konnte einen kommenden Frost riechen. Sie vermittelten uns ihre Erfahrungen. Dann warnten oder bestärkten sie uns in jedem Frühling, wenn die Zeit zum Säen und Pflanzen kam. Im Herbst hielten sie Ausschau nach Frost wie der Bergsteiger nach Lawinen.

Der Küchengarten war auf einer Höhe mit dem Haus, aber auf den Rat unserer Freunde hin legten wir auch einen Garten 100 Meter höher an, auf einer Seite des Pinnacle Mountain. (Kalte Luft drängt aus der Höhe in die Täler. Ein früher Frost, der im Tal alle Pflanzen erfrieren lässt, kann Pflanzen, die nur 50 oder 100 Meter höher liegen, völlig unberührt lassen, besonders wenn die kalte Luft normal ins Tal fließt, es dort also keine »Taschen« gibt, in denen sie stehen bleiben kann.) Diesen Garten nannten wir unsere »Versicherung«. Dort legten wir ein Spargelbeet und ein Himbeergebüsch an, ernteten Mais, Bohnen, Kürbisse und Zucchini, Rüben, Tomaten, all unsere Kohlarten und den größten Teil an Erbsen und Duftwicken. Im Vergleich über mehrere Jahre stellte sich heraus, dass der obere Garten mindestens drei Wochen länger frostfrei war als der Garten am Haus.

Das Land in den engen Tälern von Vermont ist steil. Unten in den Tälern sind ebene Flächen, aber gewöhnlich sind diese Stellen sumpfig oder aber im Frühjahr so feucht, dass es einige Wochen dauert, bis sie trocken genug sind, um bearbeitet werden zu können.

Die meisten Vermonter lösen dieses Problem, indem sie ihre Gärten an den Hängen bauen. Alle drei Jahre graben sie ein neues Stück Land um, bearbeiten es solange, wie die Erde zusammengehalten wird, und wenn die Oberfläche ausgewaschen ist, säen sie Gras oder Getreide und legen den Garten woanders an. Als wir darüber sprachen, unseren Garten zu terrassieren, sagten unsere Nachbarn: »Das ist unmöglich! Die Gärten hier sind nur für drei oder vier Jahre gut. Sobald ihr eure Terrassen angelegt habt, müsst ihr schon wieder ein neues Stück Land umbrechen.«

Wir hörten zu. Aber auf den Philippinen, in Europa und in Asien hatten wir Terrassen gesehen, auf denen die Menschen schon seit Hunderten, manchmal schon seit Tausenden von Jahren Gärten angelegt hatten. Wenn dies in Japan, Deutschland oder China ging, warum dann nicht in Vermont? Während unsere Nachbarn weiterhin ihre Gärten immer wieder neu anlegten, behielten wir den Garten Jahr für Jahr bei. Hatte das Land eine größere Steigung als 2 oder 3 Prozent, bauten wir Terrassen. Mit losen Steinen begannen wir. Als wir merkten, dass Unkraut und Gras nur sehr schwer von diesen Steinbänken zu entfernen sind, arbeiteten wir auch dort mit Stein und Beton. Mulch und im Herbst gesäter Roggen halfen, die Erosion des Bodens zu vermindern. Die Gärten wurden angelegt, indem wir alle erreichbare Muttererde dorthin karrten und die Fruchtbarkeit durch dauerndes Kompostieren erhöhten. So reicherten wir die Erde mit Nährstoffen an, anstatt sie zu erschöpfen.

Die Böden im Osten der USA werden zum Teil seit vierhundert Jahren bearbeitet. In Vermont sind es maximal zweihundert Jahre. Die Bauern, die vor uns im Tal waren, hatten das Gras umgebrochen, während der Wachstumsperiode geerntet und das Land so der Gnade plötzlicher Regengüsse und Dauerregen, der Schneeschmelze und den Winden überlassen. Als Folge davon war ein großer Teil des Mutterbodens ausgewaschen worden und durch den West River und den Connecticut ins Meer geschwemmt worden. Der verbliebene Mutterboden war erschöpft. Jahr für Jahr wurden Mineralstoffe verbraucht, ohne sie wieder zuzuführen, so lange, bis gerade noch etwas Gras oder die anspruchsloseren Vegetationsformen dort wuchsen.

Wer einen Garten haben will, muss sich vor Augen halten, dass die Vegetation den größten Teil der benötigten Stoffe aus der Muttererde entnimmt, dem Teil des Bodens, der an der Oberfläche liegt und von Leben überquillt. Humus lebt, er enthält große Mengen an organischer Materie, Überreste von Pflanzen und Tieren – Blätter, Zweige, Gras, Mist, Kadaver. Darin lebt eine unvorstellbare Anzahl an Mikroorganismen, die organische Substanzen in Pflanzennahrung verwandeln. Auch leben in ihr Regenwürmer, die das Land bearbeiten, indem sie Teile davon durch ihren Körper schleusen, dabei bestimmte Stoffe entziehen, von denen sie leben, den Rest ausscheiden und so das Land stark bereichern. Sir Albert Howard schreibt: »Die Ausscheidungen der Regenwürmer enthalten fünfmal so viel Stickstoff, siebenmal so viel verfügbaren Phosphor und elfmal so viel verfügbares Kalium wie die oberen 15 Zentimeter des Bodens. Etwa 25 Tonnen Regenwurmexkremente werden jedes Jahr pro Morgen vernünftig behandeltes Ackerland ausgeschieden.«[3] Diese Ausscheidungen »sind direkt für die Pflanze verwendbar«.[4] Regenwürmer belüften und entwässern das Land genauso wie sie Abfall in maßgeschneiderte Nahrungsmittel verwandeln. Außerdem wimmelt der Boden von Insekten und Nagetieren. Je reicher der Mutterboden an organischer Materie ist, desto belebter ist er (solange er nicht mit Kunstdünger überladen oder mit Pestiziden vergiftet wird) und ist darum umso besser zu verwenden.

Gesunde Ernten kann man nur von gesundem Boden erwarten. Wenn notwendige Stoffe wie Jod oder Bor fehlen, werden sowohl die Pflanzen als auch die Tiere, die diese Pflanzen fressen, unter ähnlichen Mangelkrankheiten leiden. Östliche Völker, zum Beispiel das chinesische oder koreanische, bebauen das Land in manchen Gegenden schon seit Tausenden von Jahren. Aber sie waren so vernünftig und führten dem Boden alles, was aus ihm kam, auch wieder zu – Pflanzen, Mist und menschliche Ausscheidungen. Die westlichen Völker tun das nicht. Sie werfen große Mengen städtischer Abfälle – auch die menschlichen Ausscheidungen – in die Flüsse und ins Meer, oder sie verbrennen sie. Sie geben die Zusammenarbeit mit Tieren auf und greifen zur Maschine, wodurch sie den Zufluss an tierischem Dünger vermindern. Trotzdem ernten sie und versuchen, das Defizit durch Kunstdünger auszugleichen. Dieser enthält aber nur einen Teil der Elemente, die dem Boden durch die Ernte genommen werden. Aufgrund der weitflächigen und offenen Anbauweise sind Regen und Wind in der Lage, die Oberfläche abzutragen und damit die Fruchtbarkeit zu verringern. Auf einem solchen ausgebeuteten Boden kann keine gesunde Nahrung wachsen.

Mutterboden braucht viele Jahrhunderte für seinen Aufbau. Finden kann man ihn am Grund der Wälder und in Sümpfen. Er setzt sich zusammen aus verrottender Vegetation, dem Mist der Regenwürmer sowie den Ausscheidungen und den Körpern von Insekten, Vögeln und anderen Tieren. In den Wäldern Nordamerikas dauert es zwischen hundertfünfzig und fünfhundert Jahre, bis 1 Zentimeter Mutterboden entsteht. Sein Hauptbestandteil ist zerfallene organische Materie. Der Hauptfaktor in der Umwandlung ist die ungeheure Menge an Kleinstlebewesen, die in der oberen Schicht der Erde leben und ein Teil von ihr sind. Vielleicht sollte man an dieser Stelle noch erwähnen, dass Wald aus vielen verschiedenen Bäumen, Büschen und kleineren Pflanzen besteht. Seine Zusammensetzung wird bestimmt durch Klima, Höhe über dem Meer, Bedeckung und Zusammensetzung des Bodens. Letztere wird ständig durch den Bedarf der wachsenden Pflanzen verändert. Ahorn braucht beispielsweise viel Kalzium. Wenn Ahornbäume den Kalziumgehalt des Bodens erschöpft haben, bietet der Boden anderen Ahornbäumen nicht mehr genug Nahrung, sodass sich andere Arten ansiedeln, zum Beispiel Fichten. Als Folge davon wird der Laubwald durch einen immergrünen Wald ersetzt. Diese Veränderung konnten wir in Gegenden, in denen Ahorn wächst, immer wieder beobachten.

Die Böden, die man in Wäldern findet, unterscheiden sich durch ihren Gehalt an Mineralien und dadurch auch in seiner Fähigkeit, verschiedene Pflanzen zu

Helen umgeben von Werkzeug zum Holzmachen im Frühjahr 1934

ernähren. Die Mischung fängt mit dem Zufall der örtlichen Gegebenheiten an. Diese ergeben ein Mehr oder Weniger an bestimmten notwendigen Mineralien. Daher ist es nicht genug, einfach den Waldboden wiederherzustellen. Jeder Typ an Vegetation braucht seine eigene Bodenmischung.

Müssen wir nun unseren Boden dem Wald überlassen und ein paar Jahrtausende warten, bis er wieder gesund geworden ist? Sicher nicht. Wir können mit Kompost einen gesunden, lebenden, ausbalancierten Mutterboden aufbauen. Kompost ist eine Mischung aus Boden und organischen Stoffen, die ausreichend zerfallen sind, um den Pflanzen Nahrung sein zu können. Von Menschen gemachter Kompost kann vom Anfang bis zum Ende unter Kontrolle gehalten werden. Bodentests zeigen, was fehlt. Diese Defizite sind auszugleichen. Das richtige Gleichgewicht des Bodens kann erreicht werden, indem man dem Kompost die richtigen Teile zuführt. Boden kann mit einer Genauigkeit, die an die Herstellung von Legierungen erinnert, aufgebaut und abgebaut werden. Man muss die Fakten lernen und die richtigen Prozesse anwenden.

Landwirtschaftliche Versuchsanstalten, die oft staatlichen landwirtschaftlichen Universitäten angegliedert sind, helfen zukünftigen Bauern durch Bodenanalysen. Aus diesen Analysen geht hervor, welche Mineralien in den Erdproben enthalten sind. Sie zeigen, welche Stoffe fehlen, welche in genügender Menge und welche im Überfluss vorhanden sind. Mit diesem Wissen kann man dem eigenen Kompost dann die Mineralien zuführen, die der Boden braucht.

Für unsere Experimente mit Kompost nahmen wir hauptsächlich Mist. Später änderten wir dies und nahmen dafür Produkte der Vegetation, aus denen auch der natürliche Humus in den Wäldern besteht.

Diese pflanzlichen Beigaben unterstützten wir durch gemahlenen Kalkstein, gemahlenes Phosphatgestein und Kaligestein, gemahlenen Marmor oder Kolloid-Erde. All diese natürlichen Erden enthalten eine ganze Reihe verschiedener Mineralien, die notwendig sind, um das Gleichgewicht des Bodens, der für Wachstum, Vitalität und Gesundheit des Lebens so wichtig ist, wiederherzustellen. Da es unserem Boden an Nitrat mangelte, verwendeten wir auch gemahlene Baumwollsamen, Leinsamen, Alfalfasamen oder Sojabohnen. Die Ergebnisse waren besser, als wir in unseren kühnsten Träumen erwartet hatten. In dem Garten, der nicht mal einen Drittel Morgen groß war, wuchs genug Nahrung, um ein halbes Dutzend Menschen mit fast allem bis auf Getreide zu versorgen.

Unsere Art der Kompostierung folgte den Regeln, die durch Sir Albert Howard[5,6], Ehrenfried Pfeiffer[7,8], Eve Balfour[9] und J. L Rodale[10,11] aufgestellt wurden. Ein bisschen veränderten wir diese Regeln, um unseren speziellen Gegebenheiten gerecht zu werden.

Unsere Komposthaufen waren etwa 2,50 × 2,50 Meter groß. Für eine kleine Familie schlagen wir 1,80 Meter oder sogar nur 1 Meter im Quadrat vor. Wichtig ist, dass die Haufen klein genug sind, damit ein Haufen mit dem verfügbaren Grundmaterial in zwei bis drei Wochen fertig aufgebaut ist. Einige englische Kompostfachleute empfehlen sogar 60 × 60 Zentimeter große Haufen für kleine Familien oder Einzelpersonen. Aber je kleiner die Haufen sind, desto geringer ist ihre Fähigkeit, innere Hitze zu erzeugen. Diese innere Hitze ist sowohl für die Zerstörung von Unkrautsamen und Sporen wichtig als auch für die schnelle Zersetzung der organischen Substanzen.

Für unseren Kompost suchten wir uns einen schattigen Fleck, der gut entwässert wurde, stachen die Grassoden ab und legten sie zur Seite. Dann schaufelten wir 10 bis 15 Zentimeter des Mutterbodens auf die andere Seite. In dieses Loch legten wir grobe Pflanzenreste wie Erbsenkraut, Maisspindeln, Heu, Stroh und Kohlstrünke. Wenn das Material, das für den Kompost gedacht ist, einen Tag in der Sonne liegen gelassen wird, ist das von Vorteil, da es mürber wird. Frisch geschnittenes Grün, das direkt auf den Kompost kommt, wird häufig sauer und verzögert den Kompostierungsprozess.

Die Materialien, die für Kompost verwendet werden, sind meist schmutzig und so zerbrochen, dass sie nicht leicht zu einem einigermaßen ordentlichen Haufen zusammengebracht werden können. Deshalb ist eine Tonne oder ein Gestell von Vorteil, wenn nicht sogar notwendig. Nach einigen Experimenten bauten wir eine Art Holzbehälter aus Stangen, die einen Durchmesser von 5 bis 8 Zentimeter hatten. Die Stangen schnitten wir aus minderwertigen Hölzern wie Pappeln oder Birken. Während unserer Holzerntezeit achteten wir darauf, alle verwendbaren geraden Hölzer zu Kompoststangen zu verarbeiten und sie in der Nähe des Komposthaufens zu stapeln. Wir begannen unseren Komposthaufen mit 12 Zentimeter starken Stangen, die wir rings um das quadratische Loch legten, mit überlappenden Enden. Wenn dann Materialien hinzugefügt wurden, legten wir Stangen auf die ersten vier, wieder an den Enden überlappend. Das ging so lange, bis der Haufen etwa 1,50 Meter hoch war.

Auf die erste Lage Kompostmaterial (also etwa auf Bodenniveau) legten wir ein Belüftungssystem, das aus drei oder vier zusammengebundenen, etwa 2,5 Meter langen Stangen bestand, die horizontal über das Zentrum des Haufens gelegt wurden, die Enden auf den Stangen der Kompostumrandung. Mit einem Stock machten wir zwei Löcher entlang der Stangen in das Kompostmaterial (dabei teilten wir die Länge in drei gleiche Teile) und steckten in diese Löcher je ein senkrechtes Bündel, das aus drei oder vier kleineren Stangen von 1,50 bis 1,80 Meter Länge bestand. Dies alles verbanden wir mit Draht. Während der Haufen wuchs, konnte auf diese Weise Luft entlang der horizontalen Bündel einströmen und an den vertikalen Stäben aufsteigen. Komposthaufen, die kleiner als 1,80 × 1,80 Meter sind, brauchen nur eine senkrechte Belüftung in der Mitte des Haufens.

Komposthaufen werden mit den gerade vorhandenen Materialien gebaut. Diese sind je nach Jahreszeit und Gegend unterschiedlich. In Vermont hatten wir in der Nähe eines jeden Komposthaufens ein kleines Lager mit Stroh oder Heu, eine Krippe mit Herbstlaub, eine Tonne mit Sägemehl, einen Haufen mit Grassoden und einen mit Mutterboden. Diese Materialien konnte man üblicherweise umsonst haben, wenn man sie sich holte. Immer, wenn wir etwas davon bekommen konnten, holten wir es und kippten es in die Behälter. Weil es Heu und Herbstlaub nur einmal im Jahr im Überfluss gab, wollten wir auf diese Weise genug für den Rest des Jahres lagern.

Jeder Tag brachte Abfall vom Haus, Unkraut und Reste aus dem Garten, Gras und Abschnitte vom Blumenbeet. Wir nahmen alles an organischen Stoffen, was wir bekommen konnten, aber niemals Papier. Diese Stoffe kamen auf den Haufen, bis dieser 10 bis 20 Zentimeter hoch war. Da die Organismen, die den Kompost verarbeiten, im Mutterboden leben, streuten wir dann eine dünne Lage Erde darauf. Als Nächstes kam eine Schicht gemahlener Phosphatstein, gefolgt von einer dünnen Lage Herbstlaub vom Lager, das wir für diesen Zweck angelegt hatten. Dann eine Schicht Boden und darauf gemahlenes Kaligestein. Nun noch eine Lage Heu oder Stroh, dann eine Schicht Sägemehl, ein wenig Erde, Baumwollsamenmehl oder anderes Mehl und als Letztes eine dünne Schicht Grassoden, zerbröselt und von unten nach oben gekehrt, vermischt mit gemahlenem Kalkstein. Das war die Reihenfolge. Danach fingen wir von vorn an, so lange, bis der Berg brusthoch oder kinnhoch war. Während der Haufen wuchs, zäunten wir ihn mit den Stangen ein. War der Haufen fertig, wurde er mit umgedrehten Grassoden und einer dicken Schicht Heu bedeckt, um den Unkrautwuchs zu verhindern, die Feuchtigkeit zu halten und das direkte Sonnenlicht abzuwehren.

Es ist besser, den Haufen über eine längere Zeit zu bauen. Häuft man ihn an einem oder zwei Tagen an, sinkt er zu stark in sich zusammen. Auch sollte er feucht, nicht nass sein. In einer trockenen Zeit heißt das, dass man ihn gießen muss. Ist der Kompost richtig gebaut, heizt er sich innerhalb weniger Tage nach Fertigstellung auf, beschleunigt so den Abbau der organischen Substanzen und zerstört die Unkrautsamen. Würde der Kompost nicht warm werden, würden die Unkrautsamen überleben und wieder in den Garten zurückgebracht werden.

Sobald der Kompost ein bisschen abgekühlt ist, kann man Regenwürmer oder Regenwurmeier hineinsetzen. Ist der Haufen feucht genug, werden die Würmer ihn durcharbeiten und auf ihrem Weg die organischen Substanzen weiter abbauen. Sind keine Würmer zur Hand, kann der Haufen auch mit Harke oder Schaufel an einen neuen Platz umgesetzt werden. Gewöhnlich fügten wir dem fertigen Haufen noch ein bisschen Kräuteraktivator zu, der die Kompostierungsprozesse beschleunigt.

Aktivatoren sollen die Arbeit der Bakterien erleichtern, Regenwürmer anziehen und den Abbau beschleunigen. Normalerweise wird eine kleine Menge davon im Wasser aufgelöst und auf die verschiedenen Schichten gesprenkelt oder in Löcher im Haufen gegossen. Nachdem wir Kompost mit und ohne Aktivatoren gemacht haben, glauben wir, dass sie die Kompostierung wirklich beschleunigen, dass man aber, wenn es keine Eile hat, auch guten Kompost ohne sie bekommt.

Wenn der Haufen feucht gehalten wird und es draußen warm ist, kann man den Kompost nach zwei bis drei Monaten verwenden. Im Laufe dieser Zeit sind die verschiedensten Materialien zu einer schweren, süßlich riechenden Erde geworden, die starke Ähnlichkeit mit dem schwarzen Boden hat, den man im Wald findet. Aber der Haufen ist besser verrottet, wenn man länger wartet. Einige biologisch wirtschaftende Gärtner empfehlen, den Kompost bis zu drei Jahre reifen zu lassen.

Guter Kompost kann, genau wie im Wald, ohne Umsetzen und ohne Zusätze wie Phosphatgestein, Kaligestein, Mehle und Kalk, Aktivatoren oder Würmer hergestellt werden. Allerdings helfen diese Zusätze dabei, den Abbauprozess zu beschleunigen. Auf unserem erschöpften und entmineralisierten Boden half der Zusatz bestimmter Mineralien, die fehlten, den Boden wieder aufzubauen.

Jahrelang haben wir in unserem Garten nichts verwendet außer Kompost. Wir ernährten den Boden mit lebendiger Nahrung, nicht mit toten, abgestorbenen oder künstlichen Düngern. Die Ernten waren von guter Qualität, fielen reichlich aus, hatten satte Farben und schmeckten gut. Jahr für Jahr vermehrten wir sowohl den Mutterboden als auch die Fruchtbarkeit und Produktivität.

Unser Garten lag so, dass die Pflanzreihen von Nord nach Süd gingen, um viel Sonnenlicht zwischen die Pflanzen zu lassen. Jede Reihe wurde mit einem nummerierten Stock markiert. In unseren früheren Gartenexperimenten waren diese Stöcke aus gesägtem Holz, die Köpfe lackiert, bevor wir sie mit Nummern versahen. Später verwendeten wir 40 Zentimeter lange und etwa 2 Zentimeter starke Teile von Ahorn oder Eichenschösslinge, die an einem Ende mit der Axt angespitzt und am anderen Ende mit der Axt etwas abgeflacht wurden, damit man Nummern darauf schreiben konnte. Wenn möglich, ließen wir die Stöcke ein Jahr lang trocknen, bevor wir sie in den Garten steckten. Wenn dann im Herbst der Garten abgeräumt wurde, zogen wir die Stöcke aus der Erde, schüttelten den Schmutz ab und lagerten sie an einem trockenen Ort über den Winter. Auf diese Weise hielten sie einige Jahre. Tomatenstöcke und Bohnenstangen wurden aus geraden Trieben geschnitten und genauso behandelt.

Oberhalb jedes Gartens lag ein Wassertank, von dem aus Rohre in den Garten liefen. Im Garten selbst wurde das Wasser in Schläuche verteilt, die zu Bewässerungsgräben zwischen den Reihen führten. Wir bewässerten nicht regelmäßig, sondern nur, wenn der Garten zu trocken wurde. In einigen Jahren gossen wir überhaupt nicht, aber wir hatten das Wasser für den Notfall da. Zum Verpflanzen allerdings war das Wasser äußerst wertvoll.

Für die Gartenplanung verwendeten wir einige einfache Techniken, die Garten, Pläne und Arbeit in Ordnung hielten. Wir hatten ein Ringbuch mit der Aufschrift »Gartenbuch«, in das alle Informationen und wichtige Dinge, die den Garten betrafen, eingetragen wurden. Ein Teil des Buches bestand aus Gartenplänen, zu denen eine Zeichnung des Gartens für zwei Jahre mit sämtlichen Fruchtfolgen und Mischkulturen gehörte sowie ein detaillierter Plan, der den Garten Stück für Stück, Beet für Beet, Reihe für Reihe wiedergab. Die Einträge in das Gartenbuch, versehen mit einer dazugehörigen Nummerierung, zeigten die Pflanztermine, die Art und die Herkunft der Samen, die Behandlungsmethoden und die Ergebnisse. Auch die Komposthaufen wurden nummeriert, und in einem anderen Teil des Gartenbuches führten wir Buch über jeden einzelnen Haufen. Diese Aufzeichnungen ermöglichten uns, die verschiedenen Gartentechniken und Samenlieferanten auf Wirksamkeit und Ergebnisse zu prüfen. Sie informierten uns auch darüber, welcher Kompost mit Kalk gemacht worden war, denn dieser ist schlecht für Kartoffeln und Beeren. Jahr für Jahr wurden solche Notizen vermerkt und nach Beendigung im hinteren Teil des Buches abgeheftet. Indem wir darauf zurückgriffen, konnten wir unser Gedächtnis auffrischen, wenn wir das nächste Jahr planten.

Im späten Winter oder zeitig im Frühjahr planten wir den Garten und bestellten das Saatgut. Änderungen im Plan ergaben sich durch Launen des Wetters oder andere unerwartete Ereignisse. Aber immer hatten wir im Hintergrund einen Plan auf Papier, den wir im Garten zu entwickeln versuchten. Diese Art des »Erst denken, dann handeln« bewirkt, dass der Garten weniger den Zufällen unterworfen ist. Es macht das Gärtnern interessanter, befriedigender und ertragreicher. Die Prinzipien, nach denen wir in unserem Garten vorgingen, waren folgende: 1) Wir wollten zwölf Monate im Jahr von einem Garten leben, der sich nur drei Monate frostfreien Wetters erfreuen durfte. 2) Wir wollten frische, nicht verarbeitete Gartenprodukte essen. 3) Wir brauchten eine breite Palette von Gartenprodukten, um eine ausgewogene Diät zu ermöglichen. 4) Einkochen und Konservieren sollten auf ein Minimum reduziert werden. Im Laufe der Jahre konnten wir alle diese Vorstellungen verwirklichen.

Das schwierigste dieser Ziele war das erste – zwölf Monate Frisches aus dem Garten. Wir gingen dieses Problem von zwei Seiten an. Die erste war, mit der Jahreszeit zu essen. Es ist extravagant und unverantwortlich, jeden Monat Erdbeeren und Erbsen zu essen, wenn man in einer kalten Klimazone lebt. Wer das tut, ignoriert den Lauf des Jahres. Diejenigen, die diese Abfolge verletzen oder umgehen, sind wie Kinder, die eine Klasse übersprungen haben und den Rest ihres Lebens das Gefühl haben, etwas verpasst zu haben.

Nur selten kauften wir etwas außerhalb seiner Saison wie Erdbeeren, Spargel oder Zuckermais. Stattdessen genossen wir alles, was vom Garten kam. Zeitig im Frühjahr begannen wir mit Pastinaken, dem Ersten, was unser Garten hervorbrachte. Sobald der Schnee verschwunden war, gruben wir sie aus, und drei Wochen bestand je eine Mahlzeit am Tag aus Pastinaken. Während dieser Zeit lieferten sie uns einen großen Teil der benötigten Kohlenhydrate. Mit Pastinaken kamen auch Schwarzwurzeln, Sellerie, Wurzelpetersilie, Winterlauch und Frisée. Danach folgten sechs Wochen mit Spargel, begleitet von Löwenzahn, Schnittlauch und einer Schalottensorte mit mehreren Tochterzwiebeln. Bevor die Spargelzeit vorüber war, hatten wir mit Spinat, Radieschen, Braunem Senf, Gartenkresse und frühem Salat angefangen. Danach kamen Erbsen, Rote Bete, Salat, grüne Bohnen und Zucchini. Auf dem Höhepunkt ernteten wir dann Mais, Tomaten, Brokkoli, Blumenkohl und Sellerie. Im Herbst wandten wir uns den Kohlarten, Kürbissen, Winterendivien, Karotten, Chinakohl, Herbstrettichen, Spinat, Rüben und Steckrüben zu und aßen auch Kartoffeln und Trockenbohnen. Wir züchteten Erdbeeren, Himbeeren und Blaubeeren und aßen sie auch zu ihrer Zeit. Diese Beeren und die Virginische Traubenkirsche wuchsen wild im Überfluss. Andere Früchte waren Birnen, Pflaumen und Äpfel.

Nach dem Schneefall, wenn der Garten weiß und gefroren war, lebten wir aus unseren Mieten und von dem eingelagerten Gemüse. Dort hatten wir Kohl, Kürbisse, Kartoffeln, Rote Bete, Karotten, Herbstrüben, Zwiebeln, Steckrüben, Knollensellerie, Wurzelpetersilie, Birnen und Äpfel. Die dauerhaftesten dieser Gemüse waren noch essbar, wenn der Schnee schmolz und wir wieder nach Pastinaken gruben.

Den ganzen zwölf Monate dauernden Zyklus über aßen wir Früchte und Gemüse in großer Vielfalt. Alles war gartenfrisch vom ersten Tauen im Februar bis zu den harten Frösten im Dezember. Den Rest der Zeit kam unsere Nahrung aus dem außerhalb des Hauses liegenden Gemüsekeller. Da wir den Jahreszeiten folgten, hatten wir eine abwechslungsreiche Nahrung und aßen alles zu seiner Zeit. Jede Frucht genossen wir zur rechten Zeit. Nie wurden wir einer überdrüssig, sondern warteten darauf, dass sie im nächsten Jahr wieder kommen würde. [12]

Die Gärten in unserer Nachbarschaft wurden meist im Mai bearbeitet. Schon im späten August oder frühen September wurden sie vernachlässigt, den Insekten überlassen und für das Jahr aufgegeben. Wenn der Frost zu uns kam, normalerweise im frühen September, war unser Küchengarten mit frostbeständigen Pflanzen bis an den Rand gefüllt. Wir sind davon überzeugt, dass unser Garten im Frühjahr und im späten Herbst viel wertvoller war als im Sommer.

Ein Garten im Frühjahr kann dadurch geschaffen werden, dass Kohl, Schnittlauch, spezielle Schalotten, Winterlauch, Löwenzahn, Petersilie und Frisée überwintert werden, und zwar so, dass, wenn die harten Fröste vorbei sind, der Schutz (Buschwerk, Mulch) entfernt wird und man der Sonne den Rest überlässt. Dies wird mit frischem Gemüse belohnt, bevor die Zeit zum Säen überhaupt gekommen ist. Eine andere Hilfe für den Garten im Frühjahr ist ein transportables Frühbeet, in das man frühe Radieschen, Salat, Kresse und Braunen Senf säen kann. Unter guten Bedingungen reifen Radieschen in drei bis vier Wochen heran. Sie sind robust und können durchaus einen Frost vertragen.

Der Garten im Herbst wächst aus dem Sommergarten. Um den ersten Juli entfernen wir Radieschen, Salat, frühe Rüben und Spinat aus dem Garten, verteilen ein paar Zentimeter Kompost, arbeiten ihn ein und säen Zwiebeln, Rote Bete, Winterendivien, Brokkoli, Chinakohl, Grünkohl und anderen Kohl. Etwas später sind dann Eichblattsalat, Römersalat, Wintersellerie, Spinat und schließlich Brauner Senf, Gartenkresse und Rettiche an der Reihe. Die letzte Aussaat findet im späten September oder im frühen Oktober statt.

Wenn unsere Gurken, Zucchini, Paprikapflanzen und Tomaten erfroren, ersetzten wir sie durch Salatpflanzen, Endivien, Brokkoli und Grünkohl und mit einer Aussaat von Braunem Senf, Kresse und Radieschen. Am ersten Oktober ist unser Garten noch produktiv und grüner, als er im August war, denn es ist ein Grün des Herbstes, ein Grün, welches man mit Herbstregen, den Frostnächten und warmen, feuchten Herbsttagen in Verbindung bringt. Insektenplagen haben das Land verlassen. Schützt man die Pflanzen mit etwas immergrünen Zweigen und ein bisschen Laubmulch, Heu oder Stroh, kann man ernten, bis der tiefe Schnee kommt. Wenn der erste Schnee noch nass ist, kann man gefrorene Winterendivien, Chinakohl, Grünkohl, Petersilie und Rosenkohl unter dem Schnee hervorholen. In keiner anderen Jahreszeit ist frisches Grün so gut.

Weiterhin verlängerten wir die Vegetationsperiode mit einem kleinen sonnenbeheizten Gewächshaus, in dem wir viele Pflanzen überwinterten und andere für das Frühjahr heranzogen. Die Südwand unseres Werkzeugschuppens war 6 Meter lang – gerade genug, um sechs Rahmen, 1 × 2 Meter groß, Platz zu bieten. Genau wie die anderen Gebäude war der Werkzeugschuppen aus Stein gebaut. Auf diese Weise hatten wir eine nach Süden gewandte Steinwand, gegen die wir eine Holz-Beton-Struktur bauten, welche die sechs Rahmen in einer halb aufrechten Position hielt. An milden, sonnigen Wintertagen stieg die Temperatur im Gewächshaus auf 40 °C, wenn wir nicht Fenster oder Tür öffneten. Und das ohne künstliche Heizung.

Der Platz war gedacht, um Sellerie, Tomaten, Salat und andere Setzlinge für den Garten heranzuziehen. In einem Oktober pflanzten wir Eichblattsalat in Reihen mit einem Abstand von 20 Zentimetern in das Gewächshaus. Diesen Salat hatten wir im September draußen gesät und dann Mitte Oktober in das Gewächshaus gesetzt. Aufgrund von frühem Frost war er abgehärtet. Bis zum 5. Januar aßen wir von diesem Salat und fühlten uns für unsere Anstrengungen reichlich belohnt. Wir hatten das »Winterloch« an frischem Gemüse fast überbrückt. Vorher hätten wir uns nicht träumen lassen, dass Salat so lange in einem Gewächshaus halten würde, ungeheizt und bei einer Außentemperatur von minus 17 °C.

Es gab noch mehr Überraschungen. Im nächsten Frühjahr fanden wir in einer Ecke des Gewächshauses einige Salatpflanzen, die beim Verpflanzen übrig geblieben waren. Sie waren kräftig und gesund. Oho, dachten wir, wenn es diesen Pflanzen in einer vernachlässigten Ecke des Gewächshauses gelingt, zu überleben, warum dann nicht auf einer der hinteren Bänke?

Im nächsten Herbst versuchten wir es. Wir nahmen 5 Zentimeter Erde von der hinteren Bank des Gewächshauses ab, ersetzten sie durch 5 Zentimeter Kompost, arbeiteten den Kompost leicht in den Boden ein und pflanzten dort 88 Salatköpfe aus dem Garten. Sie waren zu dieser Zeit etwa 5 Zentimeter hoch. Als die Pflanzen wuchsen, breiteten wir Blätter zwischen ihnen aus, um die Wurzeln vor Frost zu schützen. Wir verloren nur zwei der Pflanzen. Den Rest aßen wir den ganzen Winter hindurch bis zum nächsten Mai. Zweimal zeigte das Thermometer in diesem Winter minus 32 °C an.

Im nächsten Winter versuchten wir Simpson-Salat, diesmal ohne Mulch. Das gleiche Resultat: Salat bis zum Mai. Wir übernahmen auch Petersilienpflanzen und Schnittlauchpflanzen, die den Sommer über im Garten gewachsen waren. Auch hiermit waren wir erfolgreich. So fanden wir unsere »Grünquelle« für den Winter. Wäre das Gewächshaus groß genug gewesen, hätten wir dort sicher auch Braunen Senf, Kresse, Chicorée und Rübstiel anbauen können.

Einen großen Teil des Winters waren die Seiten und das Dach des Gewächshauses mit Schnee bedeckt. Wenn die Sonne am Eindringen gehindert wurde und die Temperatur draußen minus 30 °C war, fanden wir die Salatköpfe oft steif gefroren. Wurden sie unter solchen Bedingungen geschnitten, welkten sie sofort, wenn sie ins Haus gebracht wurden. Es half auch nichts, sie in kaltes Wasser zu werfen. Wenn wir aber warteten, bis die Sonne hereinkam, oder den Salat an einem wärmeren Tag schnitten, taute er von selbst auf und war wieder essbar.

Fast alles, was wir bisher über das Gärtnern geschrieben haben, drehte sich um Gemüse. Gleiches gilt aber auch für Blumen und Obst. Natürlich hat eine Blume, wie jedes Gemüse, ihre eigenen Bedürfnisse, und diese müssen befriedigt werden, wenn gute Ergebnisse erzielt werden sollen, die Grundlagen des Gartenbaus jedoch sind dieselben. Techniken, die helfen, den Mutterboden aufzubauen, haben eine gute Vegetation zur Folge, ob diese Vegetation nun aus Gemüse, Obst oder Blumen besteht. Blumen und Obst reagieren auf Kompost und Mulch genauso wie andere Pflanzen auch.

Ein Experiment mit roten Himbeeren möchten wir noch erwähnen, da es außergewöhnlich guten Erfolg hatte. Wir übernahmen das Hügelsystem. Alle 2 Meter setzten wir Stöcke, 5 Zentimeter stark und 2,5 Meter lang, und zwar in Reihen, die 2 Meter auseinanderlagen. Eine oder zwei Latham-Himbeeren pflanzten wir neben jeden Stock. Als sich diese Pflanzen entwickelten, schnitten wir die Triebe, die getragen hatten, im August oder September ab und ließen nur sechs oder sieben neue Triebe an jedem Stock stehen. Diese Triebe banden wir in Taillenhöhe am Stock fest. Im Frühjahr, bevor die Knospen kamen, gingen wir die Pflanzen durch und schnitten die schwächsten Triebe heraus. Die drei oder vier übrigen Schösslinge schnitten wir in Brusthöhe ab und banden sie an zwei oder drei Stellen an den Pfahl.

Danach standen wir vor dem Problem, das überall auftaucht, wo kleinere Obstsorten gezüchtet werden – Unkraut und Gras. Wenn diese zu hoch werden, ersticken sie die Beerenpflanzen. Wir entschieden uns, es mit einem starken Mulch zu probieren, um das Unkraut zu ersticken, und verteilten 15 Zentimeter hoch Sägemehl zwischen den Reihen. Das Ergebnis war überwältigend. Unkräuter verschwanden buchstäblich, mit Ausnahme einiger Wurzelunkräuter. Die meisten wiederkehrenden Unkräuter fangen im Sägemehl gar nicht erst an zu wachsen. So konnten die Beeren dick und groß werden. Auch Ungeziefer, gegen das Himbeeren normalerweise sehr anfällig sind, ärgerte uns nicht, obwohl wir die Pflanzen weder spritzten noch stäubten. Auch die Verluste durch Pilze hielten sich in Grenzen. Jeden Herbst streuten wir wieder unsere 15 Zentimeter Mehl aus, da im Laufe des Jahres dieser Mulch durch Regenwürmer, Sacken und

Helen bei der Himbeerernte

Verwittern auf etwa 3 Zentimeter Höhe reduziert wird. Im nächsten Jahr ist es noch stärker mit dem Boden verschmolzen. Nach achtzehn Jahren gleicher Behandlung, ohne Dünger oder Mist, war unser Himbeerfeld stark und kräftig, ohne Unkraut, absolut gesund und lag 5 Zentimeter höher als der restliche Garten. Wir hatten große, wunderbar farbige, ausgezeichnet schmeckende Beeren im Überfluss.

Unsere Experimente mit Mulch begannen mit den Himbeeren. Im Laufe der Jahre verwendeten wir aber Mulch auch bei anderen Pflanzen mit gleichem Erfolg.

Mulch ist Material, welches auf dem Boden verteilt wird, um Feuchtigkeit zurückzuhalten, den Unkrautwuchs zu stoppen, die Erde bei einigen Pflanzen kühl zu halten, Erosionen durch Wind und Wasser zu verhindern, Regenwürmer anzuziehen und dem Boden durch Abbau des Mulchs Nährstoffe und Humus hinzuzufügen. Mögliche Mulchmaterialien reichen von Steinen und Papier über Heu, Stroh und andere Pflanzenstängeln bis zu Blättern, Ästen, Holzstückchen, Holzspänen und Sägemehl.

Im unberührten Waldboden sehen wir das erfolgreichste Experiment im Mulchen. Jahr für Jahr werden dort Blätter, Äste, Baumstämme, Abfall und Körper von Tieren über den Boden verteilt. Blätter und Äste des einen Jahres werden mit anderen Abfällen verarbeitet und sind bald wieder Nahrung für die Wurzeln. So wird Jahr für Jahr die Unterseite des Mulches in Humus verwandelt und in den Waldboden integriert.

Nach jahrelanger Erfahrung mit verschiedenen Praktiken des Mulchens sind wir davon überzeugt, dass Mulchen eine unverzichtbare Ergänzung des Kompostierens ist. Im Laufe unserer Experimente haben wir bei unterschiedlichen Pflanzen viele Materialien zum Mulchen verwendet, mit jeweils anderen Ergebnissen. Sägemehl, besonders das von der Hemlocktanne, muss mit Überlegung verwendet werden, wir haben es bei Erdbeeren und Kartoffeln versucht, was schlechte Ergebnisse brachte. Pflanzen wie Mais, Bohnen und Tomaten ziehen es vor, wenn ihre Wurzeln durch die Sonne gewärmt werden. Unserer Ansicht nach ist es sehr fragwürdig, diese Pflanzen zu mulchen. Auf der anderen Seite lieben Erbsen und Kartoffeln kühlen Boden und gedeihen prächtig unter Mulch. Jahrelang haben wir unsere Kartoffeln unter einem dicken Heumulch gezogen und brauchten uns um Unkraut, Hacken, Insekten, Gift und ums Ausgraben zur Erntezeit kaum Sorgen zu machen, weil die Kartoffeln dicht unter dem Mulch lagen. Wenn man die Kartoffeln pflanzt, legt man sie auf die Erde, bedeckt sie mit Kompost und Mulch und legt immer wieder Mulch nach, wenn Regen, Regenwürmer und Wind die Mulchschicht auf weniger als 8 Zentimeter Dicke reduziert haben.

Eine unserer Spezialitäten war der Anbau von Duftwicken. Jedes Jahr strebten wir an, eine 15 Meter lange Doppelreihe anzubauen. Als wir in Vermont anfingen, gelang es uns nicht, erfolgreich Wicken zu ziehen. Der Samen keimte schlecht, und wenn die jungen Pflänzchen erschienen, wurden sie von Insekten geplagt. Die wenigen überlebenden waren krank. Blüten, die doch noch kamen, waren klein, hatten eine blasse Farbe und dufteten nur schwach.

Als dann aber der Mutterboden wieder aufgebaut war, änderte sich alles. Die jungen Pflanzen waren kräftig, und unter günstigen Bedingungen wurden sie so hoch, dass die Blüten nur mit einem Hocker oder einer Trittleiter gepflückt werden konnten. Ein paar Mal waren sie fast 2,5 Meter über dem Boden. Die Blütenstängel waren lang und viele trugen vier oder fünf Blüten, manche sogar sechs. Auch waren sie jetzt groß, hatten leuchtende Farben und dufteten gut. Diese Erfolge wiederholten wir Jahr für Jahr.

Unsere Anbaumethode war einfach. Sobald im Frühjahr der Boden bearbeitet werden konnte, streuten wir etwa 3 Zentimeter Kompost aufs Land und arbeiteten diesen leicht in den Boden ein. Zwei Rillen wurden gezogen, 7 bis 10 Zentimeter tief und 20 Zentimeter auseinander, in die wir die Wickensamen streuten. Dann füllten wir die Rillen mit Kompost und verdichteten den Boden, indem wir darauf umherliefen. Sobald die Keime zu sehen waren, steckten wir Äste dazwischen und packten 15 bis 20 Zentimeter hoch Heu um die Pflanzen und zwischen die Reihen. Im Laufe der Zeit, wenn die Wicken wuchsen, erneuerten wir den Mulch, damit er immer mindestens 15 Zentimeter dick war. Das Pflücken der Blüten erforderte viel Hin- und Herlaufen, der Mulch verdichtete sich dadurch.

Sobald die Triebe 70 bis 80 Zentimeter groß waren, fingen sie an, Blüten zu tragen. Sie blühten dann weiter, bis der erste schwere Frost kam. Unsere Blumen waren besser, sowohl in Bezug auf die Größe als auch farblich gesehen, als die Blumen aus professionellem Anbau. Einmal nahmen wir einen Korb voll Wicken auf eine Konferenz biologisch arbeitender Gärtner mit, die im September stattfand. Ein Experte, der auch auf der Konferenz gesprochen hatte, war überrascht darüber, dass wir solche Blumen hatten züchten und so spät im Jahr noch hatten ernten können. Er sagte uns: »Schickt doch mal ein paar Wicken an David Burpee. Seine Samenhandlung hat sich ihren Ruf durch Wicken erworben und früher auch große Mengen Wickensamen verkauft. Heute liegt diese Abteilung am Boden, da man sagt, dass Gärtner kein Glück mehr mit Wicken haben.« Wir schickten einige Blumen weg und erhielten einen freundlichen Dankesbrief.

Wicken wachsen solange, wie der Garten gut mit Humus versorgt ist. Erosion, Bodenermüdung und chemischer Dünger vermindern die Bodenfruchtbarkeit so stark, dass der Anbau von Wicken sehr schwierig oder gar unmöglich wird. Kompost, Mulch und die Hilfe der Regenwürmer hatten unseren erschöpften Boden so weit aufgebaut, dass er für schöne Blumen fruchtbar genug war.

Wie jeder andere Teil der Natur kann auch Mutterboden zerstört werden. Kehrt man diese Praktiken um und baut einen lebenden Boden auf, kommt auch die Vegetation zurück und wächst so, wie sie der Überlieferung nach im Garten Eden gewachsen ist. Es gibt ein altes Sprichwort: »Wir ernten, was wir gesät haben.« Dies wird nirgends so deutlich wie bei der Behandlung des Bodens.

Anmerkungen

1) Carew, Richard: The Survey of Cornwall. London: Iaggard 1602, S. 5

2) Young, Arthur: Rural Economy. Burlington, Vermont: Neale 1792, S. 102

3) Howard, Albert: Brief an die London Sunday Times, 27. Februar 1944

4) Billington, F. H.: Compost. London: Faber 1942, S. 75

5) Howard, Albert: Agricultural Testament. New York: Oxford University Press 1940

6) Howard, Albert: The Soil and Health. New York: Devin-Adair 1952

7) Pfeiffer, Ehrenfried: Bio-Dynamic Farming and Gardening. New York: Anthroposophic Press 1938

8) Pfeiffer, Ehrenfried: Soil Fertility, Renewal and Preservation. London: Faber 1949

9) Balfour, Eve: The Living Soil. London: Faber 1943

10) Rodale, J. I.: Pay Dirt. New York: Devin-Adair 1945

11) Rodale, J. I.: The Organic Front. Emmaus, Pennsylvania: Rodale Press 1949

12) Henry David Thoreau schrieb am 5. Dezember 1856 in seinem Tagebuch: »Ich mag es am liebsten, alles nur zu seiner Zeit zu essen und die restliche Zeit ganz ohne auszukommen.«

Gute Diät ist der vollkommene Weg zur Heilung, und sie ist es wert, beachtet zu werden. Ein König, der sich nicht beim Essen beherrschen kann, wird sein Reich kaum in Ruhe und Frieden beherrschen können.

Regimen Sanitatis Salernitatum, 11. Jahrhundert

Geh und sag ihnen, dass das, was du bringst, all ihren Reichtum übertrifft, da du ihnen Gesundheit bringst.

John Helme, The Englishman's Doctor 1608

Wenn du deinen Besitz und deine Lebensweise betrachtest, wirst du beichten und die Schuld dir selbst geben für diesen Schaden. Ich richte meine Rede nicht nur an die, die bereits krank sind, sondern eher an die, die ihre gute Gesundheit noch genießen, damit sie die notwendigen Maßnahmen ergreifen, um sie zu erhalten. Denn gute Gesundheit ist ein kostbares und teures Gut.

John Ghesel, The Rule of Health, 1631

Läge es in meiner Macht, würde ich die Welt, wenn schon nicht zu ihrer ursprünglichen Ernährung, dann doch zu einer gesünderen und gemäßigteren als ihrer heutigen zurückrufen.

John Evelyn, Acetaria, A Discourse of Sallets, 1699

Ich habe aus meinem zweijährigen Experiment gelernt, dass es unglaublich wenig Aufwand kosten würde, sich die notwendige Nahrung zu besorgen, selbst in unseren Breiten. Dass ein Mann von Nahrung leben kann, so einfach wie die der Tiere, und dabei Gesundheit und Kraft behalten würde.

Henry David Thoreau, Walden, 1854

Essen der Gesundheit wegen

Was ist Gesundheit? – Nährstoffe – Ganzheitliche Nahrung – Samen – Verarbeitete Nahrungsmittel – Profit mit Lebensmitteln – Die Mühlenindustrie – Lebensmittelvergiftung – Drogen – Fehlernährung und körperliche Degeneration – Ein persönliches und allgemeines Problem – Frische Nahrung das ganze Jahr – Lagerung von Lebensmitteln im Winter – Einkochen – Arten von Nahrung – Vegetarismus und Veganismus – Die Umrisse unserer Diät – Essen ohne Fleisch – Den »Fütterungsprozess« vereinfachen

Gesundheit ist eines der wichtigsten Elemente des guten Lebens. Je besser die Gesundheit ist, desto befriedigender und besser ist das Leben. Ein Lebensplan, ein Programm zum Häuserbauen und die Erzeugung gesunder Nahrung sind sinnlos, wenn dies für diejenigen, die planen, bauen und gärtnern, nicht gesund ist. Es ist eine Sache, mit dem Land qualitativ hochwertige Nahrung zu erzeugen. Eine andere Sache ist es, diese Nahrung in den menschlichen Organismus zu integrieren.

Als wir die Stadt und ihre Auswirkungen verließen, lagen wir gesundheitlich etwas über dem Durchschnitt. War es ein Muss, dass sich unsere Gesundheit durch den Umzug von New York nach Vermont verbesserte? Geografisch gesehen, nein. Die Statistiken zeigen keinen merklichen Unterschied zwischen der Gesundheit einer Person aus Vermont und einer aus New York. Auch bei unseren Beobachtungen in der Nachbarschaft kamen Magenkrankheiten, Herzleiden, Arthritis, Krebs, Kröpfe, Zahnverfall und geistige Schwächen zum Vorschein. Die Menschen in Vermont lebten unter ähnlichen klimatischen Bedingungen, aßen fast die gleiche Nahrung und litten fast unter dem gleichen Druck wie die Menschen in der Stadt. Wenn wir Gesundheit in Vermont oder irgendwo anders wollten, dann mussten wir das Problem überlegt angehen, wie jeden Teil des guten Lebens, und die Faktoren suchen, die zu Gesundheit führten.

Was ist Gesundheit? Wir haben viele Ärzte nach einer Definition gefragt. Die übliche Antwort ist: »normales ausgeglichenes Funktionieren« oder »Abwesenheit von Krankheit«. Nach der Definition von Krankheit gefragt, hieß es dann: »fehlende Gesundheit«. Damit standen wir wieder am Anfang. Die ehrlichste Antwort kam von einem amerikanischen Arzt, der seit Jahren praktizierte. Auf unsere Frage: »Wissen Sie, was Gesundheit ist?« antwortete er ohne Zögern: »Natürlich nicht!«. Wir glauben, dass keine medizinische Schule in den USA einen Kurs über Gesundheit abhält. In der *Encyclopedia Britannica* ist ein Eintrag über dieses Thema. Wir zitieren ihn hier ganz: »Gesundheit. Ein Zustand der körperlichen Unversehrtheit oder des Wohlbefindens, in dem ein Organismus seine Tätigkeiten ohne Verluste ausführt; im übertragenen Sinne auch gebraucht für einen Zustand moralischen oder intellektuellen Wohlbefindens.« Beim Überfliegen der Enzyklopädie fanden wir lange Artikel, die sich mit den Ursachen der verschiedensten Krankheiten beschäftigen. Der Gesundheit werden fünf Zeilen zugestanden. Medizinische Zeitschriften und medizinische Bibliotheken quellen über mit Informationen über Krankheiten. Nur sehr selten findet man auf diesen vielen Seiten einen längeren Artikel über die Gesundheit.

Eine dieser Raritäten ist das Buch eines englischen Arztes, *The Wheel of Health* von G. T. Wrench. Anstatt seine Zeit mit »Krankheit« zu verbringen, fragt Dr. Wrench: »Was ist Gesundheit? Warum sind Menschen gesund? Wo kann ich die gesündesten Menschen finden, um sie zu untersuchen und zu studieren?« Nach vielen Befragungen und Nachforschungen kam Wrench zu dem Schluss, dass die Hunza, ein Volk, das in einem kleinen Tal an der Grenze zwischen Tibet und Indien lebt, die gesündesten Menschen der Welt seien. Ein großer Teil seines Buches ist einer Untersuchung der Gründe ihres Wohlbefindens gewidmet. Er stellt fest, dass »Krankheiten diejenigen angreifen, deren Lebensumstände – besonders die Nahrung – mangelhaft sind. [...] Die Verhütung und die Ausrottung von Krankheiten sind erstens eine Sache der Ernährung und zweitens eine von angemessenen Lebensbedingungen. Desinfektionsmittel, Medikamente, Impfungen und Operationen umgehen das eigentliche Problem. Krankheit ist der Zensor, der die Menschen, Tiere und Pflanzen aufzeigt, die ungenügend ernährt sind.«[1]

Wrenchs Rad der Gesundheit ist ein Kreislauf von gesundem Boden über gesunde Pflanzen zu gesunden Tieren, die die gesunden Pflanzen fressen, und von den Tieren und Pflanzen zurück zur Erde. Dort beginnt der Kreis von Neuem, auf einer höheren oder tieferen Ebene, je nachdem, ob der Boden in dem Prozess verbessert oder erschöpft wurde.

»Gesundheit ist Reichtum«, besagt ein altes und wahres Sprichwort. Gesundheit, Ganzheitlichkeit oder Ganzheit ist ein vorrangiges und positives Prinzip, welches auf den Menschen genauso zutrifft wie auf alle anderen Aspekte dieser Welt. Gesundheit wird geschaffen und erhalten, indem man in den menschlichen Organismus Stoffe (Essen) und Flüssigkeiten (Trinken), Luft, Licht, Sonnenschein und andere mehr oder weniger unsichtbare Arten von elektromagnetischer, kosmischer Energie aufnimmt. Der menschliche Körper besteht zum größten Teil aus Wasser. Außer Wasser enthält er noch mehr als zwanzig andere Elemente, die er aus der Erde nimmt, hauptsächlich in Form von Nahrung. Ununterbrochen verschleißen die Zellen, die den Körper bilden, durch ihre Funktion im Gewebe und in den Organen. Das Blut trägt die Abfallprodukte dieser Körperfunktionen zu den Lungen, den Poren der Haut und anderen Ausscheidungssorganen. Dies geschieht genauso unablässig, wie die Nahrung, die durch die Speiseröhre eintritt, in Stoffe umgewandelt wird, die dann zum Wiederaufbau von Zellen, Geweben und Organen gebraucht werden.

Wo die Aufnahme von Nahrung zu gering ist, sei es in Quantität oder Qualität, sind die Substanzen, die für die Reparatur und die Instandsetzung des menschlichen Organismus gebraucht werden, zu wenig oder zu schlecht. Die Art der Substanzen, die vom Blutkreislauf zu Zellen, Organen und Geweben transportiert werden, bestimmt den Charakter von Knochen, Muskeln und Nervengeweben, die daraus aufgebaut werden. In diesem Sinn besteht der Körper eines Menschen aus den Stoffen, die durch den Verdauungstrakt und den Blutstrom zugeführt werden, genauso, wie ein Gebäude aus den Materialien besteht, die mit der Eisenbahn oder mit Lastwagen herangebracht werden.

Normales Körperwachstum und normale Körperfunktionen sind von der Versorgung mit Nahrung durch den Blutkreislauf abhängig. Die Nahrung, die vom Verdauungstrakt über den Kreislauf zu den Zellen, Geweben und Organen kommt, versorgt uns mit den Materialien, mit denen wir unseren Körper bauen und reparieren. Für ihre Versorgung und ihr körperliches Überleben sind die Menschen auf die Aufnahme von fester und flüssiger Nahrung, von Wasser, Luft, Sonnenschein und anderen weniger greifbaren Formen von Materie und Energie angewiesen. Unter diesen lebensnotwendigen Elementen nehmen feste und flüssige Nahrung eine wichtige Stellung ein. Jeden Tag nutzen sich lebenswichtige Organe wie Lunge und Herz bei ihrer Arbeit ab. Im Laufe weniger Jahre werden die wichtigeren Teile des Körpers abgebaut und durch das Blut aus dem Körper entfernt. Das verbrauchte Gewebe wird kontinuierlich durch feste und flüssige Nahrung, durch Sonnenschein und Luft ersetzt. Nahrung spielt bei diesem Prozess eine wichtigen Rolle.

Jede Zelle, jedes Gewebe, jedes Organ hat ein chemisches Gleichgewicht – eine funktionierende Beziehung zwischen den chemischen Elementen, aus denen es besteht. Dieses Gleichgewicht ist in den unterschiedlichen Zellen und Körperteilen verschieden. Die Nahrung, die durch das Blut zugeführt wird, muss dieses Gleichgewicht erhalten, wenn der Körper bei guter Gesundheit bleiben soll. Instandsetzung im Körper, wie auch überall anders, ist abhängig von der Menge, der Auswahl und der Qualität der zur Verfügung stehenden Materialien. Ein Bauunternehmer braucht Steine, Zement, Holz, Glas und Eisenwaren, um ein Haus zu bauen. Der Körper braucht außer anderen Dingen mehr als zwanzig unterschiedliche Mineralstoffe und Spurenelemente, daneben ganz bestimmte Kombinationen von Eiweißen, Fetten, Kohlenhydraten und Vitaminen. Die Abwesenheit eines einzigen Stoffes wie Calcium, Kobalt oder Vitamin A kann alle Organe des Körpers in schmerzhafte Unordnung stürzen. Quantität und Qualität sind nicht genug, die Nahrung muss auch ausgewogen sein.

Jede Nahrung enthält verschiedene Anteile an notwendigen Elementen. Nur durch die Kombination der richtigen Lebensmittel in einer richtigen Diät kann ein Gleichgewicht, kann Gesundheit aufrechterhalten werden. Ein Lebensmittelgeschäft führt Dutzende, sogar Hunderte verschiedener Lebensmittel. Ist man nicht informiert oder lässt man sich durch Launen, durch die farbige Verpackung, das Radio, durch Zeitungsanzeigen oder das Sonderangebot beeinflussen, kann durch den Einkauf von falscher Nahrung die Gesundheit eines ganzen Haushalts aufs Spiel gesetzt werden.

Im letzten Kapitel haben wir gesagt, dass der größte Teil der Nahrung, die wir zu uns nehmen, direkt oder indirekt aus den oberen Zentimetern des Bodens stammt. Ein gesunder Boden ist ein Boden, der alles enthält, was zur Erzeugung von kräftigen, gesunden Pflanzen der benötigten Arten und Sorten notwendig ist. Verschiedene Pflanzen haben verschiedene Nahrungsbedürfnisse und bieten den Menschen und Tieren, die sie verzehren, unterschiedliche Kombinationen an Mineralien, Vitaminen und Enzymen an. Die Bodengesundheit kann durch Erosion, durch Ausbeutung oder durch falsche Düngung zerstört sein. Bis das Gleichgewicht des Bodens wiederhergestellt ist, wird ein unausgewogener Boden auch unausgewogene Pflanzen zur Folge haben. Werden diese Pflanzen gegessen, übertragen sie ihr Ungleichgewicht auf die Person, die sie isst, und bewirken so, dass ein Mensch, der nach normalen Maßstäben »gut lebt«, alles andere als gesund ist.

Gute Nahrung sollte auf gesundem Boden angebaut und ganz, das heißt unbehandelt und frisch aus dem Garten, gegessen werden.[2] Auch die besten Erzeugnisse des besten Bodens verlieren viel von ihrem Nährwert, wenn sie verarbeitet werden. Kartoffeln zu schälen, Karotten zu raspeln, Weizen zu mahlen oder grüne Erbsen zu kochen, entfernt wichtige Bestandteile, bewirkt chemische Veränderungen oder entzieht Vitamine. Lebensmittel welken oder abstehen zu lassen, wirkt ähnlich.

Ganzheitliche Nahrung gibt Gesundheit. Sie hat einen weiteren wichtigen Vorteil: Sie schmeckt gut. Ein ganzer, frischer Apfel oder eine Kirsche, rohe Erbsen oder Mais, eine ganze frische Karotte, eine Rübe, ein Rettich oder eine Rote Bete, frischer Spargel, ein Blatt Salat, Kresse, Spinat, Winterendivie oder Frisée, eine reife Himbeere oder eine Tomate schmeckt besser – zumindest dem unverdorbenen Gaumen – als jedes Erzeugnis noch so verfeinerter Küche. Wir möchten daran erinnern, dass mit Kompost angebautes Gemüse und Obst besser schmecken als die gleichen Erzeugnisse, die mit Kunstdünger oder Tiermist gezogen wurden. Letztere haben im Vergleich zu ersteren einen scharfen, starken, fast bitteren Geschmack. Komposternten schmecken milder und würziger.

Eine Bohne, Erbse, ein Maiskorn oder ein anderer Samen ist ganze Nahrung. Jedes enthält einen lebendigen Keim, eine komplette Nahrungsquelle. Alle Samen, einschließlich der Getreidesamen, enthalten Eiweiße, Fette, Vitamine und die anderen kräftigen, lebensspendenden Stoffe, die von der Natur ausgewählt wurden, um den Keimling zu ernähren, bis die neue Pflanze ihre Wurzeln verankert und Blätter entwickelt hat, die es ihr ermöglichen, sich selbst zu ernähren. Jede Samenart ist mit einem Schutz oder einer Haut umgeben, die verschiedene Substanzen enthält, die den Keim schützen, bis er mit dem Lebenszyklus beginnen kann. Jedes Samenkorn enthält genau die Mineralien, die die Pflanze, zu der sich der Keim entwickeln wird, braucht. Sonnenblumenkerne beispielsweise haben ein Verhältnis von Calcium und Fluor, welches gut dazu geeignet ist, den Bedarf des menschlichen Körpers an diesen beiden Substanzen in Hinblick auf Menge und Verhältnis zu decken. Die Menschen in Osteuropa, die bekannt sind für ihre guten Zähne, konsumieren eine enorme Menge an Sonnenblumenkernen oder Melonenkernen, knacken die Schale mit den Zähnen und nehmen auf diese Weise wahrscheinlich zusätzlich zu den Mineralien des Kernes noch einen Teil der Mineralien aus der Schale auf. Gesunde, ganze, rohe Samen, mit dem Eiweiß des Keims, den Fettsäuren im Öl, der Stärke im Kern und den Mineralien, die in der schützenden Schale verteilt sind, ermöglichen eine recht gut abgerundete Diät, die Leben eine ganze Weile aufrechterhalten können.

Es gab eine Zeit in der menschlichen Entwicklung, in der Menschen das, was sie fanden, sofort aßen und dann weiterwanderten – so wie Vögel Samen oder Insekten, Kaninchen und Rehe Gras und anderes Grün fressen. Unter solchen Bedingungen sichert sich das von Pflanzen lebende Tier seine gesunde Nahrung.

Westliche Menschen essen ihre Nahrung selten unzubereitet. Das Sammeln von Nahrung ist in einer modernen Verwaltungs- oder Industriestadt, in der die Menschen Nahrung selten oder nie in ihrer natürlichen Umgebung sehen, fast nicht vorhanden. Sie bekommen sie vom Supermarkt, wo die Waren verschiedenartig zubereitet und konserviert und auch unterschiedlich frisch sind. Die bekannte Geschichte von Kindern der City and Country School illustriert dies: Um die Kinder mit den Realitäten des Lebens vertraut zu machen, schickte diese fortschrittliche Schule aus der Innenstadt von New York eine Gruppe Kinder auf eine »Natur-Tour« zum Gemüsegroßmarkt. Nachdem die Schüler die Mengen an leuchtenden Karotten, Roten Beten, Sellerie, Kohl, Salat und Tomaten auf dem Markt angeschaut und bewundert hatten, fragte die Lehrerin: »Und was denkt ihr, woher all diese Gemüsesorten und Obstsorten kommen?« Die Antwort kam sofort: »Vom Supermarkt natürlich.«

Wer in der Stadt wohnt, muss mit zwei Nachteilen leben: Die Nahrung kommt selten frisch aus dem Garten, und dazu ist das meiste noch verarbeitet. In einem modernen Supermarkt befindet sich die Mehrzahl der angebotenen Lebensmitteln in Dosen und in anderen Verpackungen. In den Vereinigten Staaten wurde die Industrie, die Lebensmittel weiterverarbeitet, zu einem der größten Industriezweige. Moderne Geschäfte verkaufen alles, von der Säuglingsnahrung bis zum Hundefutter, in Dosen vorgekocht, gemischt und zubereitet. Sogar Menschen, die Land haben, finden es einfacher, ihre Nahrung in Dosen und Verpackungen aus einem Geschäft zu holen, anstatt sie in ihrem Garten anzubauen. Eine Bewegung mit dem Dosenöffner, dann den Doseninhalt in eine Pfanne löffeln, das Ganze warm machen, und schon ist das Essen fertig. So ernährt sich eine ganze Generation. Sie lebt von der Wiege bis zur Bahre hauptsächlich von verarbeiteten, konservierten, fertig zubereiteten und verpackten Lebensmitteln. Fast die ganze Nahrung ist gekocht, geschält, gemahlen, geschnitten, pasteurisiert oder sonst wie ihrer Ganzheit beraubt, bevor sie in die Verpackungen wandert. Die Verbraucherinnen und Verbraucher haben nicht das ursprüngliche Produkt vor sich, sondern nur die Teile, welche die produzierende Firma in die Dosen gepackt hat.

Der Hauptfaktor im Handel, der bestimmt, welche Teile der in Bearbeitung befindlichen Pflanzen entfernt werden und welche erhalten bleiben, ist der Profit. Um Profit zu machen, muss die Nahrung fürs Auge und für den Geschmack ansprechend sein, sonst gibt es keinen Massenverkauf. Damit sie den Massenmarkt überhaupt erreichen, müssen die fraglichen Produkte jedoch gleichzeitig haltbar sein und eine fast unbegrenzte Zeit zur Verfügung stehen können. Nicht nur Stunden und Tage, sondern Wochen, gar Monate vergehen oftmals zwischen der Zubereitung der Nahrung und ihrem Verbrauch. Extrem hohe oder tiefe Temperaturen sind notwendig, um die Nahrung zu erhalten, während sie den dornenreichen Weg von der Erzeugung bis zum Verbrauch geht. Jeder Teil der Pflanze, der besonders verderblich ist oder ihre Vermarktbarkeit verringert, wird entfernt, obwohl dieser Teil für die Gesundheit vielleicht wichtig ist. Marktgängigkeit ist das Kriterium, nicht die Gesundheit derjenigen, die die Produkte verbrauchen.

Das Mahlen von Getreide ist hierfür ein Beispiel. Lange Zeit hinweg lagerten die Menschen ihr Getreide ganz, so wie es von der Tenne kam. Wenn sie trocken gehalten werden, sind Körner fast ewig haltbar und behalten wegen der harten Schale, die den Kern umgibt, den größten Teil ihres Wertes als Nahrungsmittel. Vollkornmehl aber hält sich nicht. Durch Oxidation wird das Öl im Kern ranzig oder verschwindet. In einer vergleichsweise kurzen Zeit wird Vollkornmehl sauer und unbrauchbar. Deshalb sollte das Mehl idealerweise direkt vor dem Brotbacken gemahlen werden. Dr. D.T Quigley sagt in seinem Buch *The National Malnutrition:* »Die Vorschriften in Bezug auf Mahlen und Backen sollten bestimmen, dass außer Vollkornmehl kein Mehl benutzt wird und dass das benutzte Mehl in einer dem Zweck entsprechenden Mühle am selben Morgen, an dem auch gebacken wird, in der Bäckerei gemahlen werden sollte. [...] Für den Hausgebrauch könnte frisches Mehl genauso geliefert werden wie heutzutage die Milch.[3]

Als große Konzerne in die Mühlenindustrie einstiegen, unternahmen sie einiges, um die Profitabilität ihrer Investitionen zu sichern. Ihr erster Schritt bestand darin, die Kosten zu senken oder – mit den treffenden Worten des *Senate Report on Utilization of Farm Crops* – »ein billigeres Produkt dem teureren ähnlich zu machen«.[4]

Als Nächstes »verfeinerten« sie das Mehl. »Um es weicher und besser verkäuflich zu machen«, mahlten sie es stärker aus, damit es einfacher geschluckt werden konnte und leichteres Brot und Konditoreierzeugnisse ergab. Der Keim und die äußere Schale des Korns wurden entfernt und mit ihnen gingen das Fett, die Eiweiße und die Mineralstoffe.

Als Drittes bleichten sie das Mehl aufgrund der Annahme, dass das, was weißer ist, auch besser und in anderer Hinsicht überlegen ist. Das hatte den weiteren Vorteil, dass damit alles Lebendige entfernt wurde. Das Mehl war nun tot und konnte nicht mehr verderben. Mehl wurde gebleicht unter Verwendung giftiger Chemikalien wie Chlor, das es sterilisiert und ihm eine »Leichenblässe« gibt.

Im vierten Schritt wurde das Mehl »angereichert«, indem »synthetische Chemikalien« hinzugefügt wurden, als Ersatz für die Inhaltsstoffe, die bei der Verarbeitung entfernt worden waren. »Mehl und viele Brotsorten enthalten Phosphor, Silikon, Nikotinsäure, Kaliumbromat und eine Anzahl weiterer giftiger Chemikalien. [...] Konditorei- und Bäckereiprodukte, wie so viele andere Arten von verarbeiteten Lebensmitteln, ermöglichen denen, die zu Chemikalien und Substitutionsstoffen greifen, eine gute Möglichkeit des Profits, nicht nur auf Kosten des Verbrauchers, sondern auch zum Schaden seiner Gesundheit.«[5]

Die Mühlenindustrie mag wie ein abschreckendes Beispiel für die Weiterverarbeitung von Nahrung aussehen. Dieser Fall ist aber nur einer unter vielen. Wir gingen auf dieses Beispiel detaillierter ein, weil das farblose, geschmacklose und leblose weiße Mehl heute als Nudeln, Brot, Gebäck, Pasteten, Torten und Kuchen einen so großen Teil der Ernährung des westlichen Menschen ausmacht. »Entvitalisierte Weizenprodukte, die nach New York City importiert werden, machen etwa 50 Prozent der gesamten Lebensmitteleinfuhr aus.«[6]

Zu den einflussreichen Interessengruppen, die in der modernen Welt das Sagen haben, gehören auch die, die die Bevölkerung absichtlich devitalisieren, unter Drogen setzen und vergiften – um des Profites Willen. Vielleicht hört es sich in unserer Zeit absurd an, von absichtlicher Vergiftung zu sprechen. Die meisten Menschen assoziieren das Vergiften von Lebensmitteln mit Familienfehden des Mittelalters, mit primitiven Kriegen oder mit gelegentlichen Gemeinheiten, die im Ärger oder aus Eifersucht begangen werden. Die Forschung aber zeigt, dass dieser Begriff heute eher zutrifft als in früheren Zeiten.

Gift, so sagt das Lexikon, ist »jede Substanz, die durch ihr innewohnende Eigenschaften dazu tendiert, Leben zu zerstören oder die Gesundheit zu schädigen, wenn sie in den Körper kommt«. Jede »Nahrung«, die dazu tendiert, Leben zu zerstören oder die Gesundheit zu schädigen, kann also als Gift bezeichnet werden. Behalten wir also diese Definition im Hinterkopf, wenn wir uns mit einigen Fakten über Lebensmittel, die in den Vereinigten Staaten produziert und verkauft werden, beschäftigen.

1. Bestimmte verarbeitete Lebensmittel wie gebleichtes weißes Mehl, weißer Zucker und polierter Reis schwächen die Gesundheit. Produkte aus weißem Mehl schädigen den Verdauungstrakt und niedere Nervenzentren. Weißer Zucker greift die Zähne an. Polierter Reis kann Beriberi und andere Mangelkrankheiten

bewirken. Torten, Kuchen, Kekse, Cracker und andere Erzeugnisse aus weißem Mehl, weißem Zucker und weißem Reis müssen daher nach der Definition des Lexikons als Gift klassifiziert werden. Backpulver und gewöhnliches Salz würden nach dieser Definition auch dazu zählen, ebenso stark reizende Soßen und Gewürze.

2. Bei der Verarbeitung und Konservierung von Lebensmitteln in den USA werden mehrere Hundert Chemikalien verwendet, um Lebensmittel zu färben, zu konservieren und geschmacklich zu verändern. Ein Blick auf die Etiketten verschiedener Lebensmittelverpackungen, die in Geschäften erhältlich sind, gibt einen guten Überblick über die Verbreitung dieser Praktiken. Vor Kurzem gingen wir durch einen Supermarkt und fanden ein Dutzend Erzeugnisse wie Brot, Kuchen, Margarine, Konserven, Frühstücksnahrung, Pudding, Käse, Süßigkeiten und kohlensäurehaltige Getränke, die folgende Chemikalien enthalten: Natriumdiacetat, Benzoate, Natriumdiphosphat und Natriumcitrate, Calciumcyclamat, Calciumchlorid, Polyoxyethylene und Glycerol-Monostearate, Calciumpropionat, Phosphatsäure, Calciumsulfat, Niacinamide, Carboxymethyl, Schwefeldioxid, Sorbitol. Wissen wir, was sich hinter diesen großartigen Namen verbirgt oder wie diese Stoffe auf uns wirken? Nein. Wissen Sie es? Wahrscheinlich nicht. Wissen es diejenigen, die diese Produkte erzeugen? Wahrscheinlich auch nicht. Diese Stoffe können vergleichsweise harmlos oder auch extrem giftig sein. »Die Unzulänglichkeit der existierenden Gesetze wird durch die Auskunft der *United States Food and Drug Administration* bestätigt, wonach von den 704 heute bei der Lebensmittelverarbeitung verwendeten Stoffen von nur 428 bekannt ist, dass sie harmlos sind.«[7] Offensichtlich wurden bei mindestens 200 Stoffen keine geeigneten Untersuchungen angestellt, um zu erforschen, wie sie auf den menschlichen Organismus wirken. Wenn sie das Aussehen, den Geschmack oder die Haltbarkeit von Lebensmitteln verbessern, werden sie verwendet, damit diejenigen, die die Chemikalien fabrizieren, jene, die die Produkte herstellen, sowie jene, die sie verkaufen, davon profitieren können. Über eventuelle Auswirkungen auf die eigene Gesundheit müssen sich die Menschen, die diese Produkte verbrauchen, Gedanken machen. So kann der Regierungsbericht zu Recht feststellen: »Der zunehmende Gebrauch von chemischen Zusätzen bei der Erzeugung, der Verarbeitung, der Konservierung und der Verpackung von Lebensmitteln ist zu einem ernsten Problem der Volksgesundheit geworden.«[8]

3. Lebensmittel werden aber noch auf eine andere Art vergiftet. Die meisten Obstarten und viele Blattgemüse wie Salat, Stangensellerie und Kohl werden mit

verschiedensten Pestiziden eingesprüht oder eingestäubt, um Pilze und Insektenschädlinge in Schach zu halten. Sogar in kleinen Mengen sind diese Stoffe schädlich, wenn sie in den menschlichen Organismus kommen. In größeren Dosen bewirken sie Krankheit oder Tod. Diejenigen unter uns, die sich dieser Gefahr bewusst sind, können nicht darauf hoffen, diese Stoffe einfach abwaschen zu können, da sie genau wegen ihrer Langlebigkeit überhaupt verwendet werden.

Eine Veröffentlichung der Regierung warnt uns: »In der Öffentlichkeit ist oft der Eindruck vorhanden, dass etwas ungefährlich ist, weil es frei verkäuflich ist.«[9] »Die Hausfrau erkennt häufig nicht, dass Insektizide wie DDT, Chlordan und viele andere, die man kaufen kann, tödlich sind und mit extremer Vorsicht verwendet werden müssen.«[10]

»Quecksilberphenyl-Verbindungen werden bei Obst und Gemüse häufig als Fungizide verwendet. Untersuchungen dieser Verbindungen haben gezeigt, dass sie in den Nieren akkumulieren und hochgiftig sind.«[11] »Tests auf Toxizität haben gezeigt, dass bei 5 ppm DDT in der Nahrung von Ratten leichte, aber deutliche Schädigungen der Leber festzustellen waren. Später wurde gezeigt, dass Kühe, denen DDT auf die Haut gesprüht wurde, die mit DDT besprühte Silage fraßen oder die in DDT besprühten Ställen lebten, DDT im Fett akkumulierten und in die Milch abgaben. In einem sorgfältig kontrollierten Versuch wurde ein Kuhstall mit DDT besprüht, und zwar so, wie es ein Bauer normalerweise auch getan hätte. Nichts kam auf das Vieh. Innerhalb von 24 Stunden war DDT in der Milch nachzuweisen und erreichte nach 48 Stunden ein Maximum von 2 ppm.«[12] »Chlordan ist ein anderer chlorierter Kohlenwasserstoff, der bei einer Reihe von Früchten und Gemüsen im Haushalt empfohlen und verwendet wurde. [...] Der *Director of the Division of Pharmacology of the Food and Drug Administration* stellte fest, dass Chlordan vier- bis fünfmal giftiger sei als DDT und dass er zögern würde, irgendeine Nahrung zu sich zu nehmen, die Rückstände von Chlordan enthält.«[13]

Ein Artikel im *Scientific American* vom August 1953 erwähnt Hydrazin, welches sich wie eine »giftige Droge« verhält. »Hydrazin wird immer häufiger verwendet, um das Keimen von Zwiebeln und Kartoffeln während der Lagerung zu verhindern und das Blühen von Obstbäumen zu unterbinden, bis der letzte Frost vorbei ist.« So sind also zwei der am meisten verbreiteten Wintergemüse mit Chemikalien vergiftet.

4. Außer verarbeiteter, chemisierter und vergifteter Nahrung verkauft die Lebensmittelindustrie mithilfe riesiger Werbekampagnen eine Vielzahl von

Konsumartikeln, die suchterregende Stoffe wie Koffein, Extrakte der Kolanuss, Nikotin und Alkohol enthalten. All diese Drogen sind mehr oder weniger schädlich und giftig für den menschlichen Organismus. Sie bedrohen die Gesundheit und das Wohlbefinden zukünftiger Generationen. Allein in den USA werden im Jahr mehr als 10 Milliarden Dollar für nikotin- und alkoholhaltige Genussmittel ausgegeben.

Eine vergiftete, verarbeitete und chemisierte Nahrung bewirkt Fehlernährung, da mangelhafte Nahrung, gerade wenn sie in großen Mengen konsumiert wird, die Ernährungsbalance zerstört. Falsche Ernährung wirkt sofort auf die Gesundheit, auf die emotionale Stabilität und die geistige Regsamkeit. Solche Wirkungen reichen von einem Gefühl der Schwere und Schläfrigkeit über Kopfschmerzen, Verstopfung und Bauchschmerzen bis zu den schlimmeren Wirkungen, die der Genuss von Gift mit sich bringt. Dies ist die eine Seite der Medaille und eine ernste – Millionen von Amerikanerinnen und Amerikanern stehen ständig unter dem Einfluss von Drogen, anstatt die Ursachen ihrer Schwierigkeiten zu erkennen.

Viel bedeutsamer sind die Langzeitfolgen einer falschen Ernährung, die aus den Todes- und Krankheitsziffern ersichtlich sind. Ein vor Kurzem veröffentlichter Bericht der US-Gesundheitsbehörde stellt fest, dass 28 Millionen Erwachsene in den USA durch Krankheit oder Krankheitsfolgen mehr oder weniger behindert sind. Von diesen kranken Menschen leidet ein Viertel unter Arthrose. Ebenso wird berichtet, dass 1949 die Hälfte der Todesfälle in den USA auf Herzkrankheiten und ein Siebtel auf Krebs zurückzuführen war.

Es gibt eine weitverbreitete Diskussion über den Zusammenhang zwischen Verarbeitung und Vergiftung von Lebensmitteln und der Zunahme des zur Abhängigkeit führenden Drogenkonsums auf der einen Seite und der Verbreitung von degenerativen Krankheiten in jüngeren Altersgruppen auf der anderen.

Auch andere Tatsachen untermauern die Vermutung, dass falsche Ernährung den körperlichen Zusammenbruch bewirkt. Vorzivilisierte Völker, die niemals unsere verarbeitete, vergiftete Nahrung zu sich genommen haben, sind frei von degenerativen Krankheiten, die den modernen Menschen plagen. Die Forschungen, die Wrench über die »gesündesten Menschen der Welt«, die Hunza des Kulu-Tals in Kaschmir, in seinem oben erwähnten Buch anstellte, sowie die Bücher *The Healthy Hunzas* von J. I. Rodale und *Nutrition and Physical Degeneration* von W. A. Price stellen fest, dass bei diesen Menschen ebenfalls westliche Degenerationserscheinungen auftreten, wenn sie westliche Nahrung essen. Dr. D. T. Quigley schreibt von Indianern im nordwestlichen Kanada, die so lange Gesundheit und ein langes Leben genossen, bis sie mit der Nahrung der Weißen in Berührung kamen. Sie »übernahmen diese mit der gleichen Begeisterung, mit der sie auch den Alkohol übernahmen. Das Ergebnis sind viele Fälle von Arthritis, Tuberkulose und Zahnverfall, Hand in Hand mit einem kürzeren Leben und verminderter Arbeitsfähigkeit. Die Indianer im Hinterland, die keinen Zugang zur Nahrung der Weißen hatten, behielten ihre Gesundheit. Sie haben weder Tuberkulose noch eine der anderen erwähnten Krankheiten.«[14]

Lebensmittelverarbeitung, Lebensmittelvergiftung und Drogen verschlechtern die Gesundheit der amerikanischen Bevölkerung, während sie gleichzeitig Personen und Firmen, die daran beteiligt sind, immense Profite ermöglichen. Wer in der Stadt wohnt, egal, wie viel man verdient und für Lebensmittel ausgeben kann, ist nur durch extreme Vorsichtsmaßnahmen in der Lage, den daraus folgenden Gefahren zu entgehen. Sogar auf dem Land fällt man dieser Bedrohung zum Opfer, wenn man nicht in der Lage ist, eigene Lebensmittel biologisch anzubauen, oder andere Möglichkeiten findet, frische, gesunde und chemiefreie Nahrung zu verzehren.

Vielleicht finden Sie nun, dass wir Ihre Zeit und Geduld mit diesen Betrachtungen über den heutigen Ernährungszustand der Bevölkerung der USA und anderer westlicher Staaten ziemlich strapaziert haben. Wir glauben aber, dass Ernährung einer der Hauptfaktoren für die Gesundheit, das Glück und die Nützlichkeit eines jeden Menschen ist. Und wir sind weiterhin davon überzeugt, dass die Unsummen, die von der Lebensmittel verarbeitenden und der Drogen produzierenden Industrie sowie von pharmazeutischen Firmen für Werbung und Öffentlichkeitsarbeit ausgegeben werden, einen zerstörerischen Effekt auf die Gesundheit und das Wohlbefinden der Menschen in der westlichen Zivilisation haben. Einer der Hauptgründe, der uns aus der Stadt aufs Land führte, war die Erkenntnis der Bedrohung, die unserer Gesundheit aus der Verarbeitung und Vergiftung von Nahrung erwuchs, und der Wunsch, uns dagegen zu schützen.

Wir sehen, dass unsere Lösung dieses Problems – der Anbau der eigenen Nahrung – eine persönliche ist, da viele Millionen Amerikanerinnen und Amerikaner auf diese Weise mehr oder weniger hilflose Opfer der Lebensmittelindustrie bleiben. Diesen Einwand möchten wir mit zwei Punkten beantworten. Der erste ist, dass immer dann, wenn ein Individuum oder eine Familie die Situation erkennt und geeignete Schritte zu ihrer Beseitigung unternimmt, ein Fortschritt erzielt wird, und sei es nur der für die jeweilige Familie und die, die durch dieses

Beispiel beeinflusst werden. Der zweite Punkt ist aber noch wichtiger. Es ist wahr, dass im Moment viel zu wenig Menschen irgendetwas tun, um der Bedrohung durch verarbeitete, vergiftete Nahrung zu begegnen. Wir glauben aber, dass wenigstens die Hälfte von ihnen, sofern sie dazu entschlossen sind, einen Teil ihrer Nahrung biologisch und überlegt auf eigenem oder gepachtetem Land anbauen können, die Erzeugung und Verfügbarkeit von gesunder Nahrung durch organisierte Nachfrage nach gesunder, ganzheitlicher Nahrung gewaltig steigern können, in der Lage sind, ganzheitliche Nahrung zu kaufen und diese zu Hause zuzubereiten, anstatt sie verarbeitet, verpackt und chemisiert zu kaufen.[15] Mit einem Wort, unsere Antwort auf die falsche Ernährung ist nicht nur eine persönliche. In der nächsten Saison könnten Millionen Amerikanerinnen und Amerikaner damit beginnen, sich selbst und ihre Familien mit frischer, gesunder, heiler und unverarbeiteter Nahrung zu versorgen und so ihre Gesundheit zu verbessern und zu erhalten – wenn sie wollen.

Die Nahrung, die wir während der normalen Vegetationsperiode von Mai bis Oktober anbauten, erhielt uns bei guter Gesundheit. Dann stellte sich die nächste Frage, wie wir das ganze Jahr über frische, wohlschmeckende und gesunde Nahrung zu uns nehmen konnten. Die Winter in Vermont halten den Frost von November bis April im Boden. Wenn wir in dieser Zeit unsere selbst angebauten Produkte essen wollten, mussten wir eine Möglichkeit finden, sie zu konservieren. Unsere Vorstellungen eines einfachen Lebens standen im Widerspruch zu Kühlschrank, Eisschrank oder Gefriertruhe. Wir wollten Alternativen ausarbeiten, die uns ermöglichten, die Dinge, die wir essen wollten, zu der Zeit zu haben, in der wir sie mochten, und dabei trotzdem unabhängig von den Interessen der Energiekonzerne und der Industrie zu bleiben. Um Gemüse zu überwintern, versuchten wir es mit Mieten und Lagern, die wir in den Boden gruben und dann mit Zweigen, Laub und Stroh bedeckten. In Wintern stetigen Frostes war dies erfolgreich, aber in Wintern mit Tauperioden verfaulte so manches Gemüse.

Schließlich entschieden wir uns für ein Gemüsekeller-System. Im Laufe unserer Bauarbeiten bauten wir drei Keller. Der erste lag unter der Küche des Haupthauses. Wir gruben ihn, als wir das ganze Haus bauten, und er war dazu gedacht, Ahornsirup, Eingemachtes, Säfte und das gerade benötigte Gemüse und Obst zu lagern. Er war nie kalt genug für eine dauerhafte Lagerung, da er von der Küche nur durch einen doppelten Holzfußboden getrennt war. Unser Gemüse-Dauerlager war der Keller unter der Werkstatt, die später Gästehaus wurde. In dem Raum über dem Keller wurde nur gelegentlich Feuer gemacht. Die Temperatur fiel während der Frostnächte im Winter bis minus 7 °C oder tiefer. Im Keller war eine Quelle, die unter einem Felsen hervorkam. Sie half, die Temperatur konstant und die Luft feucht zu halten. Der Boden bestand aus grobem Kies, der das Wasser frei fließen ließ, aber trotzdem alles trocken hielt. In den Keller bauten wir Lagerregale ein, die 30 Zentimeter tief und 1 Meter lang waren. In die Regale legten wir als Erstes Ahornblätter, die im frühen Herbst gesammelt worden waren, bevor sie schmutzig und trocken wurden. Wurzelgemüse und Früchte wurden in das Laub gepackt – zuerst eine großzügige Schicht Blätter, dann eine Lage Gemüse, dann wieder Laub, dann wieder Gemüse, bis das Lager voll war. Oben lag eine mehrere Zentimeter starke Lage Blätter.

Dies funktionierte gut. Wenn wir Kartoffeln, Karotten, Rüben, Rettiche, Sellerie oder Äpfel wollten, fegten wir die obersten Blätter beiseite und nahmen die knackigen Gartenerzeugnisse heraus. Das Laub hielt den Frost ab und verhinderte gleichzeitig, dass Luft die Früchte oder Gemüse austrocknen konnte. Fast jedes Jahr aßen wir Karotten, Rüben, Zwiebeln, Rettiche, Kartoffeln und Äpfel bis zum nächsten Juli aus dem Keller. Viele der Erzeugnisse konnten wir noch im August essen.

Noah Webster beschreibt in *The Massachusetts Agricultural Repository:* »Ich habe das ganze Jahr über selbst gezogene frische Früchte.« Denen, die nicht genug Herbstlaub sammeln können, verrät er seine Methode. Er empfiehlt Lagen aus trockenem Sand. »Die einzigartigen Vorteile dieser Methode sind: 1) Der Sand hält die Luft von den Äpfeln fern. 2) Der Sand verhindert das Austrocknen oder das Schwitzen der Äpfel und bewahrt so ihren vollen Geschmack. Gleichzeitig saugt er alle Feuchtigkeit, die die Äpfel abgeben, auf. So bleiben die Äpfel trocken und faulen nicht. Meine Äpfel im Mai und Juni sind so gut wie frisch gepflückt. Sogar das Ende des Stängels sieht aus, als sei er gerade gebrochen. 3) Der Sand schützt auch vor Frost, Insekten und Ähnlichem.[16]

Nachdem wir erkannten, dass unser Wurzelkeller für das Lagern von Kohl zu feucht war, bauten wir unter dem Werkzeugschuppen und hinter dem Gewächshaus eine andere Art Lagerkeller auf höherem Land und mit einem Erdboden. Wir kleideten die Betonwände mit Holz aus, schlugen in Abständen von 30 Zentimetern Nägel hinein, zogen unseren Kohl mit den Wurzeln aus der Erde und hängten ihn kopfüber an die Kellerwände – ohne dass sich die Kohlköpfe gegenseitig berührten. Auf diese Art konnten wir Kohl bis zum nächsten Mai lagern.

Diesen Keller benutzten wir auch zur Lagerung von Knollensellerie, Stangensellerie und Wurzelpetersilie. Wir ernteten das Gemüse an einem nassen Tag im September oder Oktober vor den ersten harten Frösten, sodass an den Wurzeln viel Erde hing, und dann legten wir vier oder fünf Köpfe in einen alten Sirupeimer, in dessen Boden sich Löcher zur Luftzirkulation befanden. Dann stellten wir die Eimer dicht an dicht auf den Boden. Unter guten Bedingungen hielt sich der Sellerie zwei Monate. Wenn wir ihn also gerade vor dem ersten Frost aus dem Boden nahmen, hatten wir Weihnachten und Neujahr noch eigenen Sellerie. Auch Winterendivien, Frisée und Chinakohl hielten sich so bis zu acht Wochen frisch. Chicoréewurzeln setzten wir auch in alte Eimer und hatten während des ganzen Winters frisches Chicorée-Grün. Mit ein bisschen Sorgfalt wuchsen auch Schnittlauch und Petersilie bis zum Frühjahr.

Durch diese verschiedenen Methoden der Lagerung versorgten wir uns das ganze Jahr mit frischer Nahrung. Um ehrlich zu sein, während des tiefsten Vermonter Winters war manches nicht mehr ganz gartenfrisch, aber zusammen mit dem Grün aus unserem sonnengeheizten Gewächshaus hatten wir eine befriedigende und verlässliche Nahrungsquelle. Da die Wetterbedingungen in den meisten Teilen der USA besser sind als in Vermont, sind diese Methoden dort noch wirksamer.

Wer solche Praktiken nicht kennt, fragt sich vielleicht, ob es uns nicht zu viel wurde, »den ganzen Winter« über Kohl, Kartoffeln und Rüben zu essen. Nein. Wir teilten unseren Garten in jahreszeitlich abhängige Sorten auf: Sommerfrüchte aßen wir sofort: Erbsen, Zuckermais, Salat und Ähnliches; Sommerfrüchte können durch Trocknen (Erbsen und Bohnen) oder durch Einmachen (Beeren und Tomaten) in den Winter gerettet werden. Herbstfrüchte wie Kohl, Kartoffeln, Herbstrüben und Kürbis aßen wir fast nie im Sommer. Nehmen wir als Beispiel Weißkohl: Wir pflanzten nie frühen Kohl. Unser Weißkohl wurde Ende Mai oder Anfang Juni gesät, und zwar auf Beeten, von denen Radieschen oder Brauner Senf bereits abgeerntet waren. Der Kohl war im späten Oktober oder Anfang November reif und wurde geerntet und gelagert. Wir aßen weiter Römersalat, Stangensellerie, Grünkohl, Rosenkohl und Brokkoli, Senfgrün, Kresse, Winterendivie und Chinakohl – alle diese Arten sind widerstandsfähig gegen Frost –, bis im späten November oder frühen Dezember schwerer Schnee kam. Das gab uns gartenfrisches Grün bis fast zum Ende des Kalenderjahres. Erst dann wandten wir uns Weißkohl, Herbstrüben, Kürbis, Kartoffeln und Zwiebeln zu. Wie alles aus dem Garten aßen wir auch dieses Gemüse zu seiner Zeit, und diese Zeit war relativ kurz, sodass uns unser Wintergrün aus dem Lagerkeller niemals zu viel wurde. [17]

Kurz wollen wir auch noch eine andere sehr wichtige Quelle von Wintergrün erwähnen – Keime. In Asien werden gekeimte Mungbohnen mit Erfolg verwendet. Hühnerzüchter keimen Hafer für ihre Hühner. Wir keimten Mungbohnen, Sojabohnen, Erbsen und Weizen. Die Keime können als Salat, in Suppen, auf chinesische Art oder in vielen anderen Variationen gegessen werden.

Wir trockneten Gewürzkräuter aus unserem Garten – Basilikum, Salbei, Thymian, Majoran, Petersilie und Sellerieblätter –, die alle gut zu Wintersalaten und Wintersuppen passen. Kamille und Blätter von Grüner Minze und Pfefferminze, von Himbeeren und Erdbeeren trockneten wir für Tee. Wir hängten das Trockengut in kleinen Bündeln über unseren Herd, und wenn es richtig trocken war, wurde es zerrieben und in Dosen gelagert.

Diese Arten der Lagerung eignen sich für länger haltbares Gemüse und Obst. Was aber ist mit leichter verderblichen Sorten? Konnten wir wirklich auf das Einmachen, den Sommer-Albtraum vieler Hausfrauen, verzichten? Nein, wir haben ein bisschen eingemacht: Beeren (Brombeeren, Himbeeren, Erdbeeren, Blaubeeren und Weintrauben), Tomatensaft, Suppenkonzentrat und Äpfel von unseren schlechteren Äpfeln (die wenig haltbaren), um uns über eine mögliche apfelfreie Periode im späten Frühling oder frühen Sommer zu bringen.

Die eingemachten Beeren waren so einfach zu machen, dass wir vielleicht ein paar Worte über die Prozedur verlieren können. Die Einmachgläser wurden auf dem Herd sterilisiert. Ein oder zwei Kessel mit kochendem Wasser standen bereit. In das Glas, auf dem bereits der Einkochgummi lag, schütteten wir etwas kochendes Wasser, rührten eine Tasse Zucker darunter (wir nahmen Vollrohrzucker, Ahornzucker oder heißen Ahornsirup), gossen nun eineinhalb Tassen Früchte dazu, füllten das Glas bis zum Rand mit heißem Wasser, schraubten den Deckel darauf und das war's. Kein Kochen und keine weitere Verarbeitung. Die Himbeeren beispielsweise behielten so ihre rote Farbe. Wenn die Gläser geöffnet wurden, rochen und schmeckten die Früchte wie frisch. Der Traubensaft war genauso gut und schmackhaft wie der, der mit arbeitsaufwendigen Methoden hergestellt wurde. Unsere einzigen Verluste entstanden durch kaputte Gläser, Deckel oder Gummiringe. Wir stellten fest, dass wir zu zweit nur zwanzig Minuten brauchten, um fünfzehn Einlitergläser fertig zu machen.

Eingemachte Äpfel wurden ebenso einfach zubereitet – die »Methode des offenen Topfes«. Wir kochten Sirup in mehreren Töpfen auf dem Herd (halb

Tomatensaft, Hagebuttenkonzentrat, eingemachte Äpfel, Himbeeren, Suppenkonzentrat und andere Vorräte im Lagerkeller

Ahornsirup, halb Wasser). In gut 2,5 Zentimeter stark kochenden Sirup gaben wir sechs oder acht gewaschene, entkernte, ungeschälte Äpfel. Wir bedeckten und kochten die Äpfel, bis sie mit einer Gabel leicht angestochen werden konnten und leicht glasig aussahen (je weniger gekocht wird, desto besser der Geschmack), packten sie dann in sterilisierte Gefäße, verschlossen sie und stellten sie weg.

Tomatensaft und Suppenkonzentrat wurde ähnlich hergestellt. Wir füllten zwei Drittel eines großen Fünfzehnliterkessels mit gewaschenen und in Viertel geschnittenen Tomaten. Dann gaben wir ein Dutzend große Zwiebeln, ein halbes Dutzend Sellerie (Blätter wie Knollen), ein großes Bund Petersilie, eine Handvoll Kräuter (Majoran, Basilikum, Salbei, Thymian) und ein paar Paprikaschoten dazu, alles fein geschnitten. Kein Wasser. Die Masse wurde gekocht, bis der Sellerie zart war. Dann wurde alles durch ein grobes Sieb passiert. Der Saft wurde noch einmal zum Kochen gebracht, ein bisschen Ahornzucker hinzugefügt und ein wenig Meersalz oder Gemüsesalz – dann war er fertig zum Einfüllen.

Aus dem Rest machten wir Suppenkonzentrat. Die Masse wurde auf mehrere kleine Töpfe verteilt, mit etwas Wasser, damit sie nicht anbrannte. Unter ständigem Rühren brachten wir die Masse zum Kochen, füllten sie in Gläser und rührten alles mit einem Silbermesser durch, um Luftblasen zu entfernen. Zu jedem halb vollen Glas kam noch ein Teelöffel Salz, dann wurde es ganz gefüllt und geschlossen. Dieses Suppenkonzentrat gab all unseren Wintersuppen Kraft und Geschmack. Es war sogar besser als die Suppen, die täglich von den frisch aus dem Keller geholten Gemüsen bereitet wurden – wahrscheinlich, weil die Gemüse für das Konzentrat zu ihrer besten Zeit gepflückt und konserviert worden waren.

»Aber um zu Gesundheit und langem Leben und der Bekömmlichkeit einer Kräuterdiät zurückzukehren«[18] ... Die Nahrung, von der wir lebten, war die, die das engste Verhältnis zum Boden hatte. Jared Eliot nennt dies »die sauberen Erzeugnisse der Erde«. Jegliche Nahrung – Gemüse wie Fleisch – kommt vom Land, aber rohe Früchte, Nüsse und Gemüse sind die einfachste Nahrung, sie kommen direkt vom Boden und haben zu ihm die engste Verbindung. Sie gefallen dem Gaumen ohne Veränderung, ohne Geschmackszusätze, sind voller Vitamine und Mineralien und benötigen am wenigsten Aufwand und Kochen. Wir können sie auch als primäre Früchte bezeichnen.

Milchprodukte sind Nahrung aus zweiter oder dritter Hand. Sie erreichen den Menschen durch den Körper von Tieren, die ihrerseits vom Boden leben. Milch ist die Ausscheidung der Drüsen von Kühen, Schafen oder Ziegen. Käse ist das Produkt der Milchgerinnung. Eier sind die Fortpflanzungsmedien von Vögeln. Milch ist eine hoch konzentrierte Säuglingsnahrung, die dazu gedacht ist, ein rasches Wachstum in den frühen Stadien der Entwicklung anzuregen. Normalerweise sollte menschliche Milch für Babys sein, Kuhmilch für Kälber und entsprechend Milch anderer Tierarten für deren Nachkommen. Ein Kalb verdoppelt sein Gewicht in einem Monat, ein Baby in sechs Monaten. Nahrung, die die Natur der einen Spezies zugedacht hat, ist nicht unbedingt auch für eine andere bekömmlich. Erwachsene jeder Art sollten eigentlich abgestillt sein und die Säugezeit hinter sich gelassen haben.

Menschen essen noch eine weitere Nahrung, die am weitesten von der Erde entfernt ist – die gekochten Kadaver von Säugetieren, Fischen und Vögeln. Diese Tiere lebten von der Vegetation oder von anderen Tieren, die von Pflanzen lebten. Die menschliche Gewohnheit, Leichen von Mitgeschöpfen zu essen, ist schon so alt, dass sie als normal angesehen wird. In einer Untersuchung mit dem Titel *The Recovery of Culture*[19] versucht Henry Bailey Stevens zu zeigen, dass diese »Blutkultur« erst seit einer vergleichsweise kurzen Zeit in der menschlichen

Geschichte existiert. Vor der Blutkultur, die mit der Zähmung von Tieren begann, gab es eine Baumkultur, die auf einer Diät aus Früchten, Nüssen, Samen, Schösslingen und Wurzeln beruhte.[20] Wenn sich dies als richtig herausstellt, ist der Fleischkonsum erst eine junge Phase der menschlichen Entwicklung.

Fleischverzehr beinhaltet Folgendes: Tiere gefangen zu halten, sie in Milch- und Zuchtmaschinen zu verwandeln, sie als Nahrung zu schlachten und ihre Leichen für den menschlichen Verbrauch zuzubereiten und zu erhalten.

Wir hielten Ausschau nach einem einfachen, sauberen, freundlichen und gerechten Lebensweg. Vor langer Zeit schon hatten wir uns entschlossen, vegetarisch zu leben, ohne Tiere zu töten oder zu essen. Vor Kurzem haben wir uns entschieden, auch auf Milchprodukte zu verzichten, und haben uns der veganen Ernährung angeschlossen, bei der keine Tierprodukte verwendet oder gegessen werden, keine Butter, kein Käse, keine Eier und keine Milch. Dies ist Teil unserer Philosophie: dass der kleinsten Anzahl von Lebensformen ein möglichst geringer Schaden angetan wird und der größten Anzahl das größtmögliche Gute.[21]

Wir planten, dass unsere Ernährung aus 50 Prozent Obst, 35 Prozent Gemüse, 10 Prozent Eiweiß und Stärke und 5 Prozent Fett bestehen sollte. Die Arten an Obst und Gemüse änderten sich mit der Jahreszeit. Der Anteil an der Nahrung blieb aber ungefähr gleich. Beim Gemüse versuchten wir, ein Drittel grün (mit Blättern), ein Drittel gelb und ein Drittel saftig zu erreichen. Das sicherte uns eine ausgewogene Ernährung. Im Sommer bestand unsere Diät zu drei Vierteln aus Obst und saftigen Gemüsen – im Winter vielleicht zu einem Drittel bis zur Hälfte. Eiweiß bezogen wir aus Nüssen, Bohnen, Oliven und den Proteinen, die in Gemüsen und Körnern enthalten sind. Wir glauben, dass man viel weniger Eiweiß braucht, als normalerweise angegeben wird. Das Verlangen nach hoch konzentrierter Eiweißnahrung ist eine anerzogene und gefährliche Gewohnheit, da sie den menschlichen Organismus mit Energie überlädt und ihn mit Säure bildenden Substanzen überfüttert. Unser Fett nahmen wir aus pflanzlichen Ölen – aus Oliven, Soja, Mais, Erdnüssen und Sonnenblumen. Besonders von Olivenöl halten wir sehr viel. Auch Avocados sind eine wichtige Fettquelle für Menschen, die sich vegetarisch ernähren.

Unsere Suche nach Einfachheit führte uns fort von raffinierter Vielfalt und hin zur Monodiät.[22] Wenig von wenigen Arten zu essen, ist ein guter Leitfaden zur Gesundheit und Einfachheit. Es gibt primitive Völker, zum Beispiel die Inselbevölkerung von Tristan de Cunha, deren Gesundheit und Zähne erwiesenermaßen außergewöhnlich gut sind, die »niemals mehr als eine Art Nahrung zur selben Zeit essen«.[23] Es gibt Menschen im Westen, die Gemüse nicht mit Obst und Eiweiß nicht mit Stärke und Säure mischen, da sie glauben, dass dies Verdauungsstörungen fördert. Dies soll hier nicht diskutiert werden. Wir experimentieren damit noch – an uns selbst. Wir nehmen aber an, dass, je stärker man sich einer Monodiät nähert, desto einfacher sowohl die Verdauung als auch der Zubereitungsprozess der Nahrung ist. Ganze Nahrung, rohe Nahrung und wenig von einer Art bedeuten auch wenig Arbeit.

Sobald man auf Gemüse und Obst die Prinzipien von Ganzheit, wenig Zubereitung, Gartenfrische und nur einer oder weniger Arten pro Mahlzeit anwendet, hat man die Theorie unserer einfachen Diät. In der Praxis gab uns die Theorie das Rezept: Obst zum Frühstück, Suppe und Getreide zu Mittag, Salat und Gemüse zu Abend.

Das Obst-Frühstück enthielt nicht das übliche Gläschen Orangensaft, einen Löffel oder zwei mit Beeren oder einen Löffel Apfelmus in einer Schüssel mit Cornflakes, gefolgt von Toast und Kaffee. Unser Frühstück waren Früchte, und zwar ausschließlich Früchte und viele von ihnen. Es konnten Erdbeeren, Himbeeren, Brombeeren oder Blaubeeren sein – je nach Jahreszeit. Wir pflückten die Beeren im Wald oder im Garten und aßen sie, vielleicht ein halbes Pfund pro Person. Melonen und Pfirsiche aßen wir in ihrer Jahreszeit. Bananen, Rosinen, Orangen und Datteln kauften wir in den Zeiten, in denen kein heimisches Obst zu erhalten war. Äpfel standen das ganze Jahr über zur Verfügung, da wir viel davon hatten und sie sich den ganzen Winter über hielten. Äpfel sind eine gute Nahrung, sie sind stark alkalisch und reich an Eisen und anderen wichtigen Mineralien. Oft legten wir einen Apfeltag ein, um uns zu erfrischen und den Körper zu reinigen. Orangen pressten wir nicht, sondern schnitten sie in Sechstel und aßen sie wie Melonen. Wenn wir uns etwas Besonderes gönnen wollten, tauchten wir ganze Bananen in Honig und dann in Weizenkeime. Apfelviertel wurden genauso behandelt oder mit Erdnussbutter bestrichen. Auch knackten wir oft Nüsse und aßen sie mit den Äpfeln. Beeren wurden mit Ahornsirup oder Honig oder auch pur gegessen. Das Frühstück wurde mit einer Handvoll Sonnenblumenkerne, honiggesüßtem Kräutertee oder einem Teelöffel in heißem Wasser gelöster Melasse abgerundet.

Ein anderer Teil des Frühstücks, der auch von Früchten stammte, verdient mehr als nur eine Bemerkung. Zum Minztee oder Melassegetränk fügten wir oft Hagebuttenkonzentrat hinzu. Hagebutten sind eine wichtige Vitamin-C-Quelle, sie enthalten davon im Durchschnitt die dreißigfache Menge wie frisch gepresster Orangensaft. »Einige Arten«, sagt Adelle Davis, »haben 96-mal so viel Vitamin C wie Zitrussäfte«.[24] Ihr Kochbuch empfiehlt Methoden (die wir verwendeten), um Hagebutten zu trocknen und zu konservieren. Unsere Aufmerksamkeit wurde auf Hagebuttensaft gelenkt, als unser Nachbar, Lois Smith, im Herbst einen Vorrat anlegte und den Kindern pro Tag einen Esslöffel gab. Ihre Erkältungen waren sogleich wie weggehext.

Manche Leute werden denken, dass körperlich arbeitenden Menschen wie uns ein solch »leichtes« Frühstück nicht bis zum Mittag reichen würde. Das ist aber weitgehend eine Frage der Gewöhnung. Wir lebten monatelang ganz ohne Frühstück, erhielten unsere Gesundheit und fühlten uns wohl, obwohl wir ein volles Arbeitsprogramm hatten. Seit zehn Jahren essen wir Obst als erste Mahlzeit und verrichten bis zum Mittagessen vier Stunden körperlich schwere Arbeit. Wir fühlten uns besser, arbeiteten besser und lebten besser als nach einem stopfenden, stärke- und eiweißreichen Frühstück.

Das Mittagessen war immer gleich und doch immer unterschiedlich: eine Suppe und Getreide. Es gab immer Gemüsesuppe, aber die Zutaten waren von Tag zu Tag verschieden. Normalerweise herrschte ein Gemüse vor: Kartoffeln, Kohl, Karotten, Tomaten, Zwiebeln, Petersilie, Sellerie, Bohnen, Erbsen, Rote Bete, Rüben oder Mais. Dazu kamen noch getrocknete Kräuter und Meersalz, manchmal auch noch Gerste, Sojabohnenmehl, Hafer oder Reis. Zu dieser Mahlzeit aßen wir das gesamte Getreide für den ganzen Tag: Weizenkörner, Buchweizen oder Hirse. Diese kauften wir im Sack (bis zu einem Zentner vom Futtermittelgeschäft) und lagerten sie in Weißblech-Ascheeimern. Über Nacht wurden einige Handvoll eingeweicht und am nächsten Tag entweder im Ofen gebacken (mit gelegentlicher Wasserzugabe) oder langsam auf dem Herd in einer Bain-Marie gekocht. Die Körner quollen auf doppelte Größe und waren gut und schmackhaft, kalt wie warm, mit Öl oder Erdnussbutter und Gemüsesalz, mit hausgemachter Marmelade oder mit Sirup oder mit einem Gemisch aus Erdnussbutter und Honig. Zwei Teller Suppe und alles, was man von dem Getreide essen konnte, waren ein ganzes Mahl und reichten gut bis zum Abendessen.

Brot mit Treibmittel haben wir nie gebacken und selten gekauft.[25] Dieselben Nährstoffe (sicherlich billiger, wahrscheinlich besser) bekamen wir aus dem unverarbeiteten Getreide. Manchmal machten wir kleine Küchlein aus grob gemahlenen Körnern, Maismehl, Weizenflocken oder Haferflocken, gesüßt mit Melasse oder Ahornsirup und angefeuchtet mit Suppenkonzentrat und Erdnussbutter oder Öl. Wenn wir Karottensaft machten, war die restliche Masse oft die

Basis für diese Kuchen, die dann gebacken wurden, bis sie eine braune Kruste hatten, und zu Mittag oder auf Reisen gegessen wurden.

Der Hauptbestandteil des Abendessens war ein richtig großer Salat, sodass pro Person mindestens ein überquellender Teller herauskam. Dies war – je nach Ernte – ein Obstsalat oder Gemüsesalat. In einer großen Schüssel mischten wir Zitronensaft oder Limettensaft mit Hagebuttensaft und Olivenöl. Dort hinein schnitten wir Paprikaschoten, Stangensellerie, Zwiebeln, Rettiche, Petersilie, Tomaten, Gurken oder Salate – was immer gerade im Garten wuchs. Manchmal rieben wir auch rohe Rote Beten, Karotten, Zucchini, Knollensellerie oder Herbstrüben und machten daraus einen kompletten Salat mit Stangensellerie, Nüssen und Rosinen, Zitronensaft und Öl. Im Winter war Weißkohl oder Rotkohl die Grundlage des Salats. Dazu kamen geschnittene Äpfel, Nüsse, Orangen oder Grapefruit und Stangensellerie. Im Sommer waren es Spargelspitzen, rohe junge Erbsen oder frischer Mais. Wir ernteten den Salat direkt vor der Zubereitung und bereiteten ihn kurz vor dem Essen zu. So blieben alle Vitamine erhalten. Das Abendessen konnte eine halbe Stunde vor Essenszeit geplant und zubereitet werden. So nutzten wir »die unzähligen Möglichkeiten, die ein guter Garten bietet«.[26] Diese »frische Suppe« war »schnell bei der Hand und schnell zubereitet, sie erforderte weder Feuer, Geld noch Aufmerksamkeit, sie zu kochen, zu braten oder zuzubereiten wie Fleisch und andere Nahrung«.[27] »Die Hausfrau wurde nie überrascht, hatte alles fertig und konnte auf die Schnelle einen guten Salat bereiten.«[28]

Manchmal säuberten und wuschen wir das Gemüse einfach, dann taten wir es in Schüsseln und ließen die Leute sich selbst bedienen. Es gab eine große Auswahl: Salatherzen, Endivien, Löwenzahnblätter, Spinatblätter, Blumenkohl, Rosenkohl, Brokkoli, Petersilie, ganze Karotten, Rettiche, Tomaten und Gurken, Stangensellerie, Spargel, Zuckermais, Erbsen und Paprikaschoten. Alles, was in einem Salat gegessen werden kann, kann auch ganz aufgetischt werden. Die Essenden versorgten sich selbst und stellten ihre eigene Mahlzeit zusammen.

Im Winter stellten wir vor der Zubereitung des Salats Kartoffeln oder Kürbis in den Ofen. Beides wurde ganz, mit Schale, gebacken. Der Dampf, der in der Schale erzeugt wurde, garte die Gemüse in Rekordzeit, wodurch die Inhaltsstoffe weitgehend erhalten blieben. Waren Mais, Spargel, Erbsen oder Bohnen im Garten reif, aßen wir auch sie abends und kochten sie so kurz wie nötig in so wenig Wasser wie möglich. Vor Jahren schon entfernten wir alle Aluminiumgeräte aus unserer Küche, da wir glauben, dass sich Aluminium leichter löst als die meisten anderen Metalle und Rückstände in der Nahrung zurücklässt, die das Essen negativ beeinflussen und wahrscheinlich im menschlichen Körper als langsames Gift wirken. Unser weniges Kochen wurde in rostfreiem Stahl, Emaille, Tontöpfen oder Glas vorgenommen.

Alle Mahlzeiten wurden von einem Holztisch gegessen, aus hölzernen Schalen, die für die ganze Mahlzeit benutzt wurden. So gab es nur wenig Geschirr und wenige Töpfe zum Abwaschen. Die Salate aßen wir mit Essstäbchen, da wir fanden, diese seien sanfter und besser geeignet als die grobe Gabel, mit der man das Essen in sich hineinschaufelt. Auch denken wir, dass Holzessbesteck neutraler ist und den Geschmack des Essens nicht so beeinflusst wie Metallgeschirr.

Diese Essgewohnheiten fanden wir einfach, ökonomisch und praktisch, obwohl sie wohl in den USA des 20. Jahrhunderts nicht üblich sind. Durch die fortschreitende Zivilisation wurden die Essgewohnheiten der amerikanischen Bevölkerung – wie alles andere auch – von Grund auf verändert. Die Verarbeitung der Nahrung wurde aus dem Wald, aus dem Garten, aus der Küche und der Familie in die Fabrik und das Großunternehmen verlagert. Wir jedoch legten das Zentrum zurück aufs Land. Dort zogen wir die Nahrung, die wir brauchten. Wir fanden sie ausreichend, gut und nahrhaft. Auf der Grundlage dieser Diät erhielten wir unsere robuste Gesundheit und finanzierten keine ärztliche Versorgung. Unsere »Apotheke waren Feld und Wald«.[29] »Durch das Einhalten einer Diät wird vielen Krankheiten vorgebeugt. Es ist nur eine Beobachtung, dass die, die überlegt und nach einer gesunden Diät leben, ihre eigenen Ärzte sind.«[30] Mit Gemüsen, Obst, Nüssen und Getreiden zeigten wir, dass man sich einen gesunden Körper bewahren kann – als Fundament eines gesunden Verstandes und eines sinnvollen, harmlosen Lebens.

Anmerkungen

1) Wrench, G. T.: The Wheel of Health. London: C. W. Daniel 1938, S. 130

2) »Es ist etwas an der Frische von Nahrung, besonders pflanzlicher Nahrung, vielleicht eine Art von Energie, vielleicht bestimmte Lichtwellen oder elektrisches Potential, das ihr einen gesundheitsfördernden Einfluss gibt. Es ist sicher, dass keine künstliche Diät, die ich mir ausdenken konnte, in Bezug auf gesundheitliche Werte mit der konkurrieren kann, die aus den frischen Nahrungsmitteln besteht, die die Natur selbst liefert.« McCarrison, Robert: Nutrition and National Health. London: Faber & Faber 1944, S. 11

3) Quigley, D. T.: The National Malnutrition.
Milwaukee, Wisconsin: Lee Foundation for Nutritional Research 1948, S. 90

4) Report 604 des Committee on Agriculture and Forestry.
Washington D. C., U. S. Government Printing Office 1951, S. 7

5) Report 604 des Committee on Agriculture and Forestry: ibid. S. 11

6) Quigley, D. T.: ibid. S. 38

7) House of Rep.: Report 2356. Investigation of the Use of Chemicals in Foods and Cosmetics. Washington D. C., U. S. Government Printing Office 1952, S. 20

8) House of Rep.: Report 2356: ibid. S. 25

9) House of Rep.: Report 2356: ibid. S. 32

10) House of Rep.: Report 2356: ibid. S. 31

11) House of Rep.: Report 3254: ibid.

12) House of Rep.: Report 3254: ibid. S. 3f.

13) House of Rep.: Report 3254: ibid. S. 4

14) Quigley, D. T.: ibid. S. 3

15) J. I. Rodale schlägt im Magazin »Prevention« denjenigen, die den Gefahren im Supermarkt skeptisch gegenüberstehen vor: »Wenn Sie aus familiären Gründen oder anderen Ursachen, die Sie nicht kontrollieren können, Nahrung kaufen müssen, die mit Chemikalien behandelt wurde, schreiben Sie der herstellenden oder verarbeitenden Firma einen Brief und fragen Sie, welche Substanzen das Produkt enthält. Teilen Sie ihr höflich, aber bestimmt mit, dass Sie keine Produkte essen möchten, die Chemikalien enthalten. Teilen Sie ihr ganz einfach mit, dass Sie Brot, das schimmelt, jenem vorziehen, das mit Chemikalien behandelt wurde. Erzählen Sie ihr, dass Sie Orangen lieber natürlich als gefärbt haben möchten. Sagen Sie ihr auch, dass Sie es unabhängig von Geschmack und Farbe vorziehen, Nahrung zu essen, der keine künstlichen Farben oder Geschmacksstoffe zugesetzt wurden.« April 1954, S. 119

16) Webster, Noah: The Massachusetts Agricultural Repository 1804, S. 46

17) »Es gibt nichts, was die Sinne angenehmer anregt, als mitten im Winter eine Frucht zu essen, die genauso gut, ja sogar besser ist als zu der Zeit, als sie geerntet wurde. Man wird diese Frucht mit mehr Lust und Befriedigung essen als im Sommer, wenn ihr Überfluss und die vielen Sorten bedrängen. Aus diesem Grunde wollen wir die bekanntesten und wirksamsten Methoden aufzeigen, mit denen den ganzen Winter über, ja bis zum Frühjahr, Lebensmittel konserviert werden können.«
Evelyn, John: The French Gardiner. London: Tooke 1675, S. 263f.

18) Evelyn, John: Acetaria. London: Tooke 1699, S. 127

19) Stevens, Henry Bailey: The Recovery of Culture. New York: Harpers 1949

20) »Die primitiven Menschen waren zweifelsohne hauptsächlich Esser von Pflanzen.«
Briffault, R.: The Mothers. London: Allen & Unwin 1927, Vol. 1, S. 441

21) »Unser ganzes Leben lang ist der Konsum von Pflanzen von überwältigender Wichtigkeit und von Bedeutung. Wir können nicht ohne sie leben; alle Nahrung, die wir brauchen, die uns erfrischt, kommt von ihnen. Und um wie viel unschuldiger, süßer und gesünder ist eine Tafel voller Obst und Gemüse als eine mit stinkendem Fleisch von getöteten oder geschlachteten Tieren. Der Mensch war von der Natur sicher nicht als Fleischfresser vorgesehen, auch ist er nicht zum Raub und zum Reißen ausgerüstet, mit seinen Zähnen und den verkümmerten Krallen. Nein, seine Hände sollen Obst und Gemüse sammeln und seine Zähne sie verzehren.«
Ray, John: Historia Plantarum. London: Faithorne 1686, S. 46

22) »Es verleitet den Menschen nicht dazu, zu essen, bis er arbeitsunfähig ist, noch bringt es Krankheit; es stärkt ihn und verlängert sein Leben.«
Mackenzie, George: A Moral Essay, preferring Solitude to Publick Employment. London: Sawbridge 1685, S. 123

23) London Times 22. Februar 1932

24) Davis, Adelle: Let's Cook It Right. New York: Hartcourt, Brace 1947, S. 488

25) »Im Ganzen gesehen, ist Brot keine sehr gehaltreiche Nahrung, da es sehr sauer ist und aus diesem Grund fermentiert und Blähungen bewirkt, besonders, wenn es mit Früchten gegessen wird. Daher sollten Menschen mit einem Hang zu Blähungen nur wenig Brot am Tag essen.«
Haig, K. G.: Health Through Diet. London: Methuen 1913, S. 23f.

26) Evelyn, John: Acetaria. ibid. S. 795

27) Evelyn, John: Acetaria. ibid. S. 3

28) Evelyn, John: Acetaria. ibid. S. 185

29) Thomson, Samuel: New Guide to Health. Boston: Adams 1835, S. 9

30) Anonym: Concise Directions on the Nature of our Common Food so far as it tends to Promote or Injure Health. London: Swords 1790, S. 7

Es ist wahr, dass es manchmal profitabler wäre, Geld mit Handeln zu verdienen, wäre es nicht so gefährlich; ebenso das Verleihen von Geld gegen Zinsen, wäre dies eine ehrenhafte Beschäftigung.

Marcus Porcius Cato, De Agri Cultura, 149 v. Chr.

Der Landbewohner hat eine einträgliche und vorausschauende Familie. Keine, deren Bedürfnisse immer aus einem Laden befriedigt werden müssen oder die immer Essen vom Markt braucht. Seine Verpflegung ist immer aus seinem eigenen Lager und in Übereinstimmung mit der Jahreszeit.

Don Antonio de Guevara, The Praise and Happiness of the Country-Life, 1539

Sicher ist der großen Ruhmes und Lobes würdig, der viel unwirtliches Land besitzt und es durch Arbeit und Fleiß dazu bringt, außergewöhnlich viel zu produzieren, nicht nur zu seinem eigenen Nutzen, sondern auch zum Wohle der Allgemeinheit.

Sir Richard Weston, Legacy to his Sons, 1759

In unserer gegenwärtigen Lage hat die Vorsehung entschieden, dass ein mittelmäßiger Erfolg in der Landwirtschaft nicht nur denen zufällt, die außergewöhnlich intelligent sind. Sie war so freundlich, dass selbst die Hände eines völlig Unwissenden noch ernten, während jedoch höchste Erträge nur dort zu finden sind, wo gemeinsame Anstrengungen von höchster Intelligenz gelenkt werden.

R. L. Allen, The American Farmer's Book, 1849

Wer kennt einen guten Bauern mit verständigem Verhalten, der erfolglos war?

John L. Blake, Farmer's Every-Day Book, 1850

Den Lebensunterhalt abrunden

Notwendigkeiten – Stabilität und Sicherheit –
Die Grundlage unserer Konsumwirtschaft – Befreiung von den Märkten der Stadt –
Handwerkliches Wissen – Eine Wirtschaft ohne Geld –
Persönliche Verantwortung und Voraussicht – Notwendigkeiten für den Lebensunterhalt

Der Lebensunterhalt ist das Gerüst, um das die meisten Menschen ihr Leben errichten. Es gibt Ausnahmen. Aber die Mehrzahl der Menschen, besonders in industrialisierten Gesellschaften, widmet ihre besten Stunden und Jahre der Erzielung eines Einkommens, das gegen die Notwendigkeiten und Bequemlichkeiten ihrer körperlichen und sozialen Existenz getauscht wird. Kinder, alte Menschen, Kranke und freiwillige Parasiten sind zumindest zum Teil frei von den Notwendigkeiten des Lebensunterhalts. Erwachsene mit gesundem Körper haben kaum eine Wahl. Sie müssen sich diesen Notwendigkeiten stellen oder ein hohe Strafe in Form von sozialer Missachtung, Unsicherheit, Angst und auch körperlichen Unannehmlichkeiten zahlen. Notwendigkeiten des Lebensunterhalts, besonders die unabdingbaren, müssen ständig, das heißt jeden Tag, jeden Monat, jedes Jahr, erfüllt werden. Eine Unterbrechung in der Versorgung mit notwendigen Gütern und Diensten – auch für eine kurze Zeit – bewirkt Mühsal und erzeugt eine unsichere, ängstliche, furchtgeladene Atmosphäre. Wie aber kann die Stabilität und die Sicherheit eines Lebensunterhalts gewährleistet werden?

Ohne in eine längere Diskussion einzusteigen, wollen wir sieben Vorschläge machen, wie Stabilität und Sicherheit maximiert werden können.

1) Die Quellen des Lebensunterhalts so gestalten, dass alle körperlich fähigen Erwachsenen im Austausch für Einkommen Dienste leisten. Auf diese Weise werden die sozialen Spaltungen vermieden, die auftauchen, wenn in einer Gemeinschaft einige von nicht verdientem Einkommen leben, während der übrigen Arbeitskraft gegen Lebensunterhalt tauschen. 2) Krasse und auffällige Unterschiede im Lebensstandard vermeiden. 3) Die Gemeinschafts-Ökonomie budgetieren und planen. 4) Bücher führen, die von allen überprüft werden können. 5) Sofort zahlen, entweder in Arbeit oder in Material, um Inflation zu vermeiden. 6) Wirtschaftlich denken, die Ressourcen schonen, so wenig wie möglich, anstatt so viel wie möglich produzieren und konsumieren. 7) Eine große Auswahl an sozialen Diensten zur Verfügung stellen, die auf Spezialisierung und Zusammenarbeit beruhen.

Im Zuckerhaus wird Ahornsirup gekocht. Helen bedient den 1,50 × 4,50 Meter großen Verdampfer.

Alle sieben Vorschläge sollten von allen, die daran interessiert sind, ihren Lebensunterhalt zu sichern und abzurunden, beachtet werden. Da Lebensunterhalt das Thema eines anderen Buches ist (Scott Nearing: *Economics for the Power Age,* New York, John Day 1952), haben wir die Grundlagen hier nur umrissen, um eine Basis für die Diskussion der Methoden zu haben, mit denen wir die Probleme unseres Lebensunterhalts in Vermont gelöst haben.

Es wäre ohne Weiteres möglich gewesen, in den Bergen von Vermont genauso zu leben wie in den Vorstädten von New York oder Boston: Einkauf in nahegelegenen Märkten, um alle Bedürfnisse zu erfüllen, Verwendung von Obst und Gemüsen, die mit Gift überladen sind und von dem Ort ihrer Produktion einen weiten Weg transportiert wurden, sowie Verbrauch der konservierten, zubereiteten Produkte der Lebensmittelindustrie. So lebten einige Familien im Tal, solange sie es sich erlauben konnten. Derweil bezahlten sie den üblichen Preis – geringere Vitalität und schlechte Gesundheit.

Uns zog nichts in diese Richtung, zum Teil, weil wir frische, lebendige, biologisch angebaute Nahrung bevorzugten, zum Teil, weil unsere Wirtschaft auf der Grundannahme basierte, dass wir so viele Nahrungsmittel wie möglich selbst produzieren und verbrauchen wollten und uns nur bei dem kleinen Rest an Gütern und Diensten, die außerhalb der Möglichkeiten unseres Haushalts lagen, auf Geldtausch einließen.

Die Basis unser Konsumenten-Wirtschaft war der Garten. Durch die Produktion und den Verbrauch der Gartenfrüchte – wie wir es in den beiden vorangegangenen Kapiteln beschrieben haben – waren wir in der Lage, etwa 80 Prozent unserer Nahrung selbst zu erzeugen.[1] Das Haus, der zweitgrößte Posten im Etat eines Haushaltes mit geringem Einkommen,[2] verschafften wir uns durch die Baumaßnahmen, die wir im Kapitel über Hausbau beschrieben haben. Als Brennstoff verwendeten wir Holz, das wir auf unserem Grundstück fällten. Einige unserer Nachbarn heizten mit Kohle, Öl, Gas oder Strom. Wir aber liebten die Arbeit im Wald, wozu das ständige Säubern und Lichten gehörte. Und wenn Holz vor Ort geschlagen und verbraucht wird, braucht man kein Bargeld, sondern erhält einen direkten Gegenwert für die Arbeit. Thoreau sagte über die Selbstversorgung mit Holz: »Es wärmt uns zweimal, und die erste Wärme ist die gesündere und beste. Im Vergleich dazu ist die zweite minderwertig. [...] Der größte Wert wird realisiert, bevor das Holz zuhause verbraucht wird.«[3]

Unsere Ökonomie in Vermont versorgte uns komplett oder zum großen Teil auf einer direkten Basis mit Nahrung, einem Dach über dem Kopf und mit

Brennstoff, also mit dem größten Teil der Lebensnotwendigkeiten [4]. Im Großen und Ganzen konnten wir uns mit diesen Dingen versorgen, und zwar proportional zum Aufwand an Arbeitszeit, die wir zu investieren bereit waren. Als wir nach Vermont gingen, bestand unser Ziel jedoch nicht darin, ein Vielfaches an Nahrung, Schutz, Brennstoff und anderen Lebensnotwendigkeiten zu erreichen. Vielmehr wollten wir lediglich genug davon haben, um uns einen Lebensstandard zu ermöglichen, der unsere Gesundheit erhielt und uns gleichzeitig genug Freizeit ließ, damit wir unseren Berufen nachgehen konnten. Lebensunterhalt war kein Ziel an sich – es war vielmehr ein Mittel auf dem Weg zu einem reichen und erfüllten Leben. Daher erzeugten wir diese Lebensnotwendigkeiten nur bis zu dem Punkt, an dem genug vorhanden war. War dieser Punkt erreicht, wendeten wir unsere Aufmerksamkeit vom Broterwerb ab und widmeten uns unseren Berufen oder sozialen Beschäftigungen.

Die heutige Wirtschaft der USA verlangt, dass alle, die ihren Lebensunterhalt verdient haben, sich zunächst Bequemlichkeiten und Annehmlichkeiten zuwenden und später Luxus und überflüssigen Dingen. Nur durch solche Maßnahmen kann eine profitorientierte Wirtschaft hoffen, das Wachstum zu erreichen, das gebraucht wird, um die Profite wieder zu investieren und denen einen Profit zu ermöglichen, die in neue Industrien investieren.

Wir taten fast genau das Gegenteil. Unsere Verbrauchsgüter stammten fast alle von unserer Farm, auf einer Verbrauchsbasis. Bequemlichkeiten und Annehmlichkeiten kamen von außerhalb der Farm, für sie musste entweder durch Tausch oder mit Geld bezahlt werden. Einige Erzeugnisse tauschten wir – besonders Früchte, die wir in Neuengland nicht anbauen konnten. Geld ausgeben bedeutete zusätzlich Geld verdienen. Folglich bemühten wir uns, so zu handeln, wie Robert Louis Stevenson in seinem *Christmas Sermon* rät: »Verdiene ein wenig und gib ein bisschen weniger aus.« Nahrung vom Garten und Holz aus dem Wald waren die Ergebnisse unserer Zeit und Arbeit. Wir zahlten keine Miete. Die Steuern waren nicht zu hoch. Wir kauften keine Süßigkeiten, keinen Kuchen, kein Fleisch, keinen Alkohol, keinen Tee, keinen Kaffee und keinen Tabak. Diese scheinbar geringfügigen Dinge summieren sich und machen einen nicht geringen Teil eines normalen Familienbudgets aus. Wir gaben nur wenig für Kleidung und Kleinigkeiten aus. Fünfzehn Jahre lang kam unser Licht von Kerosin oder von Kerzen. Wir hatten niemals Radio oder Telefon. Den größten Teil unserer Möbel hatten wir selbst gemacht. Nicht mehr als zweimal im Monat kauften wir in der Stadt ein, und selbst dann waren die Einkäufe gering.

»Zivilisation«, sagt Mark Twain, »ist die unbegrenzte Vervielfältigung von unnötigen Notwendigkeiten«. Eine Marktwirtschaft versucht, die Kunden durch Reklamegeschrei zu verwirren, damit sie Dinge kaufen, die sie weder brauchen noch wollen, und damit sie ihre Arbeit verkaufen, um diese Dinge bezahlen zu können. Da unser Ziel die Befreiung von all dieser Ausbeutung war, die den Verkauf von Arbeitskraft begleitet, hüteten wir uns vor den Reizen des Marktes wie sich eine weise Maus vor anderen Fallen hütet.

Manche mögen dieses Leben als ärmlich, eremitisch oder als bewusste Selbstbestrafung bezeichnen. Wir hatten dabei andere Gefühle. Wir kamen aus New York, mit seiner extravaganten Zurschaustellung von Überflüssigem und seiner exzessiven Vergeudung von allem, von Nahrung und Kapital bis hin zu Zeit und Energie, und wir waren überrascht und erfreut, wie viel der Stadt-Unordnung und der Stadt-Vergeudung wir über Bord werfen konnten. Wir fühlten uns so frei wie ein eingesperrter Wildvogel, der sich wieder in Freiheit befindet. Die Anforderungen, die auf der Stadtbevölkerung lasten, behinderten uns nicht länger. In dem Maße, wie wir unsere Bedürfnisse auf unsere Art und in unserer eigenen Zeit befriedigen konnten, hatten wir uns von der Abhängigkeit von der Marktwirtschaft befreit.

Das Leben in Vermont befreite uns bezüglich unseres Verbrauchs von den Begrenzungen, Vorschriften und Zwängen des Stadtlebens. Einen noch stärkeren Effekt hatte es auf uns in Bezug auf unser Produzieren. Eine Hauswirtschaft, die auf einem Maximum an Selbstversorgung beruht, gibt den Beteiligten ein Maximum an Verantwortung.

Menschen, die in einer Verbrauchswirtschaft leben, müssen ihre Güter und Dienstleistungen selbst erzeugen, und zwar nicht nur im benötigten Umfang, sondern auch zur richtigen Zeit. Wer in einem abgelegenen Tal wohnt, kann nicht einfach zum nächstgelegenen Laden gehen und die Dinge kaufen, die fürs Mittagessen gebraucht werden. Sie müssen in der vorhergehenden Jahreszeit planen und vorbereiten.

Wenn am ersten Juni Radieschen auf dem Tisch stehen sollen, dürfen diese nicht später als in der ersten Maiwoche gesät werden. Wenn sie die besten Ergebnisse bringen sollen, muss der Boden vor dem Saattag vorbereitet werden. Bei uns heißt Vorbereitung notwendigerweise Kompost. Ein Komposthaufen, der im Frühjahr fertig sein soll, muss im vorhergehenden Sommer angesetzt sein. Um also am ersten Juni frische Radieschen zu haben, mussten wir zehn oder zwölf Monate vorher mit den Vorbereitungen anfangen.

Genauso war es mit der Brennstoffversorgung. Es ist möglich, nasses Holz zu verwenden, wenn man es direkt vor dem Verbrennen im Ofen oder unter dem Herd trocknet. In diesem Fall trocknen aber nur die äußeren Fasern, sodass das Holz nicht gut brennt, aber zumindest das Feuer nicht löscht. Die besten Ergebnisse erzielt man, indem man das Holz im Freien spaltet und im Freien lässt, bis Wind und Sonne es an der Oberfläche ausgetrocknet haben, und es danach sechs Monate in einen offenen Holzschuppen packt. Mit anderen Worten, der Brennstoff für den Winter muss im vorhergehenden Frühjahr unter Dach sein. Wenn das Holz noch ein Jahr früher geschlagen und aufgestapelt werden kann – umso besser.

Ein anderes Beispiel notwendiger Vorausschau sind Gebäude. Es gab einen Platz im Holzschuppen, wo Zementsäcke gelagert wurden. Bevor wir in die Stadt fuhren (20 Kilometer nach Manchester in der einen Richtung oder 45 Kilometer nach Brattleboro in der anderen), schauten wir immer in den Schuppen, und wenn unser Vorrat aus weniger als fünf Säcken bestand, brachten wir fünf oder zehn Säcke mit. So hatten wir normalerweise immer Zement, wenn wir ihn brauchten. Sonst hätten wir Zeit, Arbeit und Geld investieren müssen, um extra in die Stadt zu fahren. Der Zement war noch billiger, da wir ihn tonnenweise kauften und ihn selbst nach Hause brachten, sodass wir an einem Zementsack 15 bis 20 Prozent sparten. Durch solche Methoden war unser Zement billig und immer zur Hand.

Abgelegene Selbstversorgerhaushalte müssen mit Reparaturen genauso umgehen wie mit Installationen, indem sie einiges an Holz, Eisenwaren und einfachen Werkzeugen bereithalten und die Reparaturen erledigen, wie sie anfallen. Die Arbeit mag hinterher nicht professionell aussehen, aber sie fordert die Fantasie aller Beteiligten und stellt ein reizvolles Training dar. Nachdem alles bedacht und getan wurde, ist es unsinnig und verschwenderisch, einen Bau-Profi kommen zu lassen, damit dieser denkt, plant, arbeitet und am Ende dann die Freude an einer handwerklich gut ausgeführten Arbeit hat. »Sollen wir«, fragt Thoreau, »die Freude am Bauen stets dem Zimmermann überlassen?«[5]

Die Ökonomie des Energie-Zeitalters hat Handwerker durch spezialisierte Maschinen und das Fließband ersetzt und viele Fachkräfte in Maschinenwärter verwandelt. Folglich liegt der Schwerpunkt nicht mehr auf Qualität, sondern auf Profit. Der durchschnittliche Arbeiter in der Stadt wird aufgefordert, als Ersatz für den Stolz auf seine Arbeit und für die Befriedigung über das Beherrschen von Werkzeug und Material einen Lohn oder ein Gehalt zu akzeptieren.

Unsere selbstgenügsame Vermonter Ökonomie, deren Schwerpunkt auf unseren eigenen produktiven Anstrengungen lag, eröffnete uns den Zugang zu vielen verschiedenen Qualifikationen, von denen Menschen, die in der Stadt wohnen, im Allgemeinen wenig wissen. Zu den wichtigsten dieser Qualifikationen zählte das Wissen im Zusammenhang mit dem Boden und der Erzeugung und Zubereitung von Nahrung. Ein zweiter Bereich war das Bauen, die Ausstattung und Reparatur von Wohnhäusern sowie die Herstellung und Instandsetzung von Werkzeugen und Geräten. Holzhacken und das Auslichten der Waldstücke brachten uns in Berührung mit dem Wald und den mit ihm verbundenen Techniken. Auf allen diesen Gebieten mussten wir denken, planen, Material und Werkzeuge besorgen und die Techniken anwenden, die erforderlich sind, um die gewünschten Resultate zu erzielen.

Wer in der Stadt wohnt und an eine Vielzahl von Diensten gewöhnt ist, glaubt irgendwann, die wichtigen Fragen des täglichen Lebens könnten durch Abmachungen gelöst werden, besonders über das Telefon. Ein Kunde mit einem Geldschein erzielt in einem Supermarkt wunderbare Ergebnisse. Aber man stelle sich dieselbe Person mit einem zu lösenden Problem und ungenügendem Werkzeug in der Wildnis vor. Geld erreicht dort nichts. Statt dessen sind Einfallsreichtum, Geschicklichkeit, Geduld und Ausdauer gefragt. Wer mit einem Paket unter dem Arm von einem Laden nach Hause kommt, hat nichts gelernt, außer dass ein Geldschein auf dem Markt ein Machtmittel ist. Wer Material mit Werkzeugen und Geschicklichkeit in ein benötigtes Produkt umwandelt, ist bei diesem Prozess gereift. Ein Telefonanruf und ein Bankkonto können in einer Marktwirtschaft etwas erreichen. Aber die persönlichen Anforderungen, die in einem auf maximale Selbstgenügsamkeit gerichteten Haushalt verlangt werden, sind sehr unterschiedlich.

Die Schule der harten Schläge kennt keine Gnade. Man kann mit einem Verkäufer, einem Taxifahrer, ja sogar mit einem Verkehrspolizisten argumentieren. Einen rechten Winkel, eine Wasserwaage, eine schlechte Zementmischung, eine undichte Leitung oder einen Kurzschluss kann man nicht versöhnen. Da stehen sie, zeigen mit anklagendem Finger auf den unvorsichtigen oder unwissenden Arbeiter. Wenn jemand unter solchen Bedingungen gute Arbeit kennt und haben will, bleibt nur eines – herausreißen und noch mal von vorn anfangen.

Selbst versorgende ländliche Haushalte benötigen eine gewisse Menge an Bargeld, mit dem Steuern bezahlt sowie Werkzeuge, Material und in unserem Fall auch Kleidung (die wir in unserer Vermonter Zeit nie selbst herzustellen versuchten) gekauft werden. Wer in der Stadt wohnt und gelernt hat, sich auf ein Gehalt oder einen Lohn zu verlassen, fühlt sich unsicher und ist tief erschrocken bei dem Gedanken, Monate ohne sicheren Lohn leben zu müssen. Wo, so fragt man sich, soll denn das Geld herkommen?

Als George Breen aus Connecticut, wo er jahrelang Vertreter war, in das Tal kam, konnte er sich nicht vorstellen, wie es sein würde, eine Woche ohne Gehalt zu leben. Wie ein Mann, der unbekanntes Land betritt, fing er sein neues Leben an – vorsichtig und erfüllt mit bösen Ahnungen und einem Gefühl der Unsicherheit. Als wir uns aus dem Strudel des New Yorker Lebens in die Einsamkeit der Berge und Wälder stürzten, fühlten wir uns ähnlich. Geld war die Münze des städtischen Reiches, aus dem wir kamen – das Sesam-öffne-dich zu der Befriedigung von Wünschen und Notwendigkeiten. Wir verließen die Stadt und fühlten, dass wir die Geldwirtschaft hinter uns ließen. Wenn sie ihr hässliches Haupt selbst in der Wildnis von Vermont erhob, hielten wir sie klein und waren nur darauf bedacht, dass mehr Einnahmen als Ausgaben da waren. Weise schreibt William Cooper in seinem Buch *Guide in the Wilderness:* »Kein großes Vermögen wird gebraucht, sondern ein ständiger Zufluss, wie ein kleiner Bach, der nie austrocknet. Viel Geld zu haben, ist nicht so notwendig wie das Geschick, wenig zu verwalten und niemals ohne ein bisschen Geld zu sein.«[6]

Abseits der öffentlichen Erziehung, Sozialhilfe, Altersrenten und Sozialabgaben, die zwischen 1932 und 1952 im Leben des ländlichen Vermont auftauchten, gründete sich die Stabilität unseres Haushalts auf sein inneres Gleichgewicht, auf die Gesundheit der Beteiligten und ihre Bereitschaft zur Arbeit oder zu anderen Beiträgen an Gütern und Diensten, die der Haushalt benötigte.

Die Häuser in unserer Gegend waren gut erhalten oder heruntergekommen, sauber oder verwahrlost, je nachdem, wie viel Zeit und Energie die erwachsenen Familienmitglieder in die verschiedenen Aufgaben steckten, die erfüllt sein müssen, bevor Sauberkeit und Ordnung erreicht und erhalten werden können. »Viele Farmen mit großem Grundbesitz werden der rheumatischen Arbeit fortschreitender Altersschwäche überlassen. [...] Es gibt keine Kraft für Reparaturen, keinen Drang für Verbesserungen und keine Erwartung über das nackte Überleben hinaus. [...] Dabei sind nur Mut notwendig, eine kalte Schulter gegenüber manchen Miesmachern sowie Energie, Geschick und Durchführung.«[7]

Praktisch jede Farm im Tal hatte einen Garten, der im Frühjahr bepflanzt, im Sommer ab und zu gepflegt und im Herbst den Unkräutern überlassen und vernachlässigt wurde.

Eine Fahrt durch das Zuckergehölz

Das Tal grenzte an »die Wildnis«, deren Zentrum der Stratton Mountain war. Wild gab es in Mengen. Rehe waren so zahlreich, dass sie manchmal das Gärtnern fast unmöglich machten. Dennoch gab es im ganzen Tal nur wenig Gartenzäune. Die Bevölkerung zog es vor, ihre Gärten nahe beim Haus zu haben, Katzen und Hunde zu halten und Risiken einzugehen.

Im Jahr fielen etwa 1000 Millimeter Niederschläge, die sich relativ gleichmäßig über das ganze Jahr verteilten, aber fast jeden Sommer gab es kleinere Trockenperioden und periodisch wiederkehrend regenlose Zeiten, die die bearbeiteten Felder in Staub verwandelten. Das Tal hatte Quellen und Bäche im Überfluss, es gab überall Steine und Sand, und Kies brauchte man sich nur zu nehmen. Trotzdem baute keine Familie einen Wassertank oder die Anfänge eines Bewässerungssystems.

Das Gartenland fiel ab, oftmals sehr steil, aber es gab im ganzen Tal keine Terrassen. Während unserer zwei Jahrzehnte haben wir kein einziges Beispiel für eine bewusste Oberflächengestaltung, eine Drainage oder einen Furchenrain gesehen.

Die Gebäude im Tal waren ärmlich, viele von ihnen waren mit Holzschindeln gedeckt, die ein hohes Brandrisiko mit sich brachten. Die meisten Häuser hatten kein fließendes Wasser im Haus, noch nicht einmal eine Regentonne, in der sich Wasser zur Brandbekämpfung in trockenen Zeiten befand. Zwar gab es in den letzten zwanzig Jahren nur ein abgebranntes Haus im Tal, aber Schornsteinbrände waren häufig, und die Feuerwehr war weit weg.

Es gab nur wenig Planung, Budgetierung, Buchhaltung. Die meisten Familien gaben aus, was sie hatten, stürzten sich dann in Schulden und hofften auf bessere Zeiten. »Es gibt nichts im Leben eines Bauern, was die Vorteile einer ordentlichen Buchhaltung widerlegt, trotzdem gibt es nur einen unter tausend Bauern, der eine hat.«[8]

Wir hatten niemals vor, mehr als die Hälfte unserer Zeit dem Broterwerb zu widmen, aber in dieser Zeit nahmen wir die Probleme des Lebensunterhalts ernst. Wir hatten einige Erfahrungen mit Landwirtschaft und Waldarbeit, mit Bauwesen, Maschinentechnik und Sozialtechnik. Wir behandelten die Herausforderungen unseres Lebensunterhalts genau so, wie wir andere Herausforderungen auch behandelten. Dafür gibt es anerkannte Methoden, in der Wissenschaft wie in der Technik. Wir versuchten, die Prinzipien und Methoden von Wissenschaft und Technik auch auf die Probleme der Ausgestaltung unserer halbautonomen Farmwirtschaft anzuwenden. Wir untersuchten das vor uns liegende Problem, dachten darüber nach, diskutierten es, machten Pläne, sammelten die benötigten Materialien und Werkzeuge, und dann arbeiteten wir die Lösung aus, der jeweiligen Situation angemessen. So zäunten wir ein, bewässerten, terrassierten, planten, bauten und zeigten uns so als unbequem, merkwürdig, ehrgeizig und manchmal sogar unnachbarlich, da wir Maßstäbe setzten, die weit weg von denen lagen, die in unserer Nachbarschaft erreicht und für richtig gehalten wurden.

Anmerkungen

1) »Nahrung nimmt fast 40 Prozent des Etats einer normalen städtischen Familie ein.«
Borsodi, Ralph: In: The Interpreter, 1. März 1946, S. 2

2) »Schutz auf der anderen Seite verbraucht 25 Prozent des zur Verfügung stehenden Geldes.«
Borsodi, Ralph: ibid. S. 1

3) Thoreau, Henry David: In: Journal, 22. Oktober 1853

4) »Ein angemessenes Programm des Landlebens würde eine normale Familie, da es ihr Nahrung und Schutz bietet, zu etwa 60 Prozent unabhängig machen.«
Borsodi, Ralph: ibid. S. 2

5) Thoreau, Henry David: Walden. Boston: Ticknor & Fields 1854, S. 51

6) Cooper, William: Guide in the Wilderness. Dublin: Gilbert & Hodges 1810, S. 53ff.

7) Farming in New England, Report of Comissioner of Agriculture.
Washington D. C., Government Printing Office 1871, S. 225

8) Young, Arthur: The Farmer's Calendar. London: Phillips 1805, S. 569

Dass jeder Mensch sich nicht nur um das Fortkommen seiner eigenen Interessen, sondern sich auch um das allgemeine Wohl kümmern soll, wird eher zugestanden als verwirklicht. [...] Es ist notwendig, dass die einen so beschäftigt werden und die anderen anders, damit jeder einen hohen Grad an Wissen und an Gewandtheit auf dem Gebiet erreicht, das er zu seinem Beruf machen will. Damit jeder nützlich ist und die anderen unterstützen kann. Damit durch gute Zusammenarbeit von allen alle bequem leben können.

James Donaldson, The Undoubted Art of Thriving, 1700

Diese Landbewohner sind im Allgemeinen sehr glückliche Menschen, sie genießen viele der Lebensnotwendigkeiten auf ihrem Hof und was sie so nicht produzieren, kaufen sie von dem Überschuss ihrer Produkte. Es ist bemerkenswert, eine solche Anzahl von Menschen zu sehen, die mit großer Leichtigkeit und Zufriedenheit leben und alle die Dinge besitzen, die für das Leben notwendig sind, aber nur wenig Luxus. Ihre Höfe geben ihnen Nahrung, einen großen Teil ihrer Kleidung, das meiste zum Bauen, und das mit einem Überschuss, der ihnen erlaubt, solche fremden Artikel zu kaufen, die notwendig sind, das Leben einigermaßen angenehm zu machen. Es gibt nur wenig Eleganz bei ihnen – aber genug vom Notwendigen.

Anonym, American Husbandry, 1775

Meine sehr verehrten, unverantwortlichen Nachbarn, lasst uns sehen, wie wir am meisten Vorteil voneinander haben können; wir werden wenigstens nützlich, wenn nicht sogar bewundernswert füreinander sein.

Henry David Thoreau, A Weck on the Concord and Merrimack Rivers, 1849

Wir haben gelernt, die Straßen zu fürchten, sie bedeuten Menschen und Bewegung und wenig Frieden.

Herbert Jacobs, We chose the Country, 1948

Leben in der Gemeinschaft

Die Nachbarn beobachten uns – Wir ziehen Zusammenarbeit der Lohnarbeit vor – Erfolgreiche und erfolglose Bemühungen um Nachbarschaftsgruppen – Mit gemeinsamen Anstrengungen hätte das Tal aufblühen können – Nicht ausreichendes Interesse und mangelnder Enthusiasmus – Das Gemeinschaftshaus – Individualismus nimmt überhand – Eine Musikstunde – Erfolgreiche kommunale Anstrengung

Wir kamen nach Vermont als Außenseiter. Die Alteingesessenen in diesen Gebieten nennen Neuankömmlinge »Ausländer«. In Hinblick auf ihr Misstrauen und ihr Zögern, Neulinge in die Nachbarschaft aufzunehmen, sollten sie sie besser »Eindringlinge« nennen.

Jede Gemeinschaft verlangt Konformität in Bezug auf ihre Gesetze, erwartet die Anerkennung ihrer Sitten und Gebräuche und zieht es vor, nur Einheimische in ihren Reihen zu haben. In kleinen, abgelegenen Gemeinden ist dies der vorherrschende Wunsch. 1932 wurde die Wirtschaftskrise selbst in der Wildnis der Grünen Berge spürbar. Vernet Slason, ein Mann aus Londonderry, 8 Kilometer von Bondville entfernt, heiratete Eva Crowninshield, eine junge Frau aus Bondville, und zog dorthin. Er war ein geschickter Zimmermann und Maler, sägte Holz für seine Nachbarn und schaffte sich im Arbeitsleben der Stadt schnell einen Platz. Einer der alten Bondviller reagierte darauf mit den Worten: »Ich sehe nicht ein, warum diese Fremden hierher kommen und unseren Jungs die Arbeit wegnehmen.« Angesichts der Tatsache, dass ein Vermonter so eine Reaktion hervorrief, als er »über den Berg« in ein nahe gelegenes Tal zog, muss man sich nun vorstellen, wie wir, die wir in einem anderen Staat geboren waren und direkt von New York City in die Gemeinde von Winhall, Vermont, auswanderten, aufgenommen wurden! Es war eine große Barriere, die wir zu überwinden hatten. Wir betrachteten das Zusammenleben mit der Dorfgemeinschaft als einen notwendigen Anteil des guten Lebens. Wie würde man uns akzeptieren? Zwar waren wir weitgehend gesetzestreue Bürger, aber wir folgten nicht den örtlichen Gebräuchen und waren dort nicht heimisch.

Als wir ankamen, beobachteten uns die Nachbarn. In kürzester Zeit kannten sie die kleinsten Einzelheiten – woher wir kamen, was wir dort getan hatten, wie alt wir waren, was für ein Auto wir fuhren, in welchem Zustand sich dieses befand, was für Kleidung wir trugen, was wir aßen und Hunderte von anderen Dingen.

Einer unserer ersten Schritte in Vermont war, die Lightfoots, unsere nächsten Nachbarn, zu fragen, ob sie uns mit Milch versorgen könnten. Sie waren einverstanden, und so brachte uns eine der Lightfoot-Töchter jeden Tag unsere Milch. Manchmal kamen alle drei zusammen. Es gab einen alten, viel gebrauchten Holzkasten in unserer Küche. Auf dem saßen die Mädchen dann wie die Hühner auf der Stange: Minnie, die Älteste, reichte mit ihren Füßen bis zum Boden, Mary ließ ihre Beine baumeln und Gladys, die Jüngste, die vier oder fünf Jahre alt war, streckte die Beine gerade nach vorne. Mit ihren großen ernsten Augen beobachteten sie alles, erinnerten sich an alles und gaben zweifelsohne Berichte an ihre Spielkameraden und ihre Familie.

Unsere Art zu leben amüsierte, verblüffte oder ärgerte die Nachbarschaft. Die stärkste Ablehnung war wahrscheinlich gegen unsere Ernährungsweise gerichtet. Wir wären leichter akzeptiert worden, wenn wir »normal« gegessen hätten. Aber wir aßen mit Essstäbchen aus Holzschüsseln und nicht mit Gabeln und Löffeln von Porzellantellern. Wir aßen Nahrung roh, die nach Vermonter Auffassung gekocht werden müsste, und wir kochten Unkraut und ausländische Sachen, die überhaupt nicht gegessen werden sollten. Dass wir kein Fleisch aßen, war an sich schon seltsam, aber während unserer ganzen zwanzig Jahre in Vermont backten wir keinen Kuchen, aßen niemals Torte oder Plätzchen und fast niemals Donuts. In einer Gemeinschaft, in der es bei zwei oder drei Mahlzeiten am Tag Pies, Kuchen und Donuts gab, war ein solches Verhalten nicht nur unglaublich, sondern verwerflich. Kurz gesagt, wir lebten nicht nach der akzeptierten Vermonter Vorstellung.

Um dem Vermonter Konservativismus Gerechtigkeit angedeihen zu lassen, muss gesagt werden, dass während der ganzen zwanzig Jahre unseres Aufenthalts nach unzähligen Diskussionen und langen Gesprächen über weißes Mehl, weißes Brot, weißen Zucker, Torten und Pies, die Notwendigkeit, rohes Gemüse zu sich zu nehmen, und die schreckliche Gewohnheit, verderbende Tierkadaver zu essen, keine einheimische Vermonter Familie, die wir kannten, ihre Essgewohnheiten merklich änderte. Wir wollten gern mit unseren Nachbarn gut auskommen, aber wir waren nicht bereit, uns ihren Lebensformen anzupassen, und sie wollten unsere nicht annehmen. So einigten wir uns darauf, verschieden zu sein, und sahen den anderen ihre Eigenheiten nach. Sie blieben bei ihren Traditionen, und wir planten und lebten unser Leben un-vermontisch.

Wir mussten vieles lernen, und einige unserer Ideen waren der Vermonter Situation nicht angepasst. [1] Zum Beispiel Abflussgräben. Diese verstopfen während der nassen Jahreszeit mit Blättern und Gebüsch und bewirken endlosen Ärger – daraufhin bauten wir offene, mit Steinen gepflasterte Furten hinein, wie wir sie in Washingtons Rock Creek Park gesehen hatten. Die Nachbarn versicherten uns, dass diese Furten im Winter nutzlos seien, da das Wasser in der Mitte den Schnee wegtauen und an beiden Seiten hohe Schneebarrieren hinterlassen würde, die erst weggeräumt werden müssen, bevor die Straße benutzt werden kann. Wir bestanden aber darauf, einige Furten zu bauen, und es stellte sich heraus, dass die Nachbarn recht hatten. Mehr noch, einige der Steine an den Rändern der Furten froren durch den Frost hoch und sorgten so für zusätzlichen Ärger. Wir gaben das Bauen von Furten auf, und unsere Nachbarn schnauften befriedigt: »Wir haben es euch gleich gesagt.«

Aber als es um Betonschornsteine ging, gewannen wir Punkte. Vermonter Siruphütten haben gewöhnlich Schornsteine aus galvanisiertem Eisen. Unser Verdampfer benötigte einen, der im Durchmesser 50 Zentimeter breit und insgesamt 9 Meter hoch war. Diese Schornsteine gab es in Stücken zu je 2 Metern. Sie waren unhandlich und für eine Person alleine schlecht zu tragen, selbst auf flachem Land. Traditionsgemäß wurden die Schornsteine zu Anfang einer Saison errichtet. Dazu brauchte man mehrere Erwachsene. Die unteren Teile waren einfach, die oberen schwierig und gefährlich. Am Ende der Sirupzeit bauten sorgfältige Sirupkocher den Schornstein ab und lagerten ihn, während andere ihn dem Rost bis zur nächsten Saison überließen.

Nachdem wir den Schornstein zwei oder drei Jahre hintereinander aufgebaut und abgebaut hatten, entschlossen wir uns, einen dauerhaften zu bauen. Wir dachten über Ziegelschornsteine nach, kamen am Ende aber zu einem aus Beton, bei dem wir die alten Eisenteile als Innenform verwendeten und außen eine quadratische Form bauten, die wir während der Arbeit nach oben schoben. Da das Siruphaus bereits gebaut war, mit Betonfundamenten und einem Betonfußboden, errichteten wir den neuen Schornstein an der Außenwand und schlossen ihn durch ein Loch in der inneren Eisenwand an. Nachdem einige kleinere Hindernisse überwunden waren, beendeten wir den Schornstein und probierten ihn in der nächsten Sirupsaison aus. Er zog gut. Soviel wir wissen, war dies der erste Betonschornstein, der in einem Vermonter Siruphaus verwendet wurde. Er steht nun seit fünfzehn Jahren an seinem Platz, ohne Reparaturen irgendeiner Art. Anstatt zu Anfang jeder Saison einen Eisenschornstein mit zwei Leuten errichten zu müssen, brauchten wir nun nur noch ein Stück Rohr zwischen dem Verdampfer und dem Schornstein einzubauen – was etwa zwanzig Minuten

Arbeit bedeutete –, dann waren wir fertig zum Zuckern. Der Bau des Betonschornsteins führte zu unzähligen Kommentaren der Nachbarn. Ruth Hamilton, eine unserer Nachbarinnen, die sogar für Vermonter Verhältnisse konservativ war, besuchte uns, um den Betonschornstein zu besichtigen. Sie hatte jahrelang Sirup gemacht und kannte sämtliche Kniffe und Tricks. Nachdem sie uns einige Zeit bei der Arbeit beobachtet hatte, sagte sie zu einem der Umstehenden: »Nun ja, sie sind vielleicht Sozialisten, aber sie haben gute Ideen.«

Diese qualifizierte Beurteilung war eine der wärmsten, die wir aus der Nachbarschaft zu hören bekamen. Viele andere Kommentare waren weniger schmeichelhaft. Sogar Nachbarn, die uns mochten, waren unseren merkwürdigen Methoden gegenüber skeptisch.

Theoretisch waren wir für Kooperation und begierig darauf, diese Theorien auch in die Praxis umzusetzen. Von Anfang an arbeiteten wir mit Nachbarn zusammen, manchmal auf ihrer Seite, manchmal auf unserer. Wir lehnen das Lohnprinzip grundsätzlich ab, und wenn wir es durch einen kooperativen Austausch von Arbeit umgehen konnten, wollten wir es vermeiden. Der Kauf und Verkauf von Arbeitskraft ist kein gesundes gesellschaftliches Verhältnis, und wir ziehen den gleichen und gerechten Tausch von Produkten und Arbeit vor. Bei jeder sich bietenden Möglichkeit wandten wir das Prinzip der Kooperation und gegenseitigen Hilfe an. Falls es notwendig wurde, gingen wir auch einen Kompromiss mit Lohnarbeit ein, aber wir hielten sie immer auf einem Minimum und immer zu den Bedingungen des Nachbarn. Bei solchen Geschäften besprachen wir die Arbeit und fragten dann: »Wie viel willst du dafür?« Oder nachdem die Arbeit beendet war, fragten wir, was wir schuldeten. Niemals hatten wir irgendwelchen Grund, den geforderten Lohn zu hinterfragen oder mit der Bezahlung zu zögern.

Welche Beziehungen wir am liebsten haben, kann man am besten an dem Geschäft sehen, das wir mit einer Nachbarsfamilie abschlossen, die einen Kamin haben wollte. Alice und Chuck Vaughan hatten 18 Kilometer von uns entfernt ein altes Bauernhaus gekauft und wollten es in eine Skihütte umbauen. Ein örtlicher Maurer wollte 600 Dollar für den Bau eines Ziegelschornsteins und eines Kamins. Wir schlugen vor, dass die Vaughans selbst bauen sollten, aber sie hatten eine solche Arbeit noch nie getan. Zu dieser Zeit bauten wir gerade eine Reihe Steinstufen zu einer Hütte auf einem Felsen im Wald. Es war harte Arbeit, und wir konnten Hilfe gebrauchen. Wir besprachen alles mit ihnen und kamen zu der folgenden Übereinkunft: Sie würden die Fundamente ihres Schornsteins bis zur Bodenhöhe betonieren. Dann wollten wir den Schornstein bis zum Dachfirst bauen. Wir rechneten aus, dass uns dies ungefähr sechs Arbeitstage kosten würde. Dafür würden sie uns sechs Tage bei den Stufen helfen und eventuell noch beim Einmachen.

Alles funktionierte gut. Für zwölf Tage harmonische Gemeinschaftsarbeit bekamen sie ihren Schornstein mit Kamin (plus der Arbeit, die sie an den Fundamenten hatten), und es fielen lediglich die Materialkosten an. Wir bekamen die gleiche Menge an Hilfe bei den schweren Steinen und beim Einmachen.

Solche Beziehungen sind wirtschaftlich gesund – ein Austausch, bei dem beide Seiten gewinnen und niemand ausgebeutet wird. Sozial gesehen, basieren sie auf dem Prinzip des Austauschs gleicher Arbeitszeit. Jeder stellt dieselbe Anzahl von Stunden zur Verfügung und tut sein Bestes, nach seinen Fähigkeiten. Thoreau sagt in *Walden:* »Wenn ein Mensch kein Vertrauen hat, wird er so leben wie der Rest der Welt, egal, in welcher Umgebung er lebt. Bei den kleinsten und größten Sachen zusammenzuarbeiten, heißt, unser Leben zusammen zu gestalten.[2]

Einige unserer Nachbarn waren theoretisch auch kooperativ eingestellt. Den meisten war es egal, einige waren dagegen. Als die Ersteren feststellten, dass Zusammenarbeit mit Planung begann und nur so weit gelang, wie sich alle an die Pläne hielten, Verantwortung für deren Ausführung übernahmen und ihre Verpflichtungen erfüllten, überlegten es sich die meisten anders und kehrten zurück zu dem Prinzip: »Jeder für sich und auf sich gestellt.«[3]

Diese Einstellung wird durch die Reaktion von Harold Field auf unsere rationalisierte Sirupproduktion gut illustriert. Harold ist ein liebenswerter, einfallsreicher Erfinder und ein wunderbarer Handwerker, wenn er erst einmal loslegt. In der Theorie ist er für Zusammenarbeit, in der Praxis möchte er schlafen und aufstehen, wann es ihm passt, und arbeiten, wenn er sich danach fühlt. Er zuckerte mit uns während einer Saison und fand heraus, dass es dabei Nachteile gab. Während der Sirupzeit waren wir besonders darauf bedacht, unsere Pläne einzuhalten, weil viel davon abhing, den Saft einzusammeln, sobald er in den Eimern war, und ihn in den Verdampfer zu bekommen, bevor er anfing zu gären.

Harold hatte ein Zuckergehölz, aber seine Bäume waren ziemlich klein, und viele davon waren Ahornarten mit geringerer Holzdichte, die keine hervorragenden Safterzeuger sind. Er hatte kein Zuckerhaus. Deshalb vereinbarten wir mit ihm, dass er mit uns zuckern würde. Er würde seine Zeit und die seines Teams beisteuern sowie einige Safteimer und Werkzeuge und im Austausch dafür einen bestimmten Prozentsatz vom Sirup, der auf eine Tagesbasis bezogen war, erhalten. Die Saison war gut, und Harold bekam etwa 600 Liter Sirup für etwa sechs Wochen Arbeit. Harold war mit der Sirupmenge mehr als zufrieden, aber ihm war die Arbeitsdisziplin zu streng. Er überlegte: Wenn so viel Sirup mit so wenig Anstrengung zu erzeugen sei, warum sollte er nicht seine eigenen Bäume nehmen, sein eigenes Zuckerhaus nutzen und alles für sich haben? In der nächsten Saison baute Harold daher sein eigenes Zuckerhaus und versuchte, das Unternehmen alleine durchzuführen. Bei der Sirupproduktion ist jedoch sowohl eine gute Arbeitsteilung notwendig als auch ein hoher Grad an Koordination. Das effektivste Team besteht aus drei bis vier Leuten. Das Sammeln von Saft ist eine Beschäftigung, das Kochen des Saftes eine andere. Diese Arbeiten müssen aber alle zur selben Zeit ausgeführt werden, besonders bei mildem Wetter, damit der Sirup nicht herumsteht und sauer wird. Harold hatte einige schwierige, harte Sirupernten, bevor er das Zuckern mit dem Argument aufgab, dass er noch nicht einmal seine Arbeitszeit bezahlt bekäme.

Zoe und Floyd Hurd waren diejenigen, die uns das Zuckern beigebracht hatten. Von 1933 bis 1940 arbeiteten wir mit ihnen zusammen. Floyd und seine Familie waren Siebenten-Tags-Adventisten. Da sie glauben, dass der Samstag und nicht der Sonntag der von Gott zur Ruhe bestimmte Tag ist, weigern sich die benachbarten Adventisten, am Samstag zu arbeiten oder Geschäfte zu tätigen. Sie melken die Kühe, geben ihnen Wasser oder verrichten andere dringende Arbeiten. Wenn jemand aus der Nachbarschaft darauf besteht, geben sie auch lebensnotwendigen Dinge wie Milch oder Eier ab. Meist aber nehmen sie das Geld erst an einem der folgenden Tage an.

Walter Twing, einer der ordinierten Ältesten der Adventisten unserer Nachbarschaft, hatte eine Grube, in der sauberer Bausand zu finden war. Er war außerordentlich zuvorkommend, freundlich und hilfsbereit, aber samstags durften wir aus seiner Grube keinen Sand holen. Walter war einer der besten Zuckerkocher im ganzen Tal. Er begann besonders zeitig im Frühjahr, leerte seine Eimer häufiger als andere, erzeugte besonders guten Sirup und Zucker und wollte immer der erste sein, der Zucker auf den Markt in der Stadt brachte. Es wird im Tal erzählt, dass Walter auf dem Höhepunkt seines religiösen Eifers freitags bei Sonnenuntergang die Eimer leerte, sie dann umdrehte und sie bis samstags zum Sonnenuntergang so ließ, damit er keinen Saft verwendete, der am Tag des Herrn getropft war.

Zoe und Floyd waren nicht so streng wie Walter. In der ersten Zeit waren sie bereit, den Saft immer dann zu sammeln, wenn er lief. Später hatten sie allerdings einige Unglücksfälle, die sie darauf zurückführten, dass sie den Samstag nicht geheiligt hatten. Beide entschieden nun, dass sie samstags zur Kirche gehen und nicht mehr arbeiten würden – komme, was da wolle. Dieser Entscheidung, die am Anfang der Sirupsaison getroffen wurde, folgte eine Reihe von Wochenenden, an denen der Saft freitags wie verrückt lief, dies den ganzen Samstag über andauerte, sodass die Eimer am Samstagabend überquollen.

Zoe und Floyd hielten sich an ihre Prinzipien und gingen trotz des laufenden Saftes zur Kirche. Da wir keine solchen Hemmungen hatten, sammelten wir den Saft und kochten ihn samstags ein. Dann kam aber die Kernfrage: Würden die Hurds ihren Teil des Saftes haben wollen, der am Sabbat erzeugt worden war? Nachdem sie das Problem ernsthaft diskutiert hatten, entschieden sie sich dafür.

Wären die Bemühungen um den Aufbau von Zusammenarbeit und gegenseitiger Hilfe erfolgreich gewesen, hätte eine gemeinsame Wirtschaft ein wichtiger Teil kommunaler Aktivitäten sein können. Zwar glaubten einige Bewohner des Tales an Kooperation, aber es gab kein tieferes Bedürfnis zur Zusammenarbeit und keine ernsthaften Bemühungen in diese Richtung.

Die Natur hatte das Tal, in dem wir lebten, als isolierte, selbstgenügsame ökonomische und soziale Einheit geschaffen, und durch kollektive Unternehmungen wäre das Tal aufgeblüht. 7 Kilometer westlich von Jamaica, an der Straße nach Pikes Fall, verbreiterte sich die steile Schlucht, durch die ein Arm des West River floss, zu diesem Tal, das etwa 1 Kilometer breit und 3 Kilometer lang war und ungefähr in Ost-West-Richtung verlief. Im Süden war der Stratton Mountain, im Norden der Pinnacle Mountain. Der Zugang von Osten und Westen wurde durch hohe Berge blockiert, aus denen in steilen Schluchten ein halbes Dutzend Bergbäche ins Tal liefen, dem West River zu. Das ganze Tal hatte etwa 1000 Morgen, zusätzlich 3000 bis 4000 Morgen Wald an den Hängen. Es gab nicht genug Platz für eine richtig große Milchwirtschaft. Es lag zu hoch für die meisten Früchte (500 bis 600 Meter über dem Meeresspiegel). Dreimal in zwanzig Jahren erfroren Zucchini, Tomaten, Mais und sogar die Kartoffelspitzen durch Fröste im Juli oder August. Außer dem Land am Talboden, das bei jedem größeren Regen und bei jeder Schneeschmelze überflutet wurde, gab es kaum ein Stück von mehr als 5 Morgen, das gepflügt werden konnte, ohne dass dort die Gefahr von Erosion bestand. Die Vegetationsperiode war kurz. Oft lag von Ende November bis Ostern Schnee.

Andererseits gab es im Tal elf Zuckergehölze und Tausende von Zuckerahornbäumen, die niemals angezapft wurden. Auf den umgebenden Bergen standen unzählige Fichten, Tannen, Hemlocktannen, Zuckerahornbäume und andere Ahornarten, Gelb-Birken, Weiß-Eschen, Linden, Buchen und andere Arten. Die Wiederaufforstung erfolgte automatisch, der Wald wuchs schnell nach. Unter diesen Randbedingungen hätte man 1) ein gemeinschaftlich organisiertes Sägewerk aufbauen und Holz sägen können, um fünfzehn oder zwanzig Häuser zu bauen oder instand zu setzen; 2) jede Wohneinheit mit genug Land für Gärten, Obstbäume und Nutzgebäude ausstatten können; 3) eine zentrale Molkerei errichten können, die das ganze Tal versorgt hätte; 4) eine zentrale Maschinenwerkstatt, eine Schreinerei, ein Gewächshaus und eine Autowerkstatt unterhalten können; 5) an das Sägewerk eine Holzfabrik anbauen können, die den Überschuss des Waldes in Holzspielzeuge oder andere verkäufliche Gegenstände verwandelt hätte; 6) den Ahornsirup kollektiv erzeugen können und in einem zentralen Verpackungshaus Ahornsirup und Ahornzucker in Päckchen abpacken und ihn gut verkaufen können; 7) das Bareinkommen des Tales ergänzen können, und zwar durch die Produktion von geflochtenen Teppichen, Holzschnitzereien, Schmiedearbeiten, Möbeln, einer örtlichen Schule, einer Bibliothek mit Lesezimmer, einem Gemeindezentrum und den anderen Möglichkeiten und Aktivitäten, die für ein gutes Leben in einer ländlichen Gemeinde nötig sind. Eine solche Organisation, die vom Idealismus und der Begeisterung der Ansässigen getragen wird, hätte fünfundsiebzig bis hundert Menschen ein Auskommen und einigermaßen befriedigendes soziales Leben ermöglicht. Dies wäre natürlich nur möglich gewesen auf der Basis von gemeinsamen Zielen, Koordination, starker Disziplin und dem eisernen Willen, das Projekt durch das erste harte Jahrzehnt zu bringen.

Viele junge Idealisten, die für kurze Zeit von Holzunternehmen angeheuert wurden und einige Monate oder sogar Jahre blieben, zogen durch das Tal. Keiner von ihnen fühlte sich durch diese Ideen genügend angezogen, um zu helfen und in dieser Sache etwas zu unternehmen. Trotz vielen Geredes und vieler Diskussionen und Treffen wurde eine solche Kooperative nie verwirklicht. Ein paar einzelne Versuche wurden unternommen, aber kein Plan wurde bis zur Vollendung durchgeführt.

Das Ergebnis war, dass manchmal ein fahrbares Sägewerk von Holzunternehmen, die die großen Bäume verarbeiteten, ins Tal gebracht wurde. Während unserer Jahre im Tal sahen wir ungeheure Mengen Holz, die nach Londonderry, Jamaica oder Newfane gebracht wurden. Im Durchschnitt wurde nur die Hälfte der Zuckerbäume in jedem Jahr angezapft. Der größte Teil des Sirups wurde zu einem geringen Preis an Großhändler verkauft. Es gab einige Versuche, Brot gemeinsam zu backen, aber sie waren weder planmäßig noch langlebig. Fast genauso erfolglos waren die Versuche, einen Kindergarten und eine Vorschule einzurichten.

In der Tat kamen sozusagen massenweise Familien in das Tal – viele von ihnen mit kleinen Kindern –, die vorhatten, hier zu wohnen. Einige wenige versuchten es für eine kürzere oder längere Zeit. Am Ende unserer zwanzig Jahre war die Bevölkerungszahl allerdings geringer als bei unserer Ankunft, und Kooperation gab es nur bei gelegentlichem Austausch von Produkten oder Diensten. Manchmal entstand eine gegenseitige Hilfe bei der Versorgung Kranker oder bei der Betreuung kleiner Kinder. Dies findet man wohl in jeder Gemeinschaft überall in der Welt.

Das Tal wurde von Vermontern und von Neuankömmlingen, die für die private Wirtschaft ausgebildet, aber zum größten Teil aus dieser Privatwirtschaft ausgeschieden waren, bewohnt. Die meisten dieser Männer und Frauen schätzten ihre Freiheit als Individuen hoch und sahen in gemeinsamen Unternehmungen den ersten Schritt zu aufgezwungener Disziplin und Unterwerfung. Sie waren misstrauisch gegenüber Planung und Organisation. Das wollten sie nicht. Als Folge davon waren die meisten gemeinsamen Unternehmungen Freizeitprojekte – Ablenkung oder Entspannung. Diese sozialen Angelegenheiten spielten allerdings eine wichtige Rolle im gesellschaftlichen Leben des Tals. Trotz der Abwesenheit einer kollektiven Ökonomie gab es ständig Anstrengungen, Nachbarschaftstreffen auf verschiedenen Ebenen zu organisieren. »Erholung ist notwendig, für niemanden stärker als für die in der Landwirtschaft Tätigen, jede Arbeit erfordert einige Zeit zur Erholung.«[4]

Früher wurden die sozialen Veranstaltungen im Sommer oder Frühherbst draußen abgehalten. Es gab Picknicks in Pikes Fall und in verschiedenen Häusern, Grillpartys, Erntefeiern, Richtfeste und Tanzpartys. Treffen im Freien waren bei gutem Wetter und tagsüber etwas Schönes, aber wenn es stürmte und kalt war, mussten andere Vorkehrungen getroffen werden. In unserem mit Stein gepflasterten und mit Kiefernholz getäfelten Wohnzimmer konnten fast vierzig Leute auf Sofas, Sesseln und Kissen sitzen, vor einem knisternden Feuer. Mehrere Jahre lang war dies der Treffpunkt für Diskussionen über Politik, Philosophie und andere Fragen. Meist fanden diese Treffen samstags oder sonntags statt.

Es gab auch eine Diskussionsgruppe in West Townshend, etwa 22 Kilometer östlich von uns, die sich mittwochabends traf. Die Treffen im Tal wurden selten von mehr als dreißig Menschen besucht, in West Townshend kamen zu besonderen Gelegenheiten mehr als hundert. Manchmal kamen Leute aus West Townshend zu unseren Treffen, und ein Dutzend oder mehr von uns besuchte ihres.

Die Spannungen durch den Zweiten Weltkrieg und später die Leidenschaften, die der Kalte Krieg und der Koreakrieg wachriefen, stellten den Erfolg dieser Treffen in Frage. Mit wenigen Ausnahmen waren die eingeborenen Vermonter der Meinung, dass unsere Treffen und die in West Townshend zu radikal waren, und nahmen nicht daran teil. Das war nicht überraschend, da die Vermonter, die fast ohne Ausnahme Republikaner waren, Demokraten bereits als Linke ansahen. Während der ersten Jahre des Townshender Diskussionskreises wurden Schüler der örtlichen Highschool von ihrem aufgeschlossenen Schuldirektor ermutigt, an den Diskussionen teilzunehmen. Als die Spannungen stärker wurden, kamen immer weniger Schüler. In Gegenden mit einer hohen Bevölkerungszahl ist es selbst in Zeiten des Friedens und für erfahrene Diskussionsleiter schwer, eine Diskussionsrunde über einen längeren Zeitraum hinweg am Leben zu halten. Im Krieg und in kleinen, isolierten Gemeinden ist dies noch viel schwerer.

Es gab zwei große Interessengruppen im Tal. Die einen waren mit den Weltproblemen und dem Sinn und Zweck des Lebens beschäftigt. Die anderen wollten über örtliche Probleme und über Erholung reden – über Kinder, den Aufbau eines Kindergartens, Tänze und den Bau eines Gemeinschaftshauses, um solchen oder ähnlichen Unternehmungen Raum zu bieten. Es gab Versuche, zwischen Gesprächen über Politik, lokale Probleme und Freizeit abzuwechseln. Die zunehmenden Spannungen durch den Krieg spiegelten sich in den unterschiedlichen Ansichten und Einstellungen der Menschen wider. Am Ende wurden die Diskussionen aufgegeben und der Unterhaltung wurde das Feld überlassen.

Früh in der Entwicklung der Gemeindeangelegenheiten des Tales kam der Vorschlag auf, ein Bürgerzentrum zu errichten. Versuche, eine Schule einzurichten, die der Schulbehörde von Jamaica unterstellt war, blieben erfolglos. Norman Williams kaufte daraufhin ein verlassenes Holzfällerlager mit etwa 40 Morgen verwertbaren Landes und stiftete es als Gemeinschaftshaus. Nachdem das Haus gesäubert und repariert worden war, stand es für Treffen und Unterhaltung zur Verfügung.

Von der Zeit an, als er ins Tal kam, versuchte Norman sehr stark, ein Gleichheitsprinzip durchzusetzen. Er war unglücklich, weil sich die Einheimischen von den gemeinschaftlichen Aktivitäten fernhielten. Norman glaubte, dass eine

»wirkliche Gemeinschaft« nur dann möglich war, wenn die gesamte Nachbarschaft einbezogen war. Um ihre Teilnahme zu sichern, fand er es notwendig, Aktivitäten zu entfalten, die für alle attraktiv waren. Mit anderen Worten: Die Aktivitäten sollten auf den kleinsten gemeinsamen Nenner gebracht werden.

Da die Erfahrung gezeigt hatte, dass einheimische Vermonter an Diskussionen nicht teilnahmen, war es notwendig, andere Veranstaltungen anzubieten. Norman glaubte daran, dass dies durch Picknicks, Tanzabende und gemeinsames Essen erreicht werden konnte. Zu diesem Zweck wurde das renovierte Gemeinschaftshaus verwendet. Mit Akkordeons, Schallplatten und einiger Hilfe von Amateuren wurden Squaredance und Volkstänze so weit entwickelt, dass Tanzgruppen aus dem Tal in umgebende Gemeinden eingeladen wurden. Der Squaredance-Abend war der Samstag. Es war so erfolgreich, dass Leute kilometerweit gefahren kamen, um daran teilzunehmen. Aber noch immer kamen nicht alle Bewohnerinnen und Bewohner des Tales zu den Tänzen. Ferner ergab sich eine weitere Schwierigkeit: der Alkoholkonsum.

Von Anfang an wurden im Zentrum nichtalkoholische Getränke ausgeschenkt oder verkauft. Als die Teilnahme an den Tänzen stieg, kamen auch Leute, die schon etwas getrunken hatten. Andere brachten Alkohol mit und tranken während der Veranstaltung. Einmal gab es eine Schlägerei. Richard Gregg, Orpha Collie und Nelson Rawson, die das Haus in dieser Zeit verwalteten, hängten einen Zettel aus, dass Alkohol dort verboten sei. Das brachte den Stein ins Rollen. Ein Gemeindetreffen wurde abgehalten. Die Hausverwaltung trat zurück. Als Nachfolger wurden drei Männer gewählt, die alle für Alkoholverbrauch im Haus, besonders während der Tanzabende, waren. Diejenigen, die zurückgetreten waren, gehörten zur älteren Generation. Die Neuen waren jünger.

Das Alkoholproblem erschütterte die Gemeinschaft in ihren Grundfesten. Die Entscheidung über Alkoholkonsum im Gemeinschaftshaus wurde gründlich diskutiert. Es gab keinen Zweifel, dass die Mehrzahl der Gemeinschaft für die Freiheit der Trinkenden und des Trinkens waren. Die antialkoholische Minderheit weigerte sich, Aufgaben im Zentrum zu übernehmen, wenn Alkohol zugelassen wurde.

Einige Probleme, die Moral und Ethik berührten, waren schon vorher aufgetaucht und ohne größeren Schaden gelöst worden, außer vielleicht für die betroffenen Individuen. Die Alkoholfrage jedoch spaltete die ganze Gemeinschaft und erwies sich als so entscheidend, dass das ganze Projekt scheiterte. Es hatte schon einige Gespräche über einen Neubau des Gemeinschaftshauses gegeben, mit Werkstätten, Schulräumen und Platz für größere Freizeitaktivitäten. Die Kontroverse über Alkohol warf all diese Pläne über den Haufen.

Diese Erfahrung unterstreicht die oft wiederholte Verallgemeinerung, dass ideologische Übereinstimmung eine unverzichtbare Voraussetzung für den Aufbau einer erfolgreichen kooperativen Gruppe ist. Einheit über Ziele und Methoden ist nicht genug, aber noch nicht einmal das war im Tal vorhanden. Die Gemeinschaft, die überleben will, muss eine Grundlage haben, die von allen ihren Mitgliedern getragen wird. Das Gemeinschaftshaus hätte ein einigender Faktor im Leben des Tals sein können. Stattdessen, fast aus Nachlässigkeit, verstärkte es ein Element der Disharmonie, welches schon viele Leben von Einzelpersonen und Gruppen zerstört hat.

Während der ganzen Anstrengungen beim Aufbau einer Zusammenarbeit im Tal war jeder Haushalt eine unabhängige ökonomische und soziale Einheit geblieben, mit untergeordneten Aktivitäten des Gebens und Nehmens zwischen einzelnen Familien. Als sich der Kreis schloss und das Gemeinschaftshaus aufgegeben wurde, stand das Tal wieder dort, wo es ein Jahrzehnt vorher angefangen hatte. Es gab ab und zu Freizeittreffen, aber anstatt ausgedehnter Zusammenarbeit gab es Familienfehden, Abneigungen und ideologische Antagonismen, die das ganze kommunale Leben bedrohten.

Dies ist sicherlich kein schönes Bild. Es bietet auch den Gruppen und Einzelpersonen keinen Grund zur Hoffnung, die auf die Etablierung von arbeitsfähigen Kommunen in den USA hinarbeiten. Vielleicht ist die wichtigste Lehre aus diesen Erfahrungen, dass Menschen, die von Geburt an von den Vertretern des privaten Unternehmertums mit deren Methoden indoktriniert wurden, nicht viel mehr Aussichten auf ein kooperatives Leben haben als ein Leopard bei dem Versuch, seine Flecken zu ändern.

Die durch den Krieg erzeugten Spannungen und die krassen Meinungsunterschiede, die bei den Diskussionen zu Tage getreten waren, bewogen uns, einen anderen Versuch zu beginnen – eine Musikstunde an jedem Sonntagmorgen. Während der schönen Jahreszeit veranstalteten wir sie auf der rückseitigen Terrasse unseres Hauses unter den Bäumen, bei schlechtem Wetter vor dem Feuer unseres Wohnzimmers.

Das Ganze war formlos. Um halb elf fingen alle, die gerade da waren, an zu spielen. Das Programm wurde nach den Interessen und Möglichkeiten der anwesenden Personen zusammengestellt. Wegen der Unterschiede in den religiösen und antireligiösen Ansichten im Tal war es notwendig, religiöse Musik weder zu vernachlässigen noch dominieren zu lassen. Mit wenigen Ausnahmen gelang es uns, diese Hürde erfolgreich zu nehmen. Folklore war immer gut. Eifrig suchten wir nach Leuten, die auch die schwierigeren Teile singen konnten, da solche nicht immer zur Hand waren. Wenn niemand von außerhalb kam, was manchmal bei schlechtem Wetter der Fall war, wurden Schallplatten aufgelegt oder es wurde Orgel gespielt.

Normalerweise teilten wir die Treffen in zwei Teile auf – den amateurhaften Teil mit Singen oder Instrumentaldarbietungen und den professionellen Teil mit Schallplatten –, wenn die Anwesenden alle keine professionelle Ausbildung im Singen oder Musizieren hatten. Wenn Leute kamen, die ihr Instrument gut spielen konnten oder einen ganz bestimmten Musikgeschmack hatten, wurde das Programm entsprechend angepasst. Einmal spielte ein guter Violinist mit Orgelbegleitung für uns, ein Gitarrist spielte Bach-Themen, und ein anderes Mal begeisterte uns eine Sängerin mit ihrer außergewöhnlichen Stimme. Wir nahmen den Vorteil jedes Talentes wahr. An einem Sonntag erschienen plötzlich ein Querflötenspieler und zwei Blockflötenspieler, sodass wir ein Quintett organisierten und vier Stunden lang spielten. Wir nahmen uns kaum die Zeit zum Essen. Diese Künstler kamen zufällig vorbei, und wir sahen sie nie wieder.

Die musikalischen Treffen wurden zu einem Erfolg. Zu ihnen kamen mehr Menschen als zu den politischen Veranstaltungen. Wenn die Musik vorbei war, schauten sich die Leute unseren Garten an und verließen uns gewöhnlich mit vollen Händen, mit Gemüse oder Blumen. Soweit wir sahen, hatten sie mehr von der Musik als von den Diskussionen. Bestimmte Differenzen und Widersprüche waren bei diesen Treffen kaum zu spüren.

Ein Ereignis einigte das Tal – die Abschaffung der Postzustellung im Jahre 1945. Es war Krieg, und das Benzin wurde rationiert. Um uns herum lag tiefer Schnee. Es gab nur wenige Autos, und die jungen Männer, die sie hätten fahren können, waren in Europa. Besonders für ältere Menschen war es schwierig, in die Stadt zu kommen, und Wallace Crowninshield, unser Postbote, hielt die Verbindung mit der Außenwelt aufrecht, wenn er ihnen dreimal in der Woche Post brachte und manchmal bei Einkäufen half. Zu diesem Zeitpunkt benachrichtigte uns das Postministerium, dass die Zustellung ab nächster Woche eingestellt werden sollte, da sie sich nicht bezahlt mache.

Die Talbevölkerung war schockiert und gelähmt, und nachdem die Folgen dieser Entscheidung klar wurden, war sie verärgert. Gespräche hatten sofortige Folgen. Eine freiwillige Kommission sicherte sich die örtliche Schule, nahm

Kontakt mit allen auf, die von der Zustellung abhingen, und rief ein Treffen ein, um über Aktionen zu entscheiden. Das Treffen fand in einer Schneenacht im Februar statt. Die Leute kamen durch das Unwetter, einige Gruppen aus dem nahegelegenen Jamaica und aus Bondville. Zu der festgesetzten Zeit drängten sich in dem Schulhaus mehr als vierzig Leute. Der Ofen war kirschrot, die zwei Öllampen der Schule und einige Laternen erhellten die Gesichter der Anwesenden schwach. Während unserer gesamten Zeit im Tal haben wir nie ein so repräsentatives Treffen gesehen, nicht einmal auf einer Beerdigung. Die Einstellung der Postroute hatte die ganze Gemeinschaft zusammengebracht, um die Post zurückzuholen.

Charles McCurdy wurde zum Vorsitzenden ernannt, Helen Nearing zur Schriftführerin zusammen mit Jack Lightfoot, Raymond Styles und Scott Nearing als Beratern des »Pikes-Fall-Bürgerkomitees«. Es wurden Strategien diskutiert und Vorbereitungen getroffen, damit diese Anordnung zurückgenommen würde. Unser Programm war einfach. Alle Anwesenden wurden gebeten, an den Postminister zu schreiben und gegen diese ungerechte Entscheidung zu protestieren. Als Nächstes sollten unsere Senatoren und Abgeordneten Post bekommen, in denen sie über die Situation informiert und zur Hilfe aufgefordert würden. Auch wurde an die Söhne, die Soldaten waren, geschrieben, um sie zu bitten, gegen diese Unterbrechung des Briefwechsels mit ihren Angehörigen zu protestieren.

Wir hatten vor, Briefe an die Lokalzeitungen zu schicken, doch bevor dies geschehen konnte, schlug uns der *Brattleboro Reformer* ins Gesicht. Er schrieb, dass Pikes Fall ein hübscher Platz zum Fischen im Frühjahr und Sommer sei, dass man aber kaum von der Regierung erwarten könne, wegen vierzehn Familien eine Postlinie aufrecht zu erhalten. Das brachte im Tal Stimmung und der Zeitung einige beleidigte Briefe. Nachdem sie veröffentlicht wurden, revidierte der *Reformer* seine Ansicht und forderte nun, dass wir statt der schäbigen Dienstags-, Donnerstags- und Samstags-Zustellung jeden Tag unsere Post bekommen sollten sowie zusätzlich Paketdienst und elektrisches Licht. Von diesem Augenblick an war der *Brattleboro Reformer* auf unserer Seite und veröffentlichte zwanzig Briefe, Notizen und Artikel über diese Angelegenheit.

Eine andere Lokalzeitung, der *Bennington Banner,* begann mit einem hochnäsigen Artikel über die Forderungen einer Handvoll Leute in den Bergen. Soso, sagte der Schreiber, diesen Hinterwäldlern geht es doch heute viel besser als vor hundert Jahren. Das Problem ist, dass sie in dem Glauben erzogen worden sind, sie müssten nur einen Hahn drehen, um alles zu bekommen, was sie brauchen.

Das ging ein bisschen zu weit. Sowohl Brattleboro als auch Bennington hatten eine städtische Wasserversorgung. Der Vergleich war unverschämt gegenüber Leuten, die ihr Wasser aus ihren eigenen Quellen oder Brunnen holten. Diese Städte waren unsere Einkaufszentren, und sie schauten auf diejenigen herab, mit denen sie Geschäfte machten. Wir schrieben ihnen unsere Meinung über solche Taktiken.

Rechtzeitig fiel uns ein Ausschnitt aus der *New York Times* in die Hände, den wir allen unter die Nase hielten. In der Ausgabe vom 22. Februar 1945 wurde berichtet, dass die Post »einen Überschuss von 265 214 280 Dollar im nächsten Jahr« erwarte. Die jährlichen Kosten für unsere Zustellung lagen bei 800 Dollar im Jahr. Die Jungs in Washington sparten Dollars, indem sie den kleinen Leuten, deren Söhne gerade an der Front den Kampf für die Demokratie kämpften, Pennys wegnahmen.

Was für eine Situation – eine Handvoll Hinterwäldler, isoliert durch den Neuengland-Winter in einem abgelegenen Bergtal, deren provinzielle Sorgen durch den Krieg überschattet wurden, begann einen Konflikt mit der Regierung der Vereinigten Staaten von Nordamerika. David gegen Goliath, eine Maus greift einen Elefanten an. Alle Wetten standen gegen uns, aber wir wussten, wer in der Bibel gewonnen hatte, und wir hatten davon gehört, dass auch Mäuse schon Elefanten in die Flucht geschlagen hatten.

Wir mieteten die Stadthalle von Jamaica und luden zu einem Treffen ein, das gut besucht war. Die Aufzeichnungen der ersten Sitzung wurden verlesen, um zu zeigen, wie es zu der Situation gekommen war. Aus dem Publikum kamen Reden, von Farmerinnen, deren Söhne an der Front waren, von John Stark, einem Soldaten auf Urlaub, von Frederick Van de Water, der die Freeman-Gesellschaft vertrat. Letztere war gerade damit beschäftigt, Armee-Ingenieure daran zu hindern, einen Damm zu bauen, der das West-River-Tal überfluten würde. Es wurden Resolutionen verabschiedet, die wir dann dem Postminister, dem Gouverneur und den Abgeordneten und Senatoren schickten. Das Treffen war spontan und lebendig. Es war schon lange her, dass die Gegend so aufgerührt und aufgeregt gewesen war.

Reaktionen kamen sofort. Die Zeitungen von Rutland und Burlington kamen uns mit Artikeln zur Hilfe. Überschriften waren: »Pikes Fall verlangt eine Senatsuntersuchung«, »Massenversammlung verlangt Wiederaufnahme der Post-Route«. Charles A. Plumley, Abgeordneter im Kongress für Vermont, hielt am 21. Februar im Abgeordnetenhaus eine Rede zur ländlichen Postzustellung im ganzen Land. Nachdem er gesagt hatte, dass die Post ihre Geschäfte mit Gewinn tätigte, stellte er fest, dass das Motto aber »Dienst« und nicht »Gewinn« sein sollte. »Es ist eine Tatsache, dass die Post die ländliche Postzustellung im ganzen Land aufgibt und reduziert, um Geld zu sparen, während sie gleichzeitig Gewinne macht. Und das zu einer Zeit, in der die Bevölkerung ängstlich auf Briefe von ihren Söhnen und Töchtern wartet, die bei der Armee sind. Diese werden aber nie zugestellt.« (Anscheinend lesen Abgeordnete doch die Briefe ihrer Wählerinnen und Wähler.)

Während der ersten Woche der Nicht-Zustellung unserer Post berichteten ein Fotograf und ein Reporter des *Boston Globe* über die David-gegen-Goliath-Geschichte in Neuengland (»Vermonter Dorf durch Einstellung der Zustellung aufgerührt«). In der zweiten Woche war die Geschichte in der New York Times (»Kampf um die Wiederaufnahme der Zustellung: 16 Vermonter Familien mit 4 Autos unter Benzinrationierung verlangen Gerechtigkeit von Washington«). Auch die *New England Homestead,* den *Rural New Yorker* und andere Bauernblätter hatten wir auf unsere Seite gebracht. Wir waren gerade dabei, in der dritten Woche so richtig in Fahrt zu kommen, als das Postministerium die Wiederaufnahme der Route bekannt gab.

Dies nahm uns natürlich den Wind aus den Segeln, aber wir konnten wenigstens eine Siegesfeier veranstalten. Wir nahmen mit Mortimer Proctor, dem Gouverneur von Vermont, Kontakt auf, holten uns seine Zusage, nach Jamaica zu kommen, und arrangierten die Siegesfeier im Rathaus von Jamaica.

»Was? Ihr habt den Gouverneur eingeladen, nach Jamaica zu kommen?«, fragten die Städter. »Aber sicher«, antwortete die Kommission, »er ist doch genauso gut Gouverneur von Jamaica wie vom restlichen Vermont«. Das Fest war ein großer Erfolg. Die Halle war geschmückt, Erfrischungen wurden gereicht, der Gouverneur und seine Frau kamen, und wir alle hatten viel Spaß. »Es zahlt sich aus, zu schreien«, sagte einer, »das Rad, das am lautesten quietscht, bekommt das Öl«, ein anderer.

Das Thema des Treffens war die Wichtigkeit, ländliche Gebiete nicht zu vernachlässigen. »Der Geist, der heute in diesem Raum ist, ist der Geist der Green Mountain Boys«, sagte der Gouverneur. »Ihr habt die Ausdauer und den Mut, den die Green Mountain Boys hatten, als sie zum Kongress nach Washington kamen, um dort für Vermont zu sprechen. Als ihr nun euer Recht in Washington verlangt habt, erkannte Washington den Donner, der aus Vermont kommt, wenn die Menschen aufgebracht sind.«

Zum ersten und einzigen Mal in unseren zwanzig Jahren in Vermont arbeitete die gesamte Bevölkerung des Tals, Einheimische und Fremde, zusammen. Klüngel und Feindseligkeiten waren vergessen. Diese Erfahrung ist ein gutes Beispiel für die kollektive Zusammenarbeit, die möglich ist, wenn sich die Leute entscheiden, sich zusammenzutun.

Anmerkungen

1) »Es erscheint mir, dass der Gentleman eine Lehre bei einem normalen Farmer machen sollte, bevor er sich in ein Unternehmen stürzt, von dem er keine Ahnung hat.« Lorain, John: The Practise of Husbandry. Philadelphia: Carey 1825, S. 404

2) Thoreau, Henry David: Walden. Boston: Ticknor & Fields 1854, S. 78

3) »Es gibt Menschen, denen all dies egal ist, die nichts Neues beginnen wollen, die keine Geschäfte anfangen als die, die sie gewohnt sind, außer du kannst ihnen Berge von Gold versprechen.«
Eliot, Jared: Essays. Boston, Edes & Gill 1760, S. 135

4) Markham, Gervase: Country Contentments. London, Sawbridge 1675, S. 2

Nun mach eine Pause und schau dir das Ende deiner Arbeit an … unsagbare Freuden, unendlich viel Nützliches.

Gervase Markham, A New Orchard, 1648

Ich ging in die Wälder, weil ich das Leben bewusst leben wollte, weil ich nur mit den notwendigsten Sachen konfrontiert werden und sehen wollte, ob ich nicht lernen konnte, was es mich lehrte, damit ich nicht, wenn ich starb, erkennen würde, dass ich nicht gelebt hatte. Ich wollte nicht etwas leben, was kein Leben war, das Leben ist so wertvoll – auch wollte ich nicht resignieren, bevor es wirklich notwendig war. Ich wollte intensiv leben und das Mark des Lebens spüren, so spartanisch und robust leben, um alles zu entfernen, was nicht Leben war, einen breiten Pfad zu schlagen und nahe zu kommen, das Leben in eine Ecke zu treiben und es auf seine Wurzeln zu reduzieren, und wenn es sich dann herausstellte, dass es gemein war, diese Gemeinheit der Welt bekannt zu machen, oder wenn es erhaben war, dies von der Erfahrung her zu kennen und nach meinem nächsten Ausflug eine genaue Schilderung davon geben zu können.

Henry David Thoreau, Walden, 1854

Wer nach einer Quelle gräbt, einen Steinbrunnen baut, an der Straße ein paar Bäume pflanzt, einen Obstgarten anlegt, ein solides Haus baut, einen Sumpf trockenlegt oder wenigstens eine Steinbank am Wege errichtet und das Land schön und attraktiv gestaltet, wird ein Vermögen verdienen, das sich zwar nicht herumtragen lässt, das für das Land jedoch noch lange nützlich sein wird.

Ralph Waldo Emerson, Society and Solitude, 1870

Ich glaube nicht, dass eine Zivilisation als vollständig bezeichnet werden kann, bis sie nicht von der Verfeinerung zur Vereinfachung fortgeschritten und bewusst zu einfacherem Leben und Denken zurückgekehrt ist.

Lin Yutang, The Importance of Living, 1938

Bilanz des Vermont-Projekts

Soziale Dienste, keine Flucht – Die Vereinigung von Theorie und Praxis – Kommunale Möglichkeiten – Besucher beobachten uns – Die sozialen Nachteile im Tal – Leben ohne Ordnung ist die Norm – Jeder für sich – Wo wir stehen

Oft haben uns Menschen gefragt: »Warum seid ihr an diesen idyllischen Ort geflohen? Warum seid ihr nicht im Lärm, Schmutz und Trubel eines der größten städtischen Zentren geblieben und habt die Sorgen und die Not eurer Mitmenschen geteilt?« Wir erkennen die Bedeutung dieser Frage. In der Tat reicht sie an die sozialen Fundamente heran, auf denen die, die mit dem Leben in der westlichen Zivilisation unzufrieden sind, versuchen müssen, ihre Kultur aufzubauen. Wir gehen weiter und stimmen damit überein, dass die Frage über die Soziologie hinausgeht bis in den Bereich der Ethik. Wie jede andere grundsätzliche soziale oder ethische Frage kann sie nicht einfach beantwortet werden. Jeder Versuch der Antwort muss Einschränkungen und Begrenzungen enthalten.

Nehmen wir einmal an, wir gestehen zu, dass die Menschen in einem abgelegenen Tal in den Grünen Bergen keinen so engen Kontakt zum Arbeitskampf haben und auch dem Druck des Lebens, Arbeitens, Reisens und der Freizeitgestaltung nicht so ausgesetzt sind wie beispielsweise die Menschen in New York, Chicago oder San Francisco. Das Leben in Vermont unterscheidet sich vom Leben in einer Großstadt. Ist es »besser« oder »schlechter«? Das hängt davon ab, wie diese Worte gebraucht werden. Für uns war das Leben in Vermont besser, da es den ständigen Kontakt mit der Natur erlaubte, es uns ermöglichte, mit den Naturgewalten fertigzuwerden, weil wir dort handwerklich tätig sein konnten und weil das tägliche Leben nicht so anstrengend war. Anstatt die frühen und späten Stunden in einer lauten, dreckigen Straßenbahn oder in einem Zug zu verbringen, blieben wir tagaus, tagein auf unserem Grundstück. Der tägliche Gang von und zur Arbeit bedeutete für uns 200 Meter von der Küche zum Safthaus. Wenn der Schnee hoch war, brauchte man Skier oder Schneeschuhe, aber auch dies war ein Vorteil, weil andere Fertigkeiten verlangt wurden.

Dies beantwortet nicht ganz die zentrale Frage: »Warum solltest du diese vielen Vorteile nutzen, wenn sie deinen Mitmenschen in den Slums vorenthalten werden?« Eine kategorische Antwort darauf könnte lauten, dass ein Mensch unter allen Bedingungen dafür verantwortlich ist, sein Leben so gut wir möglich zu leben, innerhalb der Umstände, die das tägliche Leben bestimmen. Wenn es

Helen und Scott

nach Abwägung aller Fakten und Umstände eine Wahl gibt, wird man eher das bessere Leben als das schlechtere wählen.

Das Leben ist ein Geschäft, an dem wir alle teilhaben. Im Laufe des Tages müssen wir bestimmte Dinge tun, zum Beispiel atmen. Es gibt aber auch Sachen, die wir tun oder lassen können – wie zu Hause bleiben und einen Kuchen backen oder ausgehen und jemanden besuchen. Der Kern der Lebensroutine ist von einem Bereich umgeben, wo wir wählen können. Es gibt den Beruf, der den Lebensunterhalt gewährleistet, und die Interessen, denen man in der Freizeit und mit viel Energie nachgeht.

Wer berufsmäßig Theater spielt oder musiziert, muss nahe genug am Arbeitsplatz leben, um jeden Tag dorthin gelangen zu können. Wer dichtet oder malt, kann den eigenen Wohnort freier wählen. Welche Verpflichtung besteht für einen solchen Menschen, in den überfüllten Bevölkerungszentren zu bleiben? Wir würden das Ganze noch anders sehen. Da Überfüllung ein sozialer Nachteil ist, haben diese Individuen die Pflicht, überfüllte Gegenden zu meiden, solange die Not sie nicht dorthin ruft. Wenn sie in ein Bevölkerungszentrum ziehen, verbessern sie die Lage nicht, sondern sie verschlechtern sie.

Wir können es auch anders ausdrücken: Was immer der Glaube eines Menschen ist – sein Verhalten kann diesem Glauben folgen oder davon abweichen. Wenn es abweicht, trägt dies dazu bei, unerwünschte Nebeneffekte zu erzielen. Zur selben Zeit trennt es Theorie von Praxis und spaltet die Persönlichkeit. Das harmonischste Leben ist das, bei dem Theorie und Praxis übereinstimmen.

Daraus folgt, dass jeder Moment, jede Stunde, jeder Tag, jede Woche, jedes Jahr als eine Gelegenheit aufgefasst werden sollten – eine neue Chance, so gut wie möglich zu leben, in Übereinstimmung mit dem alten Sprichwort: »Morgen ist ein neuer Tag« oder mit dem neuen mexikanischen Gruß: »Siempre mejor« (immer besser), anstatt des konventionellen »Buenos dias« (guten Tag).

Mit einem gesunden Körper, einem ruhigen Verstand, ausgeglichenen Gefühlen und Vorstellungen, die auf ein besseres Leben und eine bessere Welt ausgerichtet sind, wird sowohl das individuelle als auch das allgemeine Leben besser.

In diesem Punkt sind wir ganz anderer Ansicht als viele unserer Freundinnen, Freunde und Bekannten, die sagen: »Egal, wie wir heute leben – wir leben in einem Jeder-gegen-jeden-System, und wir müssen versuchen, so viel wie möglich herauszuholen. Aber morgen, in einer weiseren, sozialeren, humaneren Welt, werden wir vernünftiger, ökonomischer, sozialer und besser leben.« Das ist Unsinn. So, wie wir heute leben, gestalten wir unsere Zukunft. Wenden wir dies nun auf unser Leben in den Grünen Bergen an, wo wir an eine kooperative, friedliche, sozialere Ordnung glaubten und dafür arbeiteten. Unser Leben in Vermont kann gerechtfertigt werden oder rechtfertigt sich selbst 1) als ein Fall und ein Beispiel eines gesunden Lebens in einer verrückten Welt; 2) als ein Mittel, Kontakt mit der Natur zu halten, was oft wichtiger ist als der Kontakt zur Gesellschaft; 3) als eine wünschenswerte, begrenzte Alternative zu einem Teil der bestehenden Gesellschaft; 4) als ein Rückzugsort für politisch Andersdenkende; 5) als eine Umgebung, in der vordem aktive Menschen ihre reiferen Jahre verbringen konnten (in Übereinstimmung mit der östlichen Vorstellung der Lebensstadien: das Einsiedlertum oder die Weisheit folgt der Stufe des Haushaltens); 6) als eine Gelegenheit für verständige oder gereifte Personen, ihren Berufungen und Neigungen nachzugehen.

Das Handeln hat seine Vorzüge, ebenso die Beobachtung. Ersteres tendiert dazu, äußerlich, peripher oder zentrifugal zu sein, während das Letztere im Vergleich dazu innerlicher, zentraler und lebendiger ist.

Vielleicht können wir unseren Standpunkt so zusammenfassen: Wir sind gegen die Theorien einer konkurrierenden, gierigen, aggressiven, Krieg führenden sozialen Ordnung, die für Nahrung schlachtet und für Macht und zum Spaß mordet. Je mehr wir uns dieser sozialen Ordnung annähern, desto mehr sind wir ein Teil von ihr. Da wir sie in der Theorie ablehnen, sollten wir dies auch in der Praxis so weit wie möglich tun. Auf keiner anderen Grundlage können Theorie und Praxis vereinigt werden. Zur selben Zeit sollten wir versuchen, so vernünftig, freundlich, gerecht, ordentlich und nützlich wie möglich zu leben. Unter allen äußeren Umständen können sich Menschen gut oder schlecht verhalten. Ungeachtet der Umstände ist es besser, zu lieben, zu gestalten und aufzubauen, als zu hassen, zu untergraben und zu zerstören oder, was manchmal schlimmer ist, zu ignorieren und geschehen zu lassen. Wir glaubten, dass wir unseren Beitrag zu einem guten Leben besser in einer vorindustriellen, ländlichen Gemeinde leisten konnten als in einem städtischen Zentrum.

Wir stehen seit mehreren Jahrzehnten im Kontakt mit ähnlich denkenden Menschen überall in den USA, die in ländlicher oder städtischer Umgebung leben. Wir glauben, dass beide Gruppen Beiträge geleistet haben und noch leisten. Wir glauben aber immer noch, genau wie 1932, dass die ländliche Alternative größere individuelle und kollektive konstruktive Möglichkeiten bietet als die städtische.

Wir nehmen nicht an, dass die auf dem Land Lebenden in der Lage sein werden, eine soziale gemeinschaftliche Alternative zum städtischen Kapitalismus aufzubauen. Angesichts jahrhundertelanger Erfahrungen haben wir dies im Jahre 1932 nicht geglaubt. Wir sind heute sicherer als damals, dass solche Gemeinschaften auf die wenigen, außergewöhnlich begabten Menschen beschränkt sind, die willens und in der Lage sind, als selbstlose Menschen zu leben, obwohl sie von einem gierigen, konkurrierenden, egozentrischen System erzogen, konditioniert und gezwungen wurden. [1]

Was wir fühlten und wozu wir immer noch stehen, ist die Auffassung, dass es für einen Menschen, den die sich auflösende städtische Gemeinschaft ausstößt, wertvoll ist, eine Verhaltenstheorie zu formulieren und in die Tat umzusetzen, die es ihm ermöglicht, unter den gegebenen Umständen so anständig wie möglich zu leben.

Langfristig gesehen, war unser Vermonter Projekt eine Notbremse, ein Notbehelf. Aber kurzfristig war es eine Möglichkeit, Selbstachtung zu bewahren und den wenigen, die willens waren zu beobachten, zuzuhören und teilzunehmen, zu zeigen, dass das Leben in einer sterbenden Konkurrenzgesellschaft persönlich und sozial sinnvoll, kreativ, konstruktiv und erfüllend sein kann, vorausgesetzt, dass eine ökonomische Liquidität und ein geistiges Gleichgewicht erhalten bleiben.

Ökonomisch gesehen, waren die Erfolge des Vermonter Projekts bei Weitem größer als die Fehler. Der wichtigste Punkt besteht darin, dass unsere Idee einer selbstgenügsamen Haushaltsökonomie leicht zu verwirklichen war. Im Austausch für ein paar Monate sorgfältig geplanten Broterwerbs im Jahr waren wir in der Lage, uns mit dem Großteil der jährlich benötigten Nahrung zu versorgen. Ein paar Wochen Arbeit versorgten uns mit Brennstoff. Ein paar weitere Wochen brauchten wir für die notwendigen Reparaturen und Instandsetzungen an Gebäuden, Werkzeugen und Geräten. Der Ersatz der Gebäude (neue Steinhäuser für die alten Holzgebäude) war eine größere Aufgabe, die eine ganze Menge Planung, Zeit, Energie, Ausdauer, Material und Geld erforderte. Wenn aber ein Steingebäude erst einmal stand, fielen die jährlichen Kosten für Instandhaltung und Ersatz fast auf Null.

Mit dieser Versorgung mit dem Lebensnotwendigen ging ein unglaublicher Grad an Gesundheit einher, welcher ein wichtiger Faktor für Menschen ist, die eine selbstgenügsame Ökonomie auf der einen Seite und soziale Erneuerung auf der anderen Seite anstreben. Wir waren buchstäblich immer gesund, und in den wenigen Fällen, in denen eine aufziehende Erkältung unsere Vitalität einschränkte, folgten wir dem Beispiel der Hunde und Katzen aus der Nachbarschaft und hörten auf zu essen, bis wir uns wieder fit fühlten. Es ist fast unnötig zu sagen, dass der Unterschied zwischen guter und schlechter Gesundheit der Unterschied zwischen Erfolg und Misserfolg jeder langfristigen menschlichen Unternehmung ist.

Die Lebensnotwendigkeiten sind leicht zu besorgen, wenn man bereit ist, den eigenen Verbrauch an die Menge und Vielfalt der eigenen Produktion anzupassen. Die Schwierigkeiten beginnen, wenn jemand völlig unbedarft auf den Markt geht, dessen Verführungen und Angeboten nicht widerstehen kann und das eigene Austauschmittel wahllos ausgibt. Man halte sich stets vor Augen, dass von der privaten Verfügungsgewalt über Produktionsmittel über das Monopol über natürliche Ressourcen und Patente, die Kontrolle über Geld, die Eintreibung des Tributs, der »Zins« genannt wird, die Spielhallen, die Annehmlichkeiten und Sicherheiten verkaufen, bis hin zu Preiskontrolle und der Herrschaft der Reichen über die Institutionen, die den Geist der Menschen formen, und die Regierungsmaschinerie der ganze Apparat der konkurrierenden, gierigen, ausbeuterischen und zwingenden sozialen Ordnung zugunsten der Reichen und Mächtigen und gegen die Armen und Schwachen manipuliert wird. Hält man sich den Krallen des Systems fern, hat man die Möglichkeit des Überlebens, auch wenn die Oligarchen mit diesem Denken, Sagen und Handeln nicht einverstanden sind. Akzeptiert man das System mit allen seinen Begleiterscheinungen, Konsequenzen und Verästelungen, wird man zu einem Rädchen in einer unpersönlichen, gnadenlosen, unversöhnlichen Maschinerie, deren Zweck es ist, die Reichen reicher und die Mächtigen mächtiger werden zu lassen.

Unser Projekt versagte allerdings darin, unseren Haushalt mit genug Bargeld zu versorgen, um den Markt leer kaufen zu können, um den Versandkatalog von der ersten bis zur letzten Seite zu nutzen, um die endlosen Bequemlichkeiten, arbeitssparenden Geräte und süchtig machenden Drogen zu kaufen. Wir konnten mit der großen Show, die im großen Zelt der westlichen Kultur vorgeführt wird, nicht konkurrieren. Aber wenn man das Ganze als einen Versuch in ökonomischer Unabhängigkeit und als ein Experiment in Ökonomie, Selbstdisziplin, Bedürfnislosigkeit und täglichem Training für eine neue Art zu leben betrachtet, waren wir erfolgreich. In dieser Hinsicht wagen wir zu behaupten, dass wir in den zwanzig Jahren in Vermont viel mehr und Wichtigeres gelernt haben, als es uns in zwanzig Jahren Studium in Harvard, Columbia und an der University of California zusammen möglich gewesen wäre.

Unter den vielen Fragen, die man uns in Vermont stellte, war vielleicht die wichtigste: »Wenn ihr noch einmal im Jahre 1932 wärt, aber wüsstet, was ihr heute wisst, würdet ihr alles noch einmal tun?« Unsere überzeugte Antwort darauf ist: »Aber ganz sicher würden wir das!« Wir sehen, dass wir unsere Zeit und Energie in diesem Projekt gut angelegt haben. Wir wüssten nicht, wie wir sie unter den Bedingungen, die in den USA zwischen 1932 und 1952 herrschten, hätten besser anlegen können. Für uns waren die zwei Jahrzehnte in Vermont zwanzig aufregende, mitreißende, belehrende und lohnende Jahre. Wir freuten uns, sie mit unseren Vermonter Nachbarinnen und Nachbarn und mit dem endlosen Strom von Verwandten, Freundinnen, Freunden, Bekannten und völlig Fremden zu teilen, die in unser Haus kamen.

In den ersten Jahren im Tal hatten wir nur wenig Besuch. Da wir gerade erst eingezogen waren, kannte niemand unsere Adresse. Als die Leute begannen, den Weg zu unserer Tür zu finden und uns zu besuchen, waren die Unterbringungsmöglichkeiten begrenzt. Das Ellonen-Haus war nicht für Gäste gedacht. Wir brachten alle, die über Nacht bleiben wollten, in einem notdürftig eingerichteten nahen Schulhaus unter. Als wir dann unser neues Haus bauten, planten wir gleich ein Gästehaus mit ein. Mit diesem und dem gemieteten Schulhaus konnten wir den ganzen Sommer über die große, ständig wechselnde Besucherschar unterbringen. Diese zusätzlichen Übernachtungsmöglichkeiten zogen die Leute magisch an. Einsame Wanderer und ganze Familien mit Katze, Hund und Gepäck kamen und besetzten die Räume. Die Türen waren nie verschlossen. Alle waren im Gästehaus willkommen, und niemals bezahlte jemand für Essen oder Übernachtung. Es war, wie einige Freunde meinten, ein »kostenloses Hotel«. An manchem Morgen kam eine Familie zum Frühstück mit den Worten: »Guten Morgen, wir haben heute Nacht in eurem Gästehaus geschlafen.« Dann setzten sie sich zum Essen.

Oh, dann kam der Haken an der Sache. Die meisten waren geschockt. Kein Kaffee, kein Müsli, kein Speck, keine Eier, kein Toast, keine Pfannkuchen oder Ahornsirup. Nur Äpfel, Sonnenblumenkerne und zum Trinken ein Melassegetränk. Diese Verpflegung verscheuchte so manche Reisende.

M. G. Kains beschreibt in seinem wohlverdienten Bestseller *Five Acres and Independence* seine Erfahrungen mit Gästen. »Nachdem sie mit ihrer Farm begonnen hatten, durchliefen manche Städter die Skala Begeisterung, Freude, Überraschung, Sprachlosigkeit, Ärger, Ekel und Verzweiflung (eine volle Oktave!), nachdem sie entdeckt hatten, wie beliebt sie geworden waren, seitdem sie auf dem Land wohnten. Nicht nur, dass enge Freunde unangemeldet an schönen Sonntagen vorbeikommen – auch entfernte Bekannte bis hin zu Leuten, die zufällig um die Ecke wohnen, kommen mit mehreren Autos, und alle erwarten, zum Abendessen oder sogar Nachtessen bleiben zu können! [...] Da sich dir wahrscheinlich das gleiche Problem stellen wird, hier mein Rat: Sonntagabend gibt es Kohl mit Corned Beef, Rinderragout oder Hackfleisch! Viel Glück!«[2] Zu uns kamen sie die ganze Woche über, und wir setzten ihnen rohen Blumenkohl und gekochten Weizen vor! Aber dennoch gab es einige, die uns sagten, sie hätten bei uns eine der besten Mahlzeiten ihres Lebens gegessen.

Es gab einen anderen Grund, der das Glück unserer großzügigen Gastfreundschaft dämpfte. »Der tätige Mensch hat wenige untätige Gäste, die Fliegen meiden den kochenden Topf.« Jeden Tag gab es Arbeit zu tun, und wir wollten sie erledigen – komme, wer wolle. Wir arbeiteten und überließen unsere Gäste sich selbst oder ließen sie helfen, wenn sie wollten. Wir brachten ihnen keinen Eistee auf die Terrasse, während wir uns ihre Lebensgeschichte anhörten. Einige hielten uns für unfreundlich, aber wir hatten auch nicht vor, sie zu unterhalten.

Wir lernten, Müßiggänger und Arbeitende zu unterscheiden. Es gab die Hängematten-Fraktion (obwohl wir keine Hängematten bereithielten), die Ferien oder Erholung suchte. Solche Leute blieben nie lange. Unsere Matratzen waren hart – und der Kaffee! Dann gab es diejenigen, die stets hilfsbereit waren, aber trotzdem ständig im Weg standen und entweder unfähig oder zu schwach waren. Wir mochten sie, aber mussten sie allein lassen, und wenn sie keine inneren Reserven besaßen, gingen auch sie schnell wieder. Einige wenige – sehr wenige – fanden einen Halt und passten in unser Leben. Sie wurden meist an anderen Orten verlangt und konnten nicht lange bleiben. Sie waren uns immer willkommen.

Von allen Gästen erwarteten wir ein Minimum an Rücksicht auf uns und andere. Das bedeutete auch die Teilnahme an den Haushaltsarbeiten. Wir lernten, dass wir bei unserem Broterwerb nicht auf andere hoffen durften, und vielleicht war das von ein paar ausgelaugten, erschöpften Städtern auf Urlaub auch zu viel erwartet. Wir lernten auch, dass wir Leute vor ihrer Ankunft warnen sollten, damit sie nicht mit falschen Erwartungen kamen. Und so entwarfen wir einen Formbrief, den wir an die schickten, die schrieben und fragten, ob sie uns besuchen dürften. Er lautete ungefähr so:

»Wir sind eine kleine Familie, die an einem neuen Lebensweg arbeitet und gleichzeitig ihren Lebensunterhalt verdient. Unsere Unterkünfte sind nur darauf abgestellt, wir betreiben kein Gasthaus, Sanatorium oder Ferienzentrum. Mindestens vier Stunden am Tag arbeiten wir für unseren Lebensunterhalt, zusätzlich zu der Zeit, die zur Zubereitung unserer einfachen, vegetarischen Mahlzeiten nötig ist. Wir alle folgen dieser täglichen Routine und erwarten von denen, die hier vorbeikommen, dasselbe. Fleisch, Tabak und Alkohol sind hier tabu. Unser Leben ist einfach und genügsam, manche würden es als hart und unbequem bezeichnen. Wer hier vorbeikommt, ist willkommen. Wir freuen uns immer, Menschen zu sehen, die so wie wir denken und leben, und mit ihnen das zu teilen, was wir gerade tun, denken, haben oder fühlen.«

Mehr als neun Zehntel der Besucher der Forest Farm gingen mit der Bemerkung oder zumindest der geistigen Anmerkung: »Es ist eine schöne Art des Lebens, wenn man es aushält. Vielleicht ist so ein Leben für sie ja richtig, aber Gott bewahre mich davor, es längere Zeit aushalten zu müssen.« Sie gaben zu, dass wir gesünder und billiger als sie aßen. Unsere Gesundheit war weit besser als die der meisten, wir waren ausreichend gekleidet und wohnten gut. Wir hatten Freizeit in einer wunderschönen Umgebung, aber sie selber wollten oder konnten sich nicht so disziplinieren. Auch konnten sie nicht ohne die Aufregung, die Hetze, den Glanz, die Spielsachen und die Schlafmittel der Zivilisation leben. Wenn sie geblieben wären, hätten sie akzeptieren müssen, dass ein selbst versorgender Haushalt nur wenig Kaufkraft für neue Anschaffungen hat. Dies ist eine der härtesten Einschränkungen in einer Gesellschaft, die auf dem ständigen Austausch und Ersatz geschmackloser, kurzlebiger Produktionsmittel besteht, sei es wegen einer neuen Entdeckung oder Erfindung oder wegen einer neuen Werbekampagne.

Es gab einen anderen wichtigen Aspekt, besonders für junge Paare: Unser Aufbau enthielt keine kleinen Kinder und keine Überlegungen, sie zu betreuen oder ihre akademische Bildung zu gewährleisten. Wir glauben, dass kleine Kinder ohne größere Änderung und Umorganisation in unserem Projekt ihren Platz gehabt hätten. Aber wir sind auch sicher, dass der ganze Aufbau es den Eltern nicht erlaubt hätte, ein Kind auf eine teure Privatschule zu schicken oder beispielsweise ein Medizinstudium zu finanzieren. So etwas ist für Wohlhabende in städtischen Gebieten in Ordnung. Aber für Menschen, die sich selbst versorgen, ist es außerhalb der Reichweite, es sei denn, die zukünftigen Studierenden finanzieren sich durch Stipendien oder eine auswärtige Arbeit.

Wenn es in diesem Buch genug Platz gäbe, würden wir gern die gesamte Erziehungsfrage diskutieren, besonders die technische und berufsbildende Seite, die in den letzten Jahren so stark vom amerikanischen Militär übernommen wurde. Hier soll die kleine Anmerkung genügen, dass es eine hohe Hürde ist für diejenigen, die ihre Kinder für den Erfolg in einer Nimm-was-du-kriegen-kannst-Konkurrenzgesellschaft des zeitgenössischen Nordamerikas vorbereiten wollen.

Vom Standpunkt der persönlichen Gesundheit und des Glücks her war unser Projekt ein voller Erfolg. Sozial gesehen und auch auf der wirtschaftlichen Seite lässt es noch viel zu wünschen übrig. Unser Haushalt war relativ klein – niemals gab es mehr als vier oder fünf Erwachsene, zusätzlich zum Strom der Besucherinnen und Besuchen aus der Außenwelt, die nie lange blieben. Wenn es also ans Planen ging, vermissten wir unterschiedliche Ansichten, Blickwinkel und Erfahrungen. In der Ausführung der Pläne fehlten der Wetteifer und der Anreiz, den ein freundschaftlicher Wettbewerb bietet. Die Gruppe litt darunter, dass nicht so viele verschiedenartige Fähigkeiten vieler Personen vorhanden waren. Auch war die geringe Größe bei großen Bauprojekten, beim Holzhacken und ähnlichen Projekten nachteilig. Bei solch großen Arbeiten ist ein Team von erfahrenen Arbeitenden, die an Zusammenarbeit gewöhnt sind, viel, viel schneller als eine kleine Gruppe von Amateuren. Da keine große nachbarliche Zusammenarbeit zustande kam, waren Spezialisierung und Arbeitsteilung aufgrund der geringen Größe der Gruppe nicht möglich, sodass alle Beteiligten eine ganze Reihe verschiedenster Arbeiten und Aufgaben übernehmen mussten. Wenn zwei oder mehr Aufgaben gleichzeitig Aufmerksamkeit verlangten, konnten daher leicht Stress, Spannung und Energieverlust die Folgen sein. Wären wir ein Dutzend oder mehr fähige Erwachsene gewesen, die von denselben Zielen geleitet wurden und willens gewesen wären, mit bekannten Techniken gemeinsamen Plänen zu folgen, hätten wir unseren Lebensstandard mit viel weniger Energie und Arbeitszeit aufrechterhalten können und mehr Zeit und Energie für Muße und unsere anderen Interessen haben können.

Die soziale Unzulänglichkeit unseres Vermonter Projektes ist typisch für die gesamte ländliche USA, wo Separatismus und Individualismus die Gemeinden fast bis zur Sterilität gespalten haben. Wir sagten, dass wir zu wenige waren, um ökonomisch effektiv zu sein – sogar in einer einfachen Wirtschaft, die hauptsächlich auf manueller Landwirtwirtschaft und Handarbeit basierte. Die soziale oder soziologische Unzulänglichkeit unserer Gruppe war sogar noch stärker ausgeprägt.

Wären wir in der Lage gewesen, fünfzehn oder zwanzig Familien aus der Nachbarschaft zu einer wohlverbundenen Einheit zusammenzufügen, deren wirtschaftliche Grundlage Kooperation und gegenseitige Hilfe und deren soziale Prinzipien »leben und helfen zu leben« gewesen wären, nicht »ich für mich«, sondern »wir für uns«, wäre die sich daraus ergebende Gemeinschaft immer noch arm gewesen an einer ganzen Anzahl von sich ergänzenden Talenten, Fähigkeiten und sozialen Beziehungen.

Beispielsweise hätte es nicht genug gute Stimmen für einen Chor gegeben, nicht genug Musikerinnen und Musiker für ein passables Orchester oder genug Schauspielerinnen und Schauspieler für eine erfolgreiche Theatergruppe oder ein Tanzteam. Von einem anderen Blickwinkel her gesehen wären nicht genug Babys für eine Krabbelstube oder einen Kindergarten da gewesen, nicht genug Sechsjährige für eine erste Klasse und nicht genug Teenager, um eine ausgewogene soziale Gruppe in diesem schwierigen Alter aufzubauen.

Hätte sich diese Gruppe entschieden, einen Theaterclub, einen Kindergarten oder einen Teenagergruppe aufzubauen, wäre sie gezwungen gewesen, die Reihen durch Menschen aufzufüllen, die den ideologischen und sozialen Zielen der Gruppe entweder gleichgültig oder feindselig gegenübergestanden hätten. Wenn erst einmal Außenseiter in die Gruppe kamen, so wäre es nur eine Frage der Zeit gewesen, bis das Gemeinschaftsleben durch unfreundliche äußere Einflüsse verwässert oder gestört worden wäre. Genau dies passierte im Gemeinschaftszentrum.

Skinner legte in *Walden Two* [3] das Minimum einer zweckgerichteten Kommune richtig fest: genug Menschen, um Verschiedenartigkeit, Abwechslung und Spezialisierung zu ermöglichen, und genügend Kontrolle über Zugang und Abgang, um ideologische Einheit, Gruppenidentität und Gruppenzweck zu erhalten. Unser Tal in Süd-Vermont, wie überall in den ländlichen USA, erfüllte nicht die Anforderungen an eine gleichgewichtige, autonome Gemeinschaft.

In mancher Hinsicht bot Vermont eher geringere als bessere Möglichkeiten für ein solches Experiment als die meisten anderen Teile der ländlichen USA. Die Vermonter Bevölkerung bestand aus starken Individualisten, der Prozentsatz jener, die eine Farm oder ein Haus besaßen, war ungewöhnlich hoch, die Bevölkerung weit verstreut und ihre Zahl war gering, und alle Vermonter Traditionen betonten den Individualismus der Menschen aus den Grünen Bergen. Die Bevölkerung in unserem Tal war, wie auch sonst überall in den ländlichen USA, in kleinen, selbstständigen Haushalten organisiert.

Das Leben in Vermont war »frei« in dem Sinne, dass das Individuum und der Haushalt einen großen Handlungsspielraum hatten. Es gab keine vorgeschriebenen Wege. Der Staat Vermont trat kaum in Erscheinung. Während der ganzen zwanzig Jahre unseres Lebens dort sahen wir nie einen uniformierten Polizisten, der den Weg vor unserem Haus entlangging oder -fuhr. Einmal im Jahr kamen die Schätzer der Stadt vorbei, um den Besitz zu bewerten, aber ihre Besuche waren kurz und unaufdringlich. Tag für Tag und Jahr für Jahr taten wir das, was uns gefiel. Außer durch unser eigenes Denken und Planen wurde unser Leben nicht geplant oder gelenkt.

Aus der Nachbarschaft gab es einen gewissen Druck hin zu konformem Sozialverhalten. Aber ansonsten konnten wir tun und lassen, was wir wollten, solange wir die Steuern zahlten und die Verkehrsregeln beachteten. Die einzige Disziplin, der wir ausgesetzt waren, war unsere eigene. Es war so, dass das Wort »Disziplin« im Tal in einem solchen Verruf stand, dass schon seine Erwähnung scharfe Opposition hervorrief.

Mit wenigen Ausnahmen hatte jeder Haushalt im Tal Land, Gebäude und Werkzeug. Jeder Haushalt war also einigermaßen unabhängig. Jeder Haushalt regelte seine sozialen Beziehungen selbst. Kurz: Jeder Haushalt war ein kleines

Reich mit solider ökonomischer Basis – ein Stück Land, von dem im Notfall der Lebensunterhalt erarbeitet werden konnte. Nur der Steuereintreiber, die Schulaufsicht und die Rekrutierungsbehörden konnten in diese häuslichen Burgen eindringen. In Extremfällen konnten dies auch die Polizei, der Sheriff und die Jagdpolizei, aber nur mit der Begründung einer tatsächlichen oder vermuteten Gesetzesübertretung. In solchen Fällen kamen die Ordnungskräfte zu mehreren und bewaffnet, da praktisch jeder Vermonter Haushalt Schusswaffen mit der dazugehörigen Munition besaß.

Es gibt keine positive Kraft im ländlichen Vermont oder in den übrigen ländlichen USA, die Gemeinschaften schafft, um genau definierte soziale Ziele zu erreichen. Kirchen, freie Schulen, bäuerliche Vereinigungen, Genossenschaften und Bürgerinitiativen erfüllen solche Funktionen zum Teil und decken spezielle Felder ab. Aber keine dieser Gruppen kümmert sich um das generelle ländliche Wohl. Das geht so weit, dass sich mit dem generellen Wohlergehen der Landbevölkerung Vereine in Marktorten und kleinen Städten beschäftigen.

Man könnte behaupten, das allgemeine Wohl sei Sache des Staates, gemäß der Verfassung von Vermont und der Vereinigten Staaten. Dies stimmt bis zu einem gewissen Grad, und die Bürgerversammlungen in den Städten Neuenglands haben in eingeschränktem Maße eine solche Funktion. Außerhalb Neuenglands und einiger angrenzender Staaten gibt es solche Bürgerversammlungen aber nicht, und in Neuengland werden deren Funktionen sowohl durch das Unregelmäßige und Formelle der Treffen scharf beschränkt als auch durch die Organisation der Bevölkerung in unabhängigen Haushalten, die alle durch Landbesitz eine eigene ökonomische Basis haben und ihren Individualismus notfalls bis zum Tode verteidigen.

Separatismus, Atomismus und konsequente Isolation haben in immer stärkerem Maße das Landleben in den USA zerstört, da die Familiengrößen abgenommen und die Haushalte einige ihrer lebenswichtigen Funktionen abgegeben haben. Gleichzeitig haben ländliche Postlinien, Versandhäuser, reisende Märkte und Vertreter Hand in Hand mit Telefonleitungen, Elektrifizierung, staatlichen Schulen, Radio und Fernsehen, Auto-Massenproduktion und guten Straßen die ländlichen Gemeinden an städtische Märkte und städtische Einkaufs- und Freizeitzentren angebunden. Das sich daraus ergebende Fehlen von Gruppengeist und nachbarschaftlichen Beziehungen, das Chaos und die Verwirrung durch die ständige Bewegung zur Arbeit und zurück, zur Schule und zurück, zu Veranstaltungen und Tänzen und zurück haben die Überbleibsel der ländlichen

Solidarität zerstört und ließen zerstreute, ziellose, funktionslose und ineffektive Gemeinden zurück.

Gegen diesen überall vorhandenen Abstieg und Zerfall der zerbrechlichen, empfindlichen Struktur der amerikanischen Landgemeinden wollten wir in Pikes Fall angehen. Unsere Chancen waren etwa so gut wie die eines Bergsteigers, der sich einer Lawine entgegenwirft.

Wir schreiben dies nicht zur Verteidigung oder zur Rechtfertigung. Wir versuchen eher, den störrischen Widerstand der Leute aus den Grünen Bergen in und um unser Tal gegen alle Versuche der Integration und kollektiven Aktion zu erklären und zu verstehen. Sozial gesehen, war unser Experiment ein Fehlschlag, da ein solches Experiment in einer solchen sozialen Umgebung zum Scheitern verurteilt war, bevor es überhaupt begann.

Kannten wir diese Tatsachen, bevor wir nach Vermont zogen? Sicherlich. Wir kannten die Sozialgeschichte der USA und hatten Hunderte Male Diskussionen zu diesem Thema gehört. Wir kannten die Details nicht, die wir bei unseren Versuchen, eine lokale Gemeinde in einer zerfallenden Gesellschaft aufzubauen, finden würden. Aber auch wenn wir dies alles und mehr gewusst hätten, hätten wir weitergemacht, da der Wert einer Handlung nicht in ihrer Einfachheit oder Schwierigkeit, in der Wahrscheinlichkeit oder Unwahrscheinlichkeit ihres Gelingens liegt, sondern in der Vorstellung, der Planung, der Entschlossenheit und der Standhaftigkeit – in den Bemühungen und Kämpfen, die ein solches Projekt erfordert. Das Leben wird durch Anstrengungen und Bemühungen eher bereichert als durch Zusammenraffen und Anhäufen. Weil wir dies wissen, würden wir unser Vermonter Projekt noch einmal beginnen, trotz der Unwahrscheinlichkeit seines Gelingens in sozialer Hinsicht.

Anmerkungen

1) Als Beispiele für organisierte Gemeindezentren können diejenigen gelten, die von V. F. Calverton in Where Angels Dared To Tread (New York: Bobbs-Merrill 1941) beschrieben wurden.

2) Kains, M. G.: Five Acres and Independence. New York. Greenberg 1942, S. 9

3) Skinner, B. F.: Walden Two. New York: Macmillan 1948

Helen und Scott auf der Terrasse ihres Hauses im Jahre 1951

Die Autoren

Helen Nearing, geb. Knothe, kam am 23. Februar 1904 zur Welt. Sie wuchs im bürgerlichen Milieu in Ridgewood, New Jersey, auf. In ihrer Jugend widmete sie sich fast ausschließlich ihren beiden hauptsächlichen Interessen, der Literatur und der Violine. Sie unternahm einige Reisen nach Europa, unter anderem um in Wien und Amsterdam ein Violinstudium zu absolvieren. In dieser Zeit lernte sie den indischen Philosophen Jiddu Krishnamurti kennen, mit dem sie Anfang der 1920er-Jahre nach Indien und später nach Australien reiste. Eine Zeit lang lebte sie mit ihm in einer spirituellen Gemeinschaft.

Als sie Ende der 1920er-Jahre wieder in die USA zurückkehrte, traf sie Scott Nearing, der einundzwanzig Jahre älter war als sie. Trotz ihrer sehr unterschiedlichen Persönlichkeiten ergänzten sich Helen und Scott so gut, dass sie 1932 beschlossen, gemeinsam in die einsamen Berge von Vermont zu ziehen. In den nächsten zwei Jahrzehnten bauten sie dort das auf, was sie später ihr »gutes Leben« nannten – eine alternative, gesunde und umweltverträgliche Lebensweise mit nahezu ausschließlicher Selbstversorgung aus dem eigenen Garten. Mit ihren Büchern, die zum Teil Bestseller wurden, erreichten sie bald viele Menschen, die selbst auf der Suche nach Alternativen waren. Viele von ihnen besuchten die Nearings in den folgenden Jahren, um von ihnen die Grundlagen des »guten Lebens« zu erfahren.

In den 1950er-Jahren sahen sich Helen und Scott gezwungen, ihre einstige Idylle zu verlassen, als aus der zuvor fast unberührten Natur, die sie umgab, allmählich ein prosperierendes Skigebiet wurde. Sie packten ihre Sachen und fingen im Alter von 48 beziehungsweise 69 Jahren noch einmal von vorne an: diesmal an der Küste von Maine. Dort lebten sie noch viele Jahre zusammen und blieben beide bis ins hohe Alter gesund und aktiv. Kurz vor seinem 100. Geburtstag fand Scott, dass es nun Zeit war, sich auf den Tod vorzubereiten, und entschied sich zu fasten. Sechs Wochen später verabschiedete er sich von Helen, die ihn auch bei diesem, seinem letzten Schritt begleitete.

Nach Scotts Tod unternahm Helen noch einige Reisen nach Europa und schrieb zwei Bücher. Eines davon (Ein gutes Leben – ein würdiger Abschied) ist eine Biografie ihres gemeinsamen Lebens mit Scott. Am 17. September 1995 starb Helen im Alter von 91 Jahren bei einem Autounfall.

Scott Nearing kam am 6. August 1883 in einer kleinen Bergarbeiterstadt Pennsylvanias zur Welt. Sein Vater war im Holzhandel tätig und relativ wohlhabend, sein Großvater Direktor der Mine und ungekrönter König der kleinen Stadt – »Zar Nearing von Morris Run«. Der Lebensweg des kleinen Scott schien vorgezeichnet: Mitglied der oberen Klassen des aufstrebenden Amerikas, sei es nun beim Militär, als Jurist oder an anderer Stelle. Nach der High School wählte Scott aber das Studium der Soziologie und der Ökonomie – weniger aussichtsreich, aber immer noch die Eintrittskarte für eine Karriere als geachteter, gut bezahlter Hochschulprofessor.

Es kam alles anders. Im Laufe seiner Studien beschäftigte sich Scott Nearing mit der Verteilung von Kapital, Geld und Einkommen in den Vereinigten Staaten – und hier schlug sein Gewissen. Er fand heraus, dass nach normalen unternehmerischen Kalkulationskriterien ein Arbeiter mit dem Verkauf seiner Arbeitskraft ständig »Verlust« machte, und scheute sich nicht, dies öffentlich kundzutun. Seinen Zorn erweckte besonders die Kinderarbeit in den Bergwerken – und er wurde so mit seinen Aktivitäten in Philadelphia, dem Herzen des Bergwerksstaates Pennsylvania, den wirtschaftlich und politisch Mächtigen zu unbequem.

Es kam, wie es kommen musste – Scott Nearing verlor auf spektakuläre Art und Weise seine Arbeit an der Wharton School of Economics, einer renommierten Wirtschaftsfakultät. Noch war es keine Schwierigkeit für ihn, eine andere Professur zu finden – war er doch als Wissenschaftler bekannt, dessen Lehrbücher Standardwerke für die Anfangssemester der Wirtschaftswissenschaften waren.

Doch dann kam der Eintritt der USA in den Ersten Weltkrieg – und seinen Widerstand dagegen konnte ihm auch das progressivere Establishment anderer Hochschulen nicht mehr verzeihen. Der Lehrstuhl wurde gekündigt, seine Bücher aus Schulen, Hochschulen und Bibliotheken verbannt und er selbst später wegen Wehrkraftzersetzung angeklagt, wenn auch von der Jury nach einem aufsehenerregenden Prozess freigesprochen.

1932, auf dem Höhepunkt der Weltwirtschaftskrise, standen auch der 49-jährige Scott Nearing und seine gut zwanzig Jahre jüngere Lebensgefährtin Helen vor der Frage, wie sie einerseits ihren Lebensunterhalt verdienen konnten, dabei aber andererseits ihre Ideale nicht aufgeben mussten.

Die Antwort war eine heruntergekommene Farm in Vermont, die die beiden in mühevoller Arbeit wieder in Schuss brachten. Das Land wurde bebaut, neue

Gebäude wurden errichtet, das, was der Garten zum Lebensunterhalt nicht abwarf, wurde vom Ertrag des Ahornsirups aus eigener Ernte erworben. Doch war die Farm nicht Selbstzweck. Sie diente dazu, den Nearings ihr gutes Leben physisch möglich zu machen.

Vier Stunden am Tag waren dem Broterwerb gewidmet, vier Stunden den professionellen Aktivitäten (Helen ihren musischen, Scott seinen wissenschaftlichen), der Rest sozialen. Vorträge, Diskussionsrunden, Reisen – möglich gemacht durch einen genügsamen Lebenswandel, vegetarische Ernährung, die Farm in Vermont und – der »Suche nach dem guten Leben«. Scott Nearing starb am 24. August 1983 kurz nach seinem 100. Geburtstag.

Die Originalausgabe dieses Buches ist unter dem Titel
Living the Good Life
1970 bei Schocken Books Inc., New York erschienen.

Übersetzung aus dem Amerikanischen ins Deutsche: Ronald Steinmeyer

Lektorat: Ronald Steinmeyer, Wolfgang Hertling, Angelika Eckstein

ISBN: 978-3-89566-207-2

Rheinstraße 35, 64283 Darmstadt
www.pala-verlag.de
Die erste deutsche Ausgabe dieses Buches ist 1981 im pala-verlag erschienen.

Druck: Druckhaus Nomos, Sinzheim
www.nomos-druck.de
Printed in Germany

Gedruckt auf
100% Recyclingpapier